U0694354

高职高专汽车制造与装配专业系列教材

汽车钣金与涂装技术

（第4版）

主　编　李庆军　李效春
副主编　刘恒学　李振宇
参　编　李建兴

重庆大学出版社

内 容 简 介

本书详细讲解了钣金修理的工具设备的使用、钣金维修的基本技能、车辆碰撞力的分析与变形的测量、车架的校正与表面修复工艺流程和技巧、轿车车身及板件损伤的维修,喷漆前车身的预处理,底漆、中间涂层、面漆的涂装工艺流程与技巧,喷漆施工常见问题及其对策等内容。

本书可作为各高等职业院校汽车相关专业的专业课教材,也可供汽车钣金、涂装等行业从业人员作为岗位培训教材使用,还可供该行业的从业人员熟悉了解专业技术、提高业务水平的参考用书。

图书在版编目(CIP)数据

汽车钣金与涂装技术 / 李庆军,李效春主编. --4
版. -- 重庆:重庆大学出版社,2024.1
高职高专汽车制造与装配专业系列教材
ISBN 978-7-5624-4523-4

Ⅰ.①汽… Ⅱ.①李… ②李… Ⅲ.①汽车—钣金工
—高等职业教育—教材②汽车—涂漆—高等职业教育—教
材 Ⅳ.①U472.4

中国国家版本馆 CIP 数据核字(2024)第 018988 号

汽车钣金与涂装技术
(第 4 版)

主 编 李庆军 李效春
副主编 刘恒学 李振宇
参 编 李建兴

责任编辑:范 琪　版式设计:范 琪
责任校对:邹 忌　责任印制:张 策

*

重庆大学出版社出版发行
出版人:陈晓阳
社址:重庆市沙坪坝区大学城西路 21 号
邮编:401331
电话:(023) 88617190　88617185(中小学)
传真:(023) 88617186　88617166
网址:http://www.cqup.com.cn
邮箱:fxk@ cqup.com.cn(营销中心)
全国新华书店经销
重庆升光电力印务有限公司印刷

*

开本:787mm×1092mm　1/16　印张:13.25　字数:331 千
2024 年 1 月第 4 版　2024 年 1 月第 11 次印刷
ISBN 978-7-5624-4523-4　定价:36.00 元

本书如有印刷、装订等质量问题,本社负责调换
版权所有,请勿擅自翻印和用本书
制作各类出版物及配套用书,违者必究

前言

　　随着汽车工业的迅速发展,汽车(特别是家庭用车)的保有量日益增加,城市交通环境日益拥挤,致使交通事故频发,车辆的表面损伤故障攀升,这使车身修复和表面整修行业人才显得尤为紧缺,为此,培养汽车钣金修复、车身涂装技术人员便是当务之急。

　　目前,汽车车身已向整体式车身结构方向发展,而车身是构成汽车的主体,在满足汽车行驶要求和耐久性的前提下,汽车车型、结构、工艺、技术和材料不断发展,为适应汽车运输及人们生活的需要,根据职业教育的特点,我们坚持理论与实践相结合的原则,突出实践能力的培养,以提高学生的专业能力、方法能力和社会能力,遵照教育部高职高专教材建设的要求,从人才培养目标的实际出发,结合教学要求,以应用为目的,以能力为本位,确定编写思路,体现教材的特色。

　　本书详细讲解了钣金修理的工具设备的使用、钣金维修的基本技能、车辆碰撞力的分析与变形的测量、车架的校正与表面修复工艺流程和技巧、轿车车身及板件损伤的维修,喷漆前车身的预处理,底漆、中间涂层、面漆的涂装工艺流程与技巧,喷漆施工常见问题及其对策等内容。

　　本书可作为各高等职业院校汽车相关专业的专业课教材,也可供汽车钣金、涂装等行业从业人员作为岗位培训教材使用,还可供该行业的从业人员熟悉了解专业技术、提高业务水平的参考用书。

　　参加本书编写的工作人员有:黑龙江农业工程职业学院李庆军担任主编并编写前言、第1,2章;黑龙江农业工程职业学院李效春担任主编并编写第5,6章;黑龙江生物科技职业学院刘恒学担任副主编并编写第7,8章;黑龙江工程学院李振宇担任副主编并编写第9,10章;宁波职业技术学院李建兴编写第3,4章。本书由黑龙江农业工程职业学院王甲聚与黑龙江博远汽车销售维修有限公司的高级技师付海共同审定。

　　本书在编写过程中,参阅了大量的参考文献,进行大量的

维修企业调研和学习,在此对原作者与各给予支持的企业领导
表示真诚的谢意。由于编者水平有限,不妥和错误之处在所难
免,恳请读者批评指正。

编　者

2019 年 1 月

目录

第二篇 汽车车身涂装技术

第一篇 汽车车身维修技术

第 1 章
汽车车身维修的基础知识

汽车钣金构件多为金属薄板和型材加工而成,尤其是汽车覆盖件都是金属薄板制作成形,使用中极易损坏。因此,汽车钣金维修在整体汽车维修作业中具有重要的地位。对此,必须了解汽车钣金维修中所用的金属材料、钣金放样与下料等知识,才能获得钣金维修作业所具有的可靠基础,保证钣金作业的质量和效率。

1.1 钣金修复常用的金属材料

汽车钣金修复常用的金属材料有黑色金属和有色金属。黑色金属是指铁、锰、铬及其他的合金,如碳钢等。由于其外观呈深黑色或灰黑色,性能可以适应多方面的要求,价格便宜,所以,汽车钣金构件中应用较为广泛,在钣金构件中占90%以上。有色金属是指黑色金属以外的其他金属。

1. 金属材料的力学性能

力学性能是指金属材料在外力作用时所表现出来的性能。主要有强度、塑性、弹性、硬度、韧性和疲劳等。

（1）强度

强度是指金属材料在静载荷作用下,抵抗变形和抵抗破坏的能力。通常用应力来表示。

根据载荷作用的不同方式,强度分为抗拉强度、抗压强度、抗弯强度、抗剪切强度和抗扭强度五种。一般多以抗拉强度为主要指标。

1）抗拉强度

金属的抗拉强度是通过拉伸试验测定的。利用一定的静拉力对标准试样进行轴向拉伸,通过连续对静拉力和试样相应伸长的测量,直至断裂。所测得的数据,即可求出相关力学性能。

抗拉强度是指材料在拉断前所能承受的最大应力。用符号 σ_b 表示。如图 1.1.1 所示拉伸曲线上的 b 点,其计算公式如下:

$$\sigma_b = P_b/S_o \qquad (MPa)$$

式中　P_b——试样被拉断前的最大载荷,N;

　　　S_o——试样原始横截面积,mm^2。

若金属材料所受外力超过 P_b 就会断裂。因此,在钣金构件加工成形过程中,为了不使工件产生裂纹而损坏,所加外力使板料产生的应力应小于 σ_b。

2）屈服点

金属材料屈服点在外力作用下达到一定程度时,即使外力不再增加,而材料的变形仍在继续增加,这种现象叫"屈服",开始发生屈服现象的应力点叫屈服点。用符号 σ_s 表示,如图 1.1.1 所示 s 点。

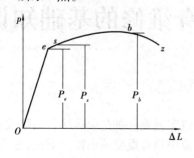

图 1.1.1　低碳钢的拉伸曲线

屈服点是金属材料将要发生显著塑性变形的标志。若材料的屈服点越高,则产生的塑性变形所需的外载荷越大。在钣金加工成形过程中,要使板料改变成一定形状,所加外力必须能使板料产生的应力大于 σ_s。

（2）塑性

塑性是指金属材料在外力作用下产生永久变形而不被破裂的能力。材料的塑性越好,越有利于钣金成形加工。金属材料的塑性也是通过拉伸试样进行试验来测定的。塑性一般用伸长率 δ 和断面收缩率 ψ 来衡量。

1）伸长率

伸长率是指试样被拉断后标距伸长与原始标距的百分比,用符号 δ 表示。

若试样长短不同,尽管材料相同,其测得的伸长率也不相同。

2）断面收缩率

断面收缩率是指试样拉断后,缩颈处横截面积的最大缩减量与原始横截面积的百分比用符号 ψ 表示。

塑性是钣金成形的重要指标之一。塑性越好,越有利于压力加工,否则,压力加工就不易成形。

（3）弹性

弹性是指金属材料受外力作用时发生一定变形，当外力消除后，能完全恢复原来形状的性能。若允许的变形量越大，说明材料的弹性越好。如图 1.1.1 所示，拉伸曲线上 Oe 是一直线段，弹性金属承受外力的最大限度，叫弹性极限，用符号 σ_e 表示。

（4）硬度

硬度是指金属材料抵抗比它更硬物体压入其表面的能力。抵抗能力越大，越不容易被压入，则硬度越高；反之，则硬度越低。根据试验方法不同，硬度通常分为布氏硬度（用 HB 表示）、洛氏硬度（用 HR 表示）等多种。

（5）韧性

韧性是指金属材料对冲击载荷的抵抗能力。它以试样缺口单位面积上所耗用的功来表示，也称冲击韧度。其值的大小表示材料韧性的高低，用符号 α_k 来表示，其单位为 J/cm^2。

（6）疲劳强度

构件在交变应力的作用下，其应力虽远低于材料的屈服点，却发生裂纹或突然断裂的现象称为"疲劳"。而金属在无数次交变载荷的作用下不致引起断裂的最大应力称为疲劳极限。用符号 σ_r 表示，r 表示应力循环对称系数，通常 $r = -1$，故其疲劳极限用 σ_{-1} 表示。

实际上，金属材料不可能作无数次交变载荷试验。对黑色金属，一般规定应力循环 10^7 次而不断裂的最大应力称为疲劳极限。

2. 汽车钣金构件常用金属材料的种类

汽车钣金构件常用的金属材料是板材和型材，按其成分分为低碳钢、低合金钢、不锈钢、铜及铜合金、铝及铝合金，按其断面形状分为钢板、钢管、型钢和钢丝四类。

（1）黑色金属钢板

黑色金属钢板按其性质分为普通薄钢板、优质薄钢板和镀层薄钢板三种，按其轧制方法分为热轧钢板和冷轧钢板两种，按其厚度不同可分为薄钢板和厚钢板两种。

薄钢板

薄钢板通常是指用冷轧或热轧方法生产厚度在 4 mm 以下的钢板。按国家标准规定钢板，其厚度为 0.2 ~ 4 mm，宽度为 600 ~ 2 000 mm，长度为 1 200 ~ 6 000 mm。薄钢板是汽车钣金构件的主要材料。

①普通薄钢板和优质薄钢板　这类板材是经冷轧或热轧获得的薄钢板，又称黑铁皮或黑铁板。冷轧钢板具有较好的塑性和韧性，适宜弯曲延伸制成的凹凸型、曲面型、弧型等，不容易断裂。热轧钢板塑性和强度适中，锤制凸凹形状其延伸性能较冷轧钢板差，容易开裂。

普通薄钢板中常用的有普通碳素钢薄钢板、低合金结构钢薄钢板、酸洗薄钢板等。优质薄钢板中常用的有优质碳素钢薄钢板、合金结构钢薄钢板、不锈钢薄钢板、深冲压用冷轧薄钢板和搪瓷用热轧薄钢板等。

普通薄钢板和优质薄钢板有中等的抗拉强度，塑性较高，硬度较低，焊接性好。因此最适合成形加工工艺。所以汽车上的驾驶室、油底壳、燃油箱、车厢等，都选择这两种材料制作。同时，也适合于手工操作制作各种钣金构件及零件。酸洗薄钢板常用于冲制器皿、铁箱柜等。这种薄钢板的缺点是容易生锈。

②镀层薄钢板　镀层（镀膜）薄钢板俗称白铁皮，是在冷轧或热轧薄钢板上镀一层有色金

属(锌、锡、铅)膜而成。按镀层不同分为:镀锌、镀锡和镀铅薄钢板三种。

镀锌薄钢板也称白锌板,它具有抗腐蚀性好及表面美观的特征。表面发白,主要有平光和花纹两种。镀锌薄钢板分为冷轧连续热镀锌钢板和单张热镀锌薄钢板两种。

（2）有色金属板材

有色金属板材是指除钢、铁以外的其他金属及其合金的板材。外观大多具有不同色泽,物理、化学性能各有特点。适应某些特殊的要求。它与黑色金属板材一样,都是汽车钣金件中不可缺少的金属材料。

1）表面处理

钢材的表面处理主要是清除材料表面的油污、锈蚀等。

①清除油污

利用溶解、皂化、乳化作用可将金属表面上的油污去掉。

a.有机溶剂除油

除油所用的溶剂,要求溶解力强,不易着火,毒性小,挥发缓慢,不易引起空气中水分冷凝于钢材表面,且价格低廉。

常用的溶剂有:石油溶剂(汽油、煤油、柴油)、松节油、甲苯、二甲苯、三氯乙烷、三氯乙烯等。除油时,一般采用浸渍或刷洗方法。有条件的可采用喷射和超声波法。

b.乳化除油

乳化除油是用乳化剂使有机溶剂分散在水中形成稳定的乳化液,对钢材进行除油处理。它可使油脂在乳化的溶剂中被溶解清除掉,水溶性污染物也在水中得到溶解而被清除。这种方法适用性强,比用碱液除油的效率高,无毒,不易着火,应用广泛。

②清除铁锈

钢材由于保管时间长或保管不善,表层氧化生锈,在使用前应进行除锈处理。清除铁锈的常用方法有机械除锈和化学除锈等。

a.机械除锈

根据除锈方法不同,机械除锈分为手工除锈和机器除锈等。

手工除锈　主要是使用铲刀、刮刀、尖头手锤、钢丝刷等手工工具进行敲、铲、刮,并用砂布、砂轮等砂磨以除去锈垢、氧化皮和尘土等。

机器除锈　主要是用风动刷、除锈枪、电动刷、电动砂轮及针束除锈器等冲击与摩擦作用除去锈蚀和氧化皮等。

b.化学除锈

化学除锈俗称酸洗,用各种酸的本性溶液与铁锈或氧化皮起化学反应,使铁锈或氧化皮溶解于酸性溶液中,目前广泛应用浸渍酸洗,即将钢材放入酸洗液中浸泡,直至将氧化皮和锈物除净。然后用清水冲洗干净,必要时再用碱液进行中和处理。

2）软化处理(退火处理)

钣金维修过程中使用的一些钢材和型材,由于在轧制过程中加热温度比较高,材料组织粗大,成分不均匀,轧制的钢板还有方向性,纵向和横向承载能力和塑性不同,使冷成形加工时不能有较大变形,甚至开裂。有时钢材硬度较高,在冷变形过程中产生加工硬化等。所以,这些钢材在使用前应进行一次退火处理,以达到细化组织、均匀成分、降低硬度、提高塑性的目的,使板材或型材在各个方向上的力学性能相同,增强工艺性,便于冷冲压成形加工。

3）整形处理

有些金属板材或型材在放样前，对其形状尺寸进行一次处理，消除各种变形。整形的主要内容有矫正、修边去刺等。

1.2 钣金构件修复的放样与下料

钣金维修中下料工序包括放样、作展开图、放出工艺余量、剪切等。展开放样有两种方法，即图解法和计算法。目前多采用图解法。对于简单形体或精度要求高的形体，则采用计算法。所谓图解法，就是依据施工图通过一系列划线作图，从而得到展开图的方法。图解法作展开图的第一道工序就是放样。通过放样图，绘制出展开图，放出工艺余量等，然后进行剪切下料。

1.2.1 放样

1. 放样

放样又叫放大样，就是依照施工图把工件的实际大小和形状画到施工板料或纸板上的过程叫放样。板料或纸板上画出的图形叫放样图。放样的方法有多种，长期以来一直采用的实尺放样，随着工业技术的发展，出现了光学放样自动下料等新工艺，特别是计算机技术的引入，提高了下料精度和生产率，但实际尺寸的放样仍是广泛运用的基本方法。

2. 放样图与施工图的关系

放样图和构件的施工图都是构件的视图，二者之间有着密切联系，但又有区别。如图1.2.1（b）所示为一圆锥管接头的施工图，图1.2.1（c）是该接头的放样图。比较施工图和放样图，两个视图的主要区别如下：

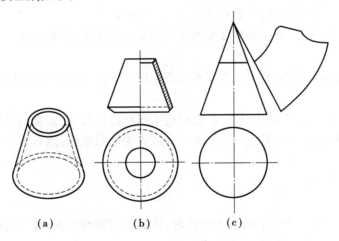

图 1.2.1 施工图与放样图的关系
（a）直观图；（b）施工图；（c）放样图

1）施工图的比例是不固定的，可按构件的形状和大小进行放大或缩小，而放样图的比例必须是 1∶1。

2）施工图是按国家制图标准绘制的，需要反映构件的形状、尺寸、表面粗糙度、标题栏和技术要求等内容。而放样图比较随便，有时只要画出构件的形状、大小和与画展开图有关的视图即可,在保证放样图准确的前提下,线条粗细无关紧要。

3)施工图上不能随便添加或去掉线条,而放样图上根据需要可以添加各种辅助线,也可以去掉与下料无关的某些线条和视图。

4)施工图的目的在于示意,放样图的目的在于精确地反映出实际形状。

3. 放样的一般步骤

（1）读图

放样前要读懂钣金构件的施工图,并进行分析,想象出构件各部分在空间的相互位置、形状和大小。

（2）准备放样工装

放样工装主要有工具、夹具、量具等。

（3）选择放样基准

放样基准是放样时所选择的起点和基准线、基准面,这样的线或面叫划线基准,通常情况下,放样基准一般可根据三种类型来选择:

①以两个互相垂直的线作为基准。

②以对称中心轴线为基准。

③以一个面和一条中心线为基准。

一般情况下,放样基准与设计基准一致。

（4）放样划线的基本规则

为了保证划线质量和准确性,必须遵守下列规则:

①垂直线必须用作图法画,不能用量角器或直角尺。

②用圆规在板料上划圆弧或等分尺寸时,必须先用样冲冲出圆心眼。

③放样公差不应超过图1.2.1所列范围。

④划线前板料表面应清洁,不得有麻点、裂纹等缺陷。

⑤划线前板料应平整,若表面呈波浪形或凹凸不平过大时,影响划线准确度,则应在划线前加以矫正。

⑥划完放样图后,应检查是否有遗漏的线条和规定的孔,还应检查各部尺寸。

4. 放样图

首先在板料的适当位置划出基准线,根据施工图给出的尺寸,依据板厚处理规律,计算出放样图的有关尺寸,按1:1比例划出其他线。划线时先划基准线,然后再划圆弧,最后划出各段直线。

1.2.2　样板

在生产中,当生产批量大、精度要求较低时,将展开图画在纸板、胶合板或薄金属板上,经剪切矫正后制成的划线、下料,统称为样板。

样板的种类比较多,汽车钣金维修作业中常用的有下料样板和靠试样板(检验样板)。下料样板是指供下料用的划线样板。以此样板的外形,在制作构件的金属板料上划线或者靠模剪切。在汽车钣金维修作业中,多用实形样板,就是用纸紧贴在实物上剪下的样板,将该纸样板摊平后,根据实物形状复杂程度,分块或整体在薄钢板料上划剪切线。

靠试样板是指手工制作形状复杂的钣金构件时,需要分成几部分,然后用焊接、咬接等方

法连接在一起。需要检验内形和外形是否合格而制作的样板叫靠试样板。在汽车钣金维修作
用实形样板下料，手工成形后，需要检验成形后的构件与实物形状，尺寸误差，常用靠试
成检验，使总的形状基本达到要求。

1.2.3　下料

下料是指成形加工前将原材料切成所需的长度和所需的几何形状、尺寸的工序。对于不
同规格的原材料，不同形状、尺寸的展开板料，其下料方法也不尽相同。常用的钣金构件下料
方法有：剪切（手工剪切、机械剪切）、冲切、气割等。

复习思考题

1. 汽车钣金常用的金属材料有哪些？
2. 钢材的表面处理采用哪些方法？
3. 何谓放样？
4. 放样图与施工图有何区别？
5. 何谓放样基准？
6. 放样划线的基本规则是什么？

第 2 章
汽车车身修复常用工具和设备

车身维修中常用的手动工具有两类:手动工具和动力工具。本章主要介绍常用的手动工具,了解各种手动工具的使用方法。在修复已撞坏的金属表面时,常用的手动工具就是锤和顶铁。

2.1 车身修复常用工具

2.1.1 锤

车身维修中使用多种规格和样式的锤子,每一种规格的锤子都有其专门的用途。按其在车身维修中的用途,一般可以把锤子分为四类,前三种锤子分别对应金属加工的三个步骤:

1)校正和粗加工;

2)进一步锤击和敲打;

3)精加工。

第四种锤子也称为专用锤,用做特殊的用途。

第一步粗加工包括重新定位和校直汽车车身、零部件的内部形状或车身加强件,把车身已经撞伤的部分重新敲平。这阶段仅使用锤子还是不够的,有时还需要使用液压升降装置。

敲击锤 用来敲击已经撞伤的部位,使撞伤的部位重新复位、变光滑,通过观察或用手触摸应接近原来的形状和轮廓。

风镐 用来进行金属表面的精加工,使敲击粗加工后遗留的小凹坑被敲平,从而使表面平整。

锤子有多种规格,质量各不相同。在一般手工操作时,选择质量较小的轻锤,这样工作更方便更容易,工作质量也较高。

对于锤子来说,质量的均衡是非常重要的。这将极大地影响到工作的操作方便程度和控制的准确性。锤头应经常保持清洁和光滑,专锤专用,这样将延长锤子的使用寿命,并且可以提高工作质量。

重头锤(图2.1.1) 其锤头一头为圆头,另一头为方头。金属粗加工时,用来平整金属表面,敲平焊点和焊缝,粗平皱折的金属面,以及初步校直质量较重的金属板。方头锤面的角可以当作镐使用,把损坏板件上凹陷区域压平。如果必须把某处做出一个小的皱折,而顶铁又不能使用时,可以用重头锤的一个锤面当作顶铁使用。放入挡泥板、车门或板件的内侧,在外侧用另外一个锤子去敲击,来完成工作。

轻头锤(图 2.1.2)　尺寸和形状与重头锤一样,一般用来进行金属精加工、在车门处折边等。

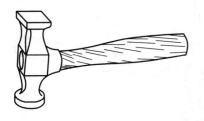

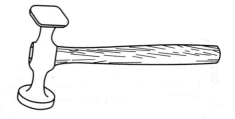

图 2.1.1　重头锤　　　　　　　　　　　　　　　图 2.1.2　轻头锤

双头锤(图 2.1.3)　是轻型锤的一种,常用在普通金属加工中。两个锤头一般均为圆头或一头为圆头另一头为方头。在车身维修中,一般用来粗加工挡泥板、车门或柱杆顶部等,以及敲平车门的折边和校正定位等。有时也可以当作顶铁来收缩金属面。方形锤头一般用做校直长形金属板。

短头风镐(图 2.1.4)　锤头一头为圆形,另一头为尖形,用在如前挡泥板等这些操作不方便的部位,进行轻度的凿和金属加工以及收缩金属面。

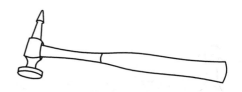

图 2.1.3　双头锤　　　　　　　　　　　　　　　图 2.1.4　短头风镐

长头风镐(图 2.1.5)　也是车身维修中常用的工具,一头为长的圆形尖头,另一头为圆形平头,是一种非常理想的金属精加工工具。禁止在金属粗加工中使用。一般长头风镐主要用来进行薄钢板粗加工后的校直工作和精加工时的凿平局部的小凹点等工作。

直凿风镐(图 2.1.6)　是目前车身维修中常用到的工具,一头为圆形,一头为凿形头,用来修理挡泥板,复原轮缘、饰条、大灯内框和发动机盖等,特别是在车身板件安装和条形结构件的焊接过程中手工修整板件的边缘和做凸缘时常用到的工具。

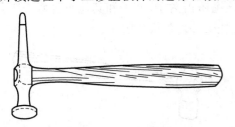

图 2.1.5　长头风镐　　　　　　　　　　　　　　图 2.1.6　直凿风镐

弯凿头镐锤(图2.1.7)　用来对车轮轮缘、装饰件、挡泥板凸缘和柱杆顶部外缘等处有棱角区域进行校直和精加工。还可以用来弄平那些被车身的支撑件或框架构件所遮挡的凹陷，这些区域只有弯曲凿头才能触到。

长镐(图2.1.8)　长镐的尖形头较长，常用来加工挡泥板、车门后顶盖侧板上的凸起。

 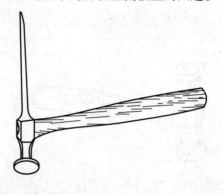

图2.1.7　弯凿头镐锤　　　　　　　　　　　　图2.1.8　长镐

曲面轻击锤(图2.1.9)　该锤的锤面为一个曲面，但一侧锤头的外锤面为隆起，另一侧锤头的内锤面为隆起，外锤面为平面，如图2.1.9所示。用来拉直和校正一些凹陷曲面，例如：挡泥板、前照灯、车门和后顶盖侧板的凹陷等。

挡泥板专用锤(图2.1.10)　该锤是专门用来粗加工某些高隆起的金属面，例如挡泥板可以用来加工那些只有长的锤头才能达到的锤击件。也可以与重型斧锤和大铁锤配合使用粗加工车门槛、轮罩、围板、后顶盖侧板和严重撞伤的保险杠横梁等。

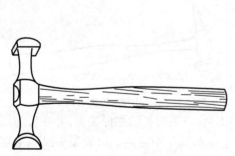 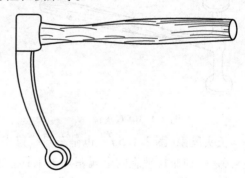

图2.1.9　曲面轻击锤　　　　　　　　　　图2.1.10　挡泥板专用锤

尖锤或锻工锤(图2.1.11)　该锤的一头为圆形平面锤头，另一头为尖头。圆形锤面用在粗加工和校直工作，大力度锤击修理区。可以单独使用，也可以与硬垫木或垫铁配合使用，这样可以使打击力散布在较大的面积上。也可以用该锤锤击凿子、冲子和其他车身修平工具。尖头可以用来校直直角的车架元件、保险杠、保险杠托架等直条状结构件。

图2.1.11　尖锤或锻工锤　　　　　　　　　　图2.1.12　圆球头锤

圆头锤(球头锤)(图 2.1.12)　有多种质量和
尺寸规格。该锤有一个圆形平面锤头和一个球形
锤头组成。球形锤头用来敲击和校正金属部件,以
及敲平铆钉的头部。圆形平面锤头可以用来进行
所有的手工钣金加工。

图 2.1.13　铁锤

铁锤(图 2.1.13)　其形状和结构与锻工锤相
似。但铁锤的质量和体积比锻工锤大。常用的铁锤还有另外一种形状即图 2.1.13 所示的两
个锤头均为圆形平面锤头。铁锤用来进行大强度的钣金加工,例如:用来校正和拉直质量较重
的车身内部结构,以及校正车架、横梁、重型车身和保险杆支撑、支架等。

2.1.2　顶铁

顶铁由高强度钢制成,像铁砧一样,用在粗加工和锤击加工中,可以用手握持撞击金属板
的背面。当从板件正面用锤敲击时,顶铁会产生一个反弹力。每次敲击后定位。这样,通过锤
和顶铁的配合工作使凸起的部位下降,使低凹的部位隆起。

由于板件的结构和形状不同,所以为有效完成修理工作,需要采用多种形状的顶铁。每一
种形状的顶铁只适用于某些特定形状的工件。常见的顶铁有高隆起、中隆起、低隆起、平凸起
以及几种隆起组合在一起的组合顶铁。工作时,所选用顶铁隆起的直径应比加工件的隆起直
径略小。像锤子一样,顶铁的质量应均衡,以方便握持和精确控制。在保证工作质量的情况
下,应尽量选用较轻的顶铁,这样比较容易用手握持。顶铁的工作面应保持光滑、干净,不要存
在油污、涂料以及毛刺,否则会降低修复质量。

常用的顶铁有以下几种。

通用顶铁(图 2.1.14)　该顶铁有多种隆起,可以用来粗加工挡泥板的隆起部分和车身的
不同曲面;校正挡泥板凸缘、装饰条和轮缘;收缩平的金属面和隆起的金属面;修正焊接区等。

低隆起顶铁(图 2.1.15)　因为这种顶铁的质量大,而且很容易控制在平面金属板上。所
以,常用来使金属板减薄和使薄的金属板收缩。可以用来对车门内侧、发动机罩、挡泥板的平
面和隆起面以及柱杆顶部,进行钣金加工。

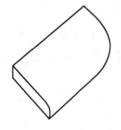

图 2.1.14　通用顶铁

图 2.1.15　低隆起顶铁

足跟形顶铁(图 2.1.16)　因形状像足跟而得名。用来在板件上形成较大形状的凸起,校
直高隆起或低隆起的金属板、长形结构件和平面板件。

足尖形顶铁(图 2.1.17)　是一种专门设计的组合平面顶铁,用来收缩车门板、挡泥板裙
板、柱杆顶部和汽车各种盖板,也可以用来在挡泥板的底部形成卷边和凸缘。该顶铁特别适合
于加工还没有精加工过的金属板件,因为它的一个面非常平而另外一面微微隆起。但是,使用

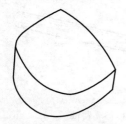

图 2.1.16 足跟形顶铁

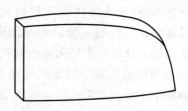

图 2.1.17 足尖形顶铁

该顶铁时,不应过度锤击。

卷边顶铁(图 2.1.18) 用来形成各种大小的卷边。顶铁较大的一端用来形成大而宽的卷边,而最小的一端用来形成较窄的卷边。有时也可以用它在薄金属板上形成小的凹痕。

楔形顶铁(图 2.1.19) 用来在柱杆顶部和宽的挡泥板凸缘上生成隆起,与支架或其他车身内部构件形成一个封闭结构的板件;在柱杆顶部粗加工出顶盖梁和横杆的后部皱折,以及在车身其他地方生成皱折等。

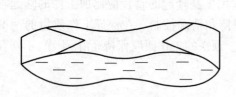

图 2.1.18 卷边顶铁

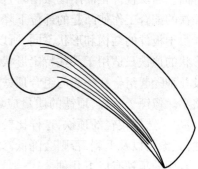

图 2.1.19 楔形顶铁

2.1.3 撬镐和冲头

当损坏的车身板件已经经过校正、拉直等粗加工后,如果表面仍存在一些小的不规则的麻点或小凹点,而用常规的手动加工工具如镐锤,不能去除时,就应选用撬镐和冲头进行精加工。

(1)撬镐

小弧度撬镐(图 2.1.20) 中等长度,端部为一个小弧度的镐头,U 形端为把手。用在车门、车门槛板和后顶盖侧板等处,使用时,把撬镐通过板件上的孔穿入结构内部,使镐头对准板件上小的凹点,在手把上用力撬即可。

大弧度撬镐(图 2.1.21) 与小弧度撬镐形状相似,但镐头长。用在需要较长镐头才能达到凹痕的变形处。

图 2.1.20 小弧度撬镐

图 2.1.21 大弧度撬镐

长 T 形手柄凿头撬镐(图 2.1.22) 长的镐头可以塞入结构的内、外板件之间有限的空间内。也可以当内外板件非常靠近时,作为顶铁修理板件损坏的区域。

（2）冲头

弯头精修冲（图 2.1.23）　用在一般工具较难
达到需要弯曲工具才能触及的地方,例如车门立柱、
顶盖横杆车门板的外侧部位和车门槛等。

图 2.1.22　长 T 形手柄凿头撬镐

钩头精修冲（图 2.1.24）　可以用在板件损坏
部位附近打孔,使钩头精修冲塞入到损坏部位,也可以用来把车门窗框处的板件和后备箱板件
凹陷的地方撬起。

图 2.1.23　弯头精修冲

图 2.1.24　钩头精修冲

冲孔冲头（图 2.1.25）　该工具有着尖锐较长的尖锥形冲头,用来在车身内部结构上冲孔
（通常是在车门密封条的后部）,通过冲好的孔可以用镐锤和镐杆弄平凹陷的部位和小的
凹点。

图 2.1.25　冲孔冲头

2.1.4　匙形铁

匙形铁有多种尺寸和形状,每种匙形铁都有其专门的用途。通常可以分为三类:专用匙形
铁、冲击匙形铁和成形匙形铁。

匙形铁可以用来弄平操作空间有限部位的小的凹痕。也可以用作顶铁,例如在结构的内、
外板件之间,操作空间有限的情况下,不能选用普通的顶铁时。

图 2.1.26　双头门槛专用匙形铁

有些匙形铁是专门用来校直板件的隆起和其他
金属面的凸起。

匙形铁的工作面应保持光滑和清洁。为防止在
油漆面上留下痕迹,可以在匙形铁和加工板件表面贴
上胶带,然后进行操作。

（1）专用匙形铁

双头门槛专用匙形铁（图 2.1.26）　大头匙形铁是用来去除后立柱周围处、内构件和背部
加强件后部以及中、下部门梁后侧的车门槛板上的凹痕。也可以用来撬车门门槛凸缘和拍击
柱杆顶部、后围上盖板和后顶盖侧板上的皱折,使金属板回复到原来的形状。

双头车门和侧裙板专用匙形铁（图 2.1.27）　该工具有一个较长的宽平面。可以触及车
门、后顶盖侧板和发动机罩等结构的内侧板件。也可以当作垫铁或顶铁来校正金属板件。

（2）冲击匙形铁

双头重型冲击匙形铁（图 2.1.28）　该工具的每端均用高强度钢制成,为特殊锻压平面,
可以用锤进行敲打,该工具有多种用途,例如:撬起前挡泥板的内缝;敲打梁板件的顶部、前照
灯和发动机罩;校直和精修排水槽、后顶盖侧板压条、后备箱盖等板件。也可以用来收缩和校
直金属件,在粗加工时作为顶铁使用。

双头重型冲击与挡泥板修正工具（图 2.1.29）　主要用来校直发动机盖凸缘和挡泥板等

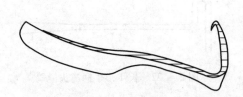

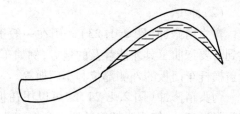

图 2.1.27　双头车门和侧裙板专用匙形铁　　　　图 2.1.28　双头重型冲击匙形铁

没有加强杆板件的凸缘处的反向隆起,也可用来校正汽车车身板件的内部结构。也可作为顶铁使用,修整隆起的挡泥板和车门。

（3）成形匙形铁

平头轻击匙形铁(图 2.1.30)　与铁锤或球头锤配合使用,用来进行金属面精修和敲平由于直接撞击而在金属面上留下的高的凸痕。可以防止修整时在这些凸痕上产生划痕。采用这种匙形铁进行加工,不会对金属面产生额外的损坏。

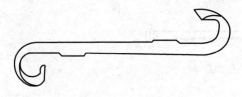

图 2.1.29　双头重型冲击与挡泥板修正工具　　　　图 2.1.30　平头轻击匙形铁

低隆起平面匙形铁(图 2.1.31)　用在有弹性的反向隆起表面。由于它的头部是低隆起面可以用在修理低凹的金属面。

模压平面匙形铁(图 2.1.32)　该匙形铁有一个带有一定斜度的半圆面,用来对已损坏的深凹面重新成形或把凹面上的高隆起敲平,并且不会对金属面带来其他损坏。

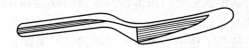

图 2.1.31　低隆起平面匙形铁　　　　图 2.1.32　模压平面匙形铁

嵌缝凿(图 2.1.33)　有多种形状,通常用圆形、方形或六角形毛坯钢条制成。可以与球头锤配合使用,在车身板件和车架上重新成形凸缘、凸起、直线边缘和弯折等。由于这些部位操作空间有限而且形状和结构复杂,所以用普通工具很难进行修复工作。

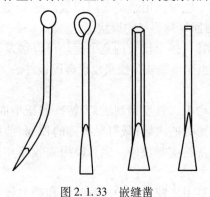

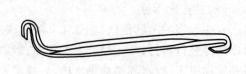

图 2.1.33　嵌缝凿　　　　图 2.1.34　双钩修边器

双钩修边器(图2.1.34)　用来矫直导水槽、车门、后备箱盖、发动机罩、散热器罩和栅格等边缘。修边器的两端均为钩状,一端用来直接进行拉、撬动作,另一端用来进行错位拉、撬或弯曲工作。该工具的优点是可以防止在金属面边缘进行修理时划伤边缘面,用来修理挡泥板、车门、发动机盖和后备箱盖等板件的开口凸缘。

2.1.5　锉

在金属精加工或最终修理时常用到车身锉。车身钣金加工中的锉与木器加工中刨刀的功能相似。在撞伤板件已经被敲击或拉回等粗加工后,锉可以显露出板件上任何需要再加以敲击的高点和凹点,也可以用在经镐锤去除板面上凸、凹点后,最后磨修光滑金属板面。经锉修加工后,再进行砂轮的最终打磨,就可以完成金属精加工的全部工作。下面介绍三种车身修理中常用到的锉。

挠性把柄车身锉(图2.1.35)　撞伤板件粗加工和校正工作完毕后,可以用挠性把柄车身锉使板件上任何需加工的凸、凹点显露出来。挠性把柄可以调整锉片的弯曲度,可以让锉的形状更好地配合板面的形状,无论板面是平面、凸起面或是凹低面。调整锉片前,应首先松开把柄上的固定螺丝;调整完毕后,再拧紧。

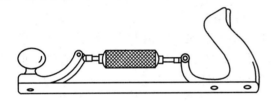

图2.1.35　挠形把柄车身锉　　　　　图2.1.36　标准固定式锉刀

标准固定式锉刀(图2.1.36)　该锉刀包括一把直的、坚硬的木制把柄,锉刀长约356 mm,是锉平平的金属板和隆起金属板的理想工具。该工具操作非常方便、具有较强的切削能力,是车身修理技术人员常用的工具之一。

弧形锉(图2.1.37)　也称为曲面锉,用来检查尖的隆起面、折边和装饰条的平直程度。

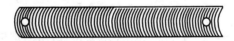

图2.1.37　弧形锉

2.1.6　虎钳扳手

标准型虎钳扳手(图2.1.38)　适用于各种修理工作。可以夹持各种形状的物件,可以替代虎钳夹。最大可以夹持29 mm宽的板件,直径为41 mm的圆柱件。

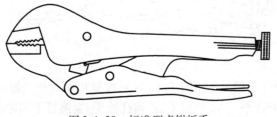

图2.1.38　标准型虎钳扳手

带有剪线功能的虎钳扳手（图2.1.39）　可以作为可调扳手、细嘴钳、管钳、简易压床、自锁虎钳夹、虎钳和螺栓切割器使用。同时也可以完成标准型虎钳扳手的工作。

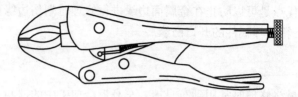

图2.1.39　带有剪线功能的虎钳扳手

虎钳折弯器（图2.1.40）　有较宽的钳颚，是薄板构件加工的理想工具，具有较强的拧、弯、成形、拉和夹的功能。它具有44 mm深、203 mm长的钳颚。

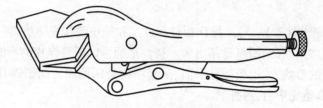

图2.1.40　虎钳折弯器

C型虎钳夹（图2.1.41）　比普通C型夹的操作更快捷。手柄末端的螺丝提供快速的闭合调节，最大开度为89 mm。把C型虎钳夹放到位，手用力把工件夹持好。而且它可以非常简便地夹持，如后顶盖侧板和柱杆顶部等这些难夹持的元件。

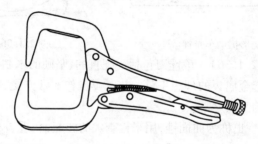

图2.1.41　C型虎钳夹

焊接用虎钳夹（图2.1.42）　可以非常迅速地夹持板件，当把板件夹持就位后，就可以解放双手。特殊设计的V形钳颚，可以方便地观察工作情况，并提供较大的工作空间。该工具是冲、焊、铆接、钻等工作的理想夹持工具。在台架上进行焊接练习时，可以用它夹持金属。

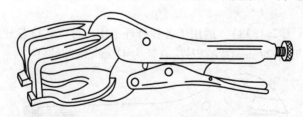

图2.1.42　焊接用虎钳夹

扳手是用来拆装螺栓和螺母常用的工具，有多种型式和大小。包括组合扳手、套头扳手、弯头棘轮套头扳手、活动扳手、六方头扳手、六角孔扳手、套筒扳手和冲击扳手等。

车身修理中常用的螺丝刀有标准"一"字头、"十"字头、六角头和棘轮手柄螺丝刀。

卷尺、刷子、刮刀、钻和空气锤也是车身修理中常用到的工具。

2.2　液压式车身矫正设备及其应用

"工欲善其事,必先利其器"之说法不无道理。事实上,车身维修作业的质量、效率和劳动强度,均取决于车身维修机械与工具的应用水平。了解和正确使用液压式车身矫正设备不仅可以给维修作业带来极大的方便,而且可以正确维护和修理这些设备。

2.2.1　液压式车身矫正设备的特点

液压式车身矫正设备在车身维修中的应用比较普遍。这是因为依靠液体压力所进行的能量转换,比其他方式所进行的能量转换来得方便、平缓、安全,而且利用液压传动的特点更为省力,可以使操纵力与矫正力之间形成相差悬殊的能量转换。

现代汽车车身大多是由车身骨架、封闭型断面构件、金属车身覆盖件以及合理的加强支承等组成。当汽车受到碰撞冲击时,除了车身局部会受到损伤外,车身的整体变形也是不可避免的。若实现有效的、高质量的修理,必须对车身覆盖件、骨架及支撑构件进行矫正。针对金属材料变形和车身构件的特点,修复时的矫正力应连续、均匀,并且能够根据修理需要调节矫正力的大小。车身维修行业中广为流行的液压设备,是车身维修作业中必不可少的专用工具。

车身矫正设备的结构形式很多,因适用车型、维修企业的任务和规模不同而有很大差异。但不论车身矫正设备的结构型式如何,在车身矫正作业中都必须使用相应的矫正装置和解决如下问题,即:施力装置、施力方向的实施装置、连接和支撑装置等;各装置之间通过图2.2.1所示的方法互相连接,并且有效地作用于损伤的车身构件上(图2.2.2)。

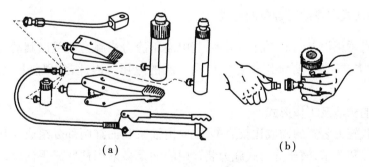

（a）　　　　　　　　　　　　　　　　　　（b）

图2.2.1　液压件的连接

（a）液压泵和工作油缸；（b）快速接头

便携式液压矫正设备主要由油泵、油管、快速接头、工作油缸等部件组成。便携式液压机可以传递车身维修中所需的矫正力。图2.2.3所示为液压千斤顶系统图。

动力缸与工作缸通过耐压油管连接在一起,便形成了整套的、可以正常工作的液压系统。在高压与储油缸之间,还并装有放油阀6,以便当需要解除压力时将油放回到储油缸4中。

车身维修中所需的作用力有限,一般有足够的 A 室与 B 室活塞的截面差作保证,就可以达到10 t以上的输出力。故操纵油泵的动力源也以手动为主。

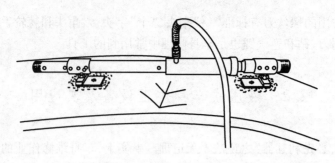

图 2.2.2　采用焊接板进行拉伸

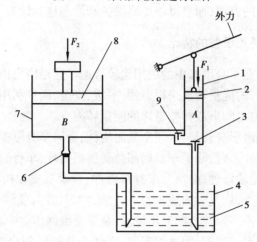

图 2.2.3　液压千斤顶工作原理图
1—油泵;2—油泵活塞;3—进油阀;4—储油缸;5—液压油;
6—放油阀;7—工作油缸;8—工作缸活塞;9—出油阀

2.2.2　液压式车身矫正设备的组成

液压式车身矫正设备的油泵种类很多,其中液压静力式施力装置以其动力大、施力平衡、功能齐全、使用方便,在车身维修作业中得到广泛的应用。因此,这里将以此为例作一重点介绍。

1. 液压泵的构造及工作形式

液压静力式施力装置的构成比较简单,主要由油泵和油缸两部分组成。基于车身维修中矫正作业的特点和要求,液压静力式施力装置中的油泵多采用柱塞式手油泵,它主要由油箱、柱塞泵和控制阀等部件组成。其中,有代表性的带操纵手柄的柱塞式单级手油泵,使用时直接搬动手柄便可使油泵的液压油输出到油管(图2.2.4)。

油泵与单作用油缸配套使用,可通过工作油缸传递的支承或拉伸力,从而完成支撑、扩展、夹紧、收缩、拉伸等项作业。

手动式液压工具主要由手动油泵、油管和工作油缸三部分组成。操纵(拉压)手柄可使油泵柱塞在油缸内往复移动,从而将储油缸中的液压油源源不断地压出,并通过高压油管送入工作油缸。使用时应先将卸荷阀拧紧,否则油泵不能正常输出油压;完毕将卸荷阀松开,工作油缸中的液压油可在外力的作用下返回。

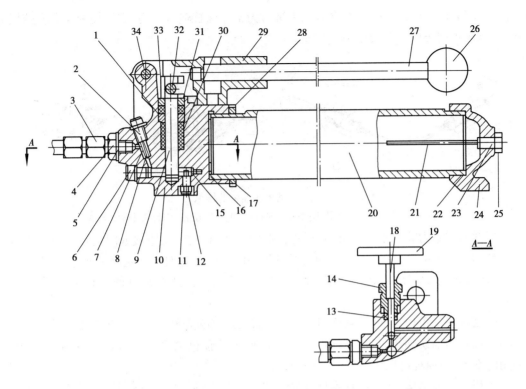

图 2.2.4　柱塞式单级手油泵的构造

1—垫图;2,6,11,25—油塞;3,4—接头;5,12,23—密封垫片;7—弹簧;8,15—球阀;
9—柱塞;10—泵体;13,16,22,30,31—密封圈;14,33—螺母;17,28—锁母;18—螺杆;
19—手轮;20—油箱;21—油尺;24—油箱盖;26—手柄球;27—手柄;29—摇臂;32,34—销轴

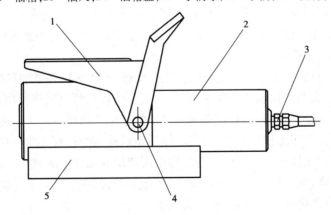

图 2.2.5　踏板式脚油泵

1—踏板;2—泵体;3—接头;4—销轴;5—底座

　　为了使操作更加方便和省力,以及可以腾出手来完成其他操作,在生产中也广泛使用图 2.2.5 所示的踏板式液压油泵。使用时,可以以不同的方法操纵油泵工作为工作油缸供油。

　　与手动式相比,脚踏式油泵有更加方便的操纵性,具有操纵方便、运动精确、反应迅速等优点。它可以使作业者在操纵油泵的同时,还能用双手从事与其相配合的其他作业(图 2.2.6)。

　　与手动式油泵不同的是,这种类型的油泵需要以压缩空气为动力,其结构可分为油、气复合式动力缸和控制阀两部分。其中,复合式动力缸可为工作油缸输入动力;空气控制阀受脚踏板的操纵,可以实现增压或卸荷两个控制功能。

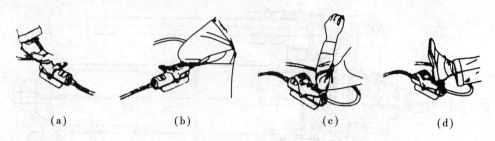

图 2.2.6　踏板式油泵的操纵
(a)脚踏操纵方式;(b)膝盖操纵方式;(c)肘操纵方式;(d)脚跟操纵方式

液压静力式施力装置中的油缸,是矫正作业中的执行机构,要直接或间接与车身各种不同的变形和部位发生关系,完成支撑、装夹、调向和操作中的各种要求。这就要求油缸必须具有体积小、质量轻、结构简单、组装方便和功能齐全的特点,为此在油缸的结构上多采用如下措施:

1)采用柱塞式单作用油缸,从而可以简化管路连接和油缸内部结构,缩小外形尺寸;

2)将油缸与油泵油箱分置,从而既保留了液压千斤顶机动灵活的特点,又克服了垂直方向使用的不足,使油缸可以作任意方向的安装;

3)采用组合式结构,通过在柱塞杆和油缸端部加装各种不同结构的接头、接杆、接盘等装置,变换油缸的尺寸和功能,使其能完成推、扩、拉等多种作业,并可适应与不同支承结构的连接、定位等。

2. 工作油缸的形式

使用液压工具进行支撑、扩展、夹紧、收缩和拉伸等项作业,一是要依赖油泵提供动力,二是要依赖工作缸(柱塞)来完成作用力的转换,并由此实现液压工具所能完成的各类任务。

(1)支撑式油缸的基本结构

如图 2.2.7(a)所示。它主要由支撑座、油缸、柱塞、工作接杆和进油口接头等主要零件组成。其中,进油口接头与高压输油管连通,支座和工作接杆均可以根据使用需要进行更换。

当有液压油输入至工作油缸时,柱塞便在油压的作用下移动并产生相应的支撑力,由此实现对车身构件变形等矫正工作。然而,在实际使用中对柱塞的行程要求往往有限,但对其长度方向上的尺寸要求却比较灵活。因而车身维修中所使用的工作油缸就演变成了图 2.2.7 中所示的几种形式。这样,加长杆、丝杠、支撑座、工作接头等,都成了良好的可供视需选择、调整的附件,液压工具也因此更加完善,适应性也更强了。

(2)扩展式油缸

车身维修中的某些作业很适于使用扩展式油缸来完成。扩展式油缸如图 2.2.7(b)所示的两种形式。其中,图中左侧所示的扩展式油缸与上述支撑式油缸相类似,只不过是工作接头的安装部位和方式有所不同;图中右侧所示扩展式油缸就有些截然不同了,它更适于将扩展臂插入较小的缝隙之中。

后一种类型的工作油缸主要由两个臂、支撑轴、油缸主体、柱塞、支撑杆、销轴和防滑垫等零件组成。工作时柱塞在油压的作用下向外移动,支撑杆即由水平位置趋于垂直,扩展臂也因

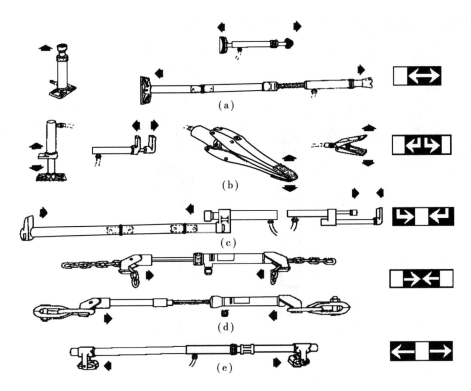

图 2.2.7 工作油缸的类型

此沿箭头方向被撑开。

（3）夹紧式油缸

鉴于油缸的内部结构基本相同且因篇幅所限,这里在图 2.2.7(c)中仅列举了两种典型的夹紧式油缸外形。与支撑式油缸一样,它的长短和工作接杆的长度与形状等也都是可以调整或更换的。

（4）收缩式油缸

车身维修中需要向内拉紧而进行作业时,可以使用如图 2.2.7(d)所示的工作油缸,以完成不同场合下的收缩矫正作业。同样,拉爪的形式也可以视需要进行调换,直接牵引时也可将其加长。

（5）拉伹式油缸

车身维修中有时也需要从构件两端向外进行拉伸牵引性作业,用图 2.2.7(e)所示的拉伹油缸则是再合适不过的了,尤其方便在车身内部从事各类矫正操作。

下面列举一些工作油缸的应用实例,对其在车身维修中的作用予以说明。

图 2.2.8 所示为油缸用于有平面支撑条件下的推举、扩张作业时的结构及组合形式。

柱塞接头的不同形式可适用于柔性连接件(图 2.2.8(a))和刚性部位(图 2.2.8(b))的可靠支撑;螺旋接杆 3 和接杆 5 可改变适用高度,并使高度可调。当油缸或接杆下端采用球形接头与相应接盘配合时,还可适用于不同角度的推举作业,尤其适用于在推举作业中油缸角度要不断变化的场合。

图 2.2.9 所示为油缸用于扩展时的结构处理,主要用于扩展部位尺寸较小的场合(图 2.2.9(a))以低面为基础的扩展,它有点像千斤顶中的拷顶;图 2.2.9(b)可用于任意部位的

扩展,相当于一个扩张钳,但扩展的行程和尺寸可以很大。

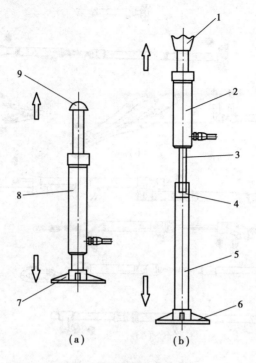

图 2.2.8　油缸的结构及组合之一

1,9—柱塞接头;2,8—油缸;3—螺旋接杆;4—锁母;5—接杆;6,7—底座

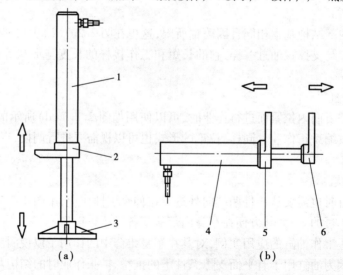

图 2.2.9　油缸的结构及组合之二

1,4—油缸;2,5—缸盖;3—底座;6—接头

图 2.2.10 所示为油缸用于收拢时的组合方式。它相当于一种液压卡兰,是在油缸盖上采取结构变形之后实现的。其中的差别仅在于接杆数量不同,可以在很大范围内扩大收拢的尺寸。

图 2.2.11 所示为油缸用于拉伸时的组合情况,它与图 2.2.9 所示油缸的功能相似,属于

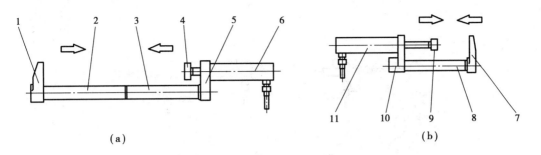

(a)　　　　　　　　　　　　　　　　　　(b)

图2.2.10　油缸的结构及组合之三

1,7—卡脚;2,3,8—接杆;4,9—压头;5,10—缸盖;6,11—油缸

另一种形式的扩展,只是施力方式不同,前者是由内向外,其支撑比较方便;后者是由外向内,因而必须有专用的钩、挂或夹卡装置。图2.2.11中所用夹钳具有自紧功能。适用于板件夹持。

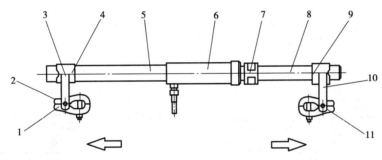

图2.2.11　油缸的结构及组合之四

1,11—夹钳;2—挡销;3,10—拉臂;4,9—挡臂;5,8—接杆;6—油缸;7—连接套

图2.2.12所示为油缸用于拉和牵引时的结构形式。它是在更大尺寸范围内的另外一种意义上的收拢。如果说图2.2.10所示的收拢施力方式是由外向内的话,则图2.2.12所示的拉力可看作是施力方式为由外向内的收拢。同样,由外向内收拢的支撑结构比较简单,而由内向内的拉则需要有专用的钩、挂或夹、卡装置。图2.2.12(a)是通过牵引链及其端部的连接装置,图2.2.12(b)则是通过夹钳来实现与受力部位连接的。另外需要说明的是,用于拉的油缸必须是采用活塞式结构的油缸,而不是柱塞油缸。

图2.2.13所示为用柱塞油缸作动力的扩张器,其功能与图2.2.9(b)相似,但可用于初始扩张尺寸和空间更狭窄的场合。它是利用杠杆原理,利用扩锥的斜面,将柱塞的轴向位移变为垂直方向扩张力的。其中,图2.2.13(a)所示的结构可用于双向扩张,图2.2.13(b)所示的结构则用于相对基础的单向扩张。

还可以举出许多油泵与工作油缸的不同组合形式。由此不难看出,通过这些结构变化措施,可以使工作油缸在车身矫正作业中的功能得到充分的发挥。

2.2.3　液压式车身矫正设备的应用

上面所介绍的油缸功能中,多数是用于车身内部或局部变形的整修。但车身的损坏部位是多种多样的,特别是对于车身宏观的或外表的变形,除了对油缸采取上述措施之外,还必须借助辅助设施,以便能从车身外部空间建立对车身矫正的施力系统。

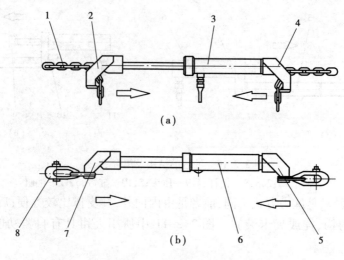

图 2.2.12　油缸的结构及组合之五
1—牵引链;2,4,5,7—牵引接头;3,6—油缸;8—夹钳

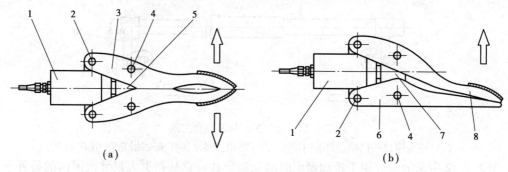

图 2.2.13　油缸的结构及组合之六
1—油缸;2,4—销轴;3,6,8—扩张爪;5,7—扩锥

车身矫正的施力辅助设施可分为空间系统和地面系统两大类。空间系统又包括固定式和组装式。此类系统结构比较复杂,但操作比较方便,因为大部分的变形均可在系统上直接找到施力的支点,而无须进行变换。图 2.2.14 所示的地面系统为固定式,结构比较简单,平时不占用空间,但为了获得不同的施力方向,要进行各种施力方式的变换,故操作方法较为复杂,较适合于中、小型汽车维修企业。

2.2.4　液压式矫正设备的辅助装置

液压工具在车身维修中应用的便利性,既依赖于可供选择的各类工作油缸,更需要有多样化的工作接头、接杆和支座等与之相配套。成套液压设备和工具中,一般都提供了适合于车身维修使用要求的配套件,在操作过程中一定要针对车身构件形状与特点,认真加以选用。如此不仅可以事半功倍,而且对避免车身构件的二次损伤也大有帮助。

在上述各种不同的安装中,用于柔性连接件和油缸与地面连接的地面系的平面布置可见图 2.2.15。它是由合扣在一起并在上平面留出安装缝隙后固化在水泥地面下的。其格网布置可保证,当被矫正汽车摆在图形中间时,可以从汽车四周的任何方位,安装柔性连接件和油缸支座,并进行所需方向的矫正连接。

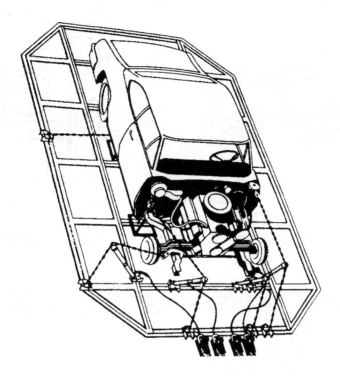

图 2.2.14　地面式液压矫正系统的应用

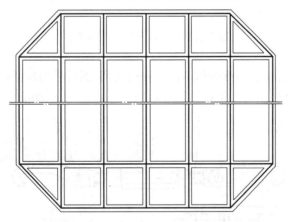

图 2.2.15　地面辅助矫正系统平面图

　　地面支座的安装如图 2.2.16 所示,它主要由支座体 1 和两块楔板 2 组成。支座体 1 上面右方的半球形凹槽 A 可用于支撑油缸下端的球形节,左方弯板上的豁口 B 可用于卡挂柔性连接件的环链,弯板腹部两道立槽用于穿楔板 2。

　　安装时,将支座体 1 右端撬起,如图将弯板下部弯头扣入地面系统槽形钢的缝中并放平后,在弯板腹槽中楔入两楔板 2,支座体 1 便被固定在地面系统上,既不能向上拉起,也不会水平移动,既可作油缸的支撑,又可作柔性环链的结构,拆装都十分方便。

　　柔性连接件另一端与车身的连接,可根据部位不同而采用各种形式的挂钩、夹钳,结构则需因地制宜。

　　柔性连接件在使用中,安装长度常需进行调整。粗调整可采用图 2.2.17 所示的结构,只

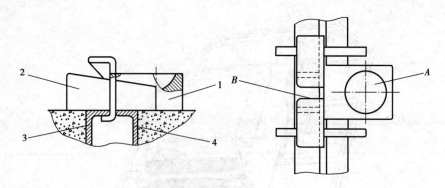

图 2.2.16 地面支撑座及其安装

1—支座体;2—楔板;3,4—地面系统槽型钢

需按需要长度收拢后,将调整钩 2 钩在两相应链环上即可,然后由油缸的作用涨紧。

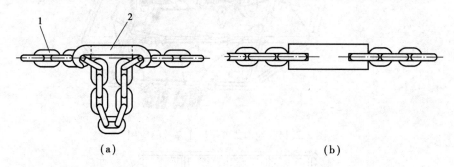

（a）　　　　　　　　　　　　　　　（b）

图 2.2.17 柔性环链长度的调整

1—环链;2—调整钩

图 2.2.18 所示环链长度调整结构不仅可进行粗调,而且可通过微调涨紧。其调整钩 1 的原理与图 2.2.17 中相同,但增加了螺纹调整结构,因而具备微调功能。

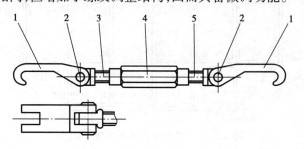

图 2.2.18 可进行微调的柔性环链长度调整装置

1—调整钩;2—销轴;3—螺杆;4—正反螺母;5—左旋螺杆

车身矫正作业和矫正专用机工具在我国正处于迅速发展阶段,有许多需要借鉴、探讨和实践的内容。不难看出,这一类工艺和装备随着汽车维修行业的发展一定会有更加长足的进步。

复习思考题

1. 手动液压工具由哪些组成?
2. 踏板式液压油泵的特点及操作方式?
3. 液压式工作油缸有哪些形式?
4. 车身矫正的施力辅助设施分哪两类? 各有哪些特点?
5. 液压设备的优点有哪些?

第3章

钣金及其在车身中的应用

钣金作业在车身维修作业中占据重要的技术地位,也是钣金维修中的一项基础性作业。尤其是现代流行的全承载式车身,在结构上普遍采用了应力壳体式框架结构,任何构件、支承、连接板等局部变形,都会直接影响汽车的整体性能。

3.1 车身钣金作业的基本工艺

金属材料在一定载荷作用下,会产生塑性变形而不被破坏。利用金属材料的这个性质,可以将金属板材加工成所需的形状。钣金成形技术就是要在掌握平、直、圆三要素的基础上,以手工操作方式将板材制作成不同形状的制件。

钣金制作中弯曲、拱曲、咬缝、制筋、收放、拔缘等,是车身维修作业的基本技能,它不仅在钣金作业中占有很大的工作量,而且对维修效率和品质有较大的影响。

3.1.1 弯曲

钣金构件的弯曲属于简单的成形作业,其中利用折弯设备可进行批量加工;而利用手工弯曲则适合单件及现场操作。车身钣金维修作业中多以角形弯曲构件为主,如:"└"、"匚"、"口"、"冖"、"冖"等形。弧形弯曲以筒形构件的制作最为典型。角形弯曲成形的质量关键是直线(或相互垂直的直线)的加工与制作(图3.1.1),基本操作要领是按要求划好弯曲线并确保弯曲的角度。筒形的制作则需要过度圆滑,并且与要求的弧线一致。

1. 角型弯曲

(1)"└"形的弯曲

弯曲"└"形板料的操作过程,可以对照图3.1.2和图3.1.3所示的步骤进行如下操作。

将弯曲线对正下方钢的棱角并夹牢,用木锤直接敲击使其折弯(适于厚度小于1.5 mm的钢板),也可将木块垫在欲弯曲处用手锤敲击折弯。当板料较厚或强度较高时也可以直接用手锤敲打。对于较宽的板料(即弯边较长时),可以用手将其扳弯后再由

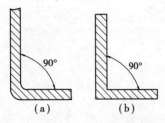

图3.1.1 弯角的形状

(a)圆角弯曲;(b)锋角弯曲

28

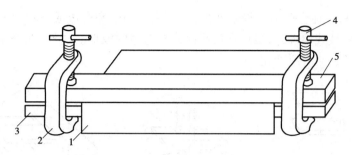

图 3.1.2　用专门工具加工

1—下方钢;2—弓形钢;3—板料;4—上方钢;5—加工手柄

下至上(从钳口开始)锤击。也可以一边用手掀住(图 3.1.3(a)),一边用木锤将其弯曲成型。对于过长的板料,还需要借助角钢或简易夹具来完成(图 3.1.3(b))。但无论如何,锤击部位均应沿棱角的边缘从一端循向另一端。需要弯角的棱线比较清晰时,可于弯曲大致完成后,用平锤沿折边轻轻敲击找细。

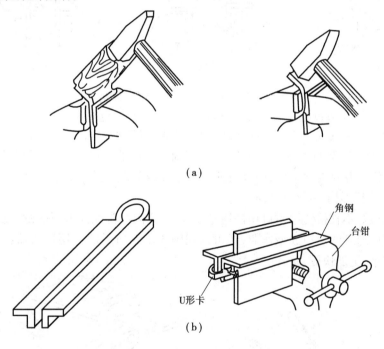

图 3.1.3　"⌞"形板料的弯曲

(a)用手锤加工;(b)借助角钢或简易夹具加工

　　板料弯曲成"⌐"形以后,通常还要大致验证一下弯曲角度。直角的验证方法比较容易,但有些摇把形弯件的折角往往大于 90°。一般除按要求处理好夹角外,更主要的是应确保两板平面的平面度。因为这类弯件在装配时,大多数场合都对两平面间的夹角有公差要求,成形过程中应不断进行检查和调整。

　　(2)"⌐"形的弯曲

　　"⌐"形的弯曲仍以"⌞"形弯曲为基础,按图 3.1.4(b)所示方法先弯曲一直角后,再按图 3.1.4(c)所示方案弯折成槽形。如果将板边扳向另一边,就形成了"⌐"形构件(图 3.1.4(d))。与加工"⌞"形构件不同的是,弯角应略大于 90° 为宜。因为在形成过程中(尤其是较长的"∟"形构件),往往会伴随着局部变形,如槽底的凹凸和弯边成波浪形等。对此,可用平锤将槽底修平并将棱线整理齐,最后用平锤修整弯边的波形。显然,在修正两弯角直线时,弯边与槽底的夹角还会有所变化。

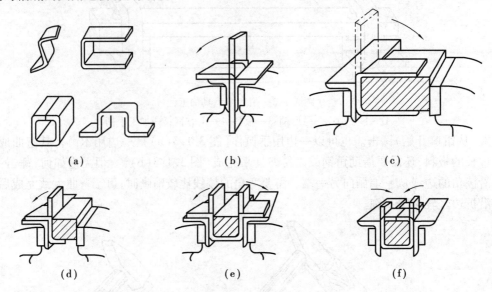

图3.1.4 "匸"形与"⅃Γ"形的手工成型工序
(a)欲扳边形状;(b)扳边形成"∟"形;(c)扳另一边形成"匸"形;
(d)反向扳边而成"⅃Γ"形;(e)向两边弯折形成"⅃Γ"形;(f)向内弯折形成"口"形

"⅃Γ"型和"口"型的弯曲都是在"∟"形基础上完成的。按图3.1.4(e)所示方法,将槽形件夹持在台钳上并对准弯折线,向外弯曲并敲平便成为"⅃Γ"形构件。如果改为向内弯曲并敲平则成为"口"形构件(图3.1.4(f))。

弯曲板料最好不直接使用钳口作棱线基准,以防止因经常性锤击而使钳口发生损伤。

车身维修中遇到的弯边成型作业,还可以用图3.1.5所示的专用弯边器(或称扳边钳)。比起手工操作来,更加快捷、整齐。

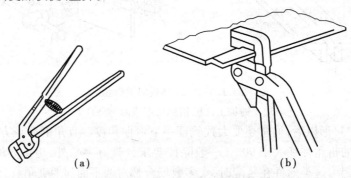

图3.1.5 专用弯边器
(a)外形;(b)操作

2. 弧形弯曲

弧形弯曲作业的目的是将板件弯曲成形为符合要求的弧形或筒形。利用卷板机可批量制作成符合图纸要求的弧形或筒形构件,手工弯曲则更能满足现场使用要求。

图3.1.6为弯曲弧形钣金构件的操作程序。如图所示,加工筒形构件时,第一步先两侧各1/4处分别敲成圆弧形状,然后再由两侧向中间逼近敲成圆弧。为了保证制成的圆弧或筒形构件与图纸相符,可预先按要求用硬纸作出样板,供制作过程中与之相对应。

当筒形构件接近合拢时,应注意各段圆弧曲线的过渡,通过对非圆滑部分的修整达到整体形状的一致。

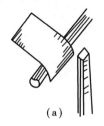 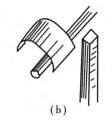 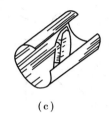 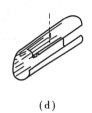

(a) (b) (c) (d)

图3.1.6 弧形弯曲的操作工序
(a),(b),(c),(d)操作过程

3.1.2 拱曲

车身上的拱形构件也比较常见,加之车身覆盖件多为曲面(单曲面或双曲面)形状,车身维修作业(挖补、修复)同样需要成型拱曲构件。所谓拱曲,就是利用对板料的"边收中放",使之成为所需形状如半球形、碟形、半壳形等。

拱形件的制作分为冷做法和热做法两种。

1. 冷拱曲

冷拱曲的基本原理:使板料的边缘起皱向里收,将中间打薄向外延展。如此交替反复操作,使板料在锤击过程中逐渐变形,在不使板料被撕裂的前提下,成形为所需的拱形件。

对于较大拱曲的零件,一般应使用球形顶杆或胎模作砧铁锤击成形。如图3.1.7所示,使用球形顶杆应先将板料的边缘做出皱褶,然后在顶杆上将皱褶敲平,板料因沿边的收缩而向内弯曲。与此同

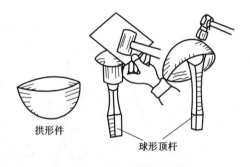

图3.1.7 用球形顶杆拱曲

时,均匀锤放板件的中部,使拱形件中间的金属产生延伸而拱曲。锤击点和锤击力度应呈放射形,即越是靠近拱形件的中部,锤击点的密度越高锤击力也越大;反之,则疏而且轻。并要根据具体成形情况,依目测随时调整锤击力度和部位,使之达到拱形件的形状和尺寸要求。

深度拱曲难免使板件厚薄不均、表面不平,为此还要用平锤做最后的精整、修光使其完善。考虑到这一工序会使拱形件回弹一定的量故拱形件的初成形还应适当大一些为宜。

对于较小的拱曲零件,可使用图3.1.8(a)所示的胎模作砧铁锤击成形。操作时先将板料贴紧在胎模上,手锤从边缘开始逐渐向中心部分锤击。不具备胎模并拱曲较小时,也可采用图3.1.8(d)所示的方法,以厚橡胶板做垫块将板料锤击成形。

用胎模做拱曲件时,锤击力度要轻而均匀,并循序渐进地延展,形成过度圆滑的凸起。成形完毕,同样也需要根据拱形件的形状将其置于合适的顶杆上,用平锤去除表面凹凸使之平滑。

车身维修中应用最广泛的是钣金托模隆起不同形状的薄板。如图3.1.9(a)所示,当车身

薄板的凸缘内,并且按图3.1.9中箭头所示用力方向顶住损伤零件,然后用钣金锤从防护板外缘开始按数字顺序敲击,直至将损伤的板面修正圆滑,如果是车身薄板的隆起部分受到破坏时,应先将板面放松和进行粗略整形,然后断续托模及锤击的方法将其修平(图3.1.9(b))。采用断贴托模法隆起车身面板时,应注意托模移动过程中不要与薄板脱离,锤击时托模要间歇撞击薄板凹陷区域并连续进行。

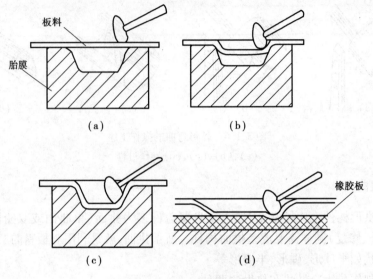

图3.1.8　用凹形胎模拱曲

(a)、(b)、(c)用胎模成形;(d)无胎模用橡胶板替代

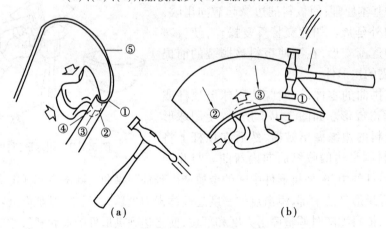

图3.1.9　凸缘和隆起损伤的修复

(a)凸缘;(b)隆起

2. 热拱曲

　　热拱曲的基本原理是:利用金属热胀冷缩的性质,通过板料加热、冷却过程中内应力的变化,实现拱形件的成形。如图3.1.10所示,按三角形影区加热板料,被加热部分的金属必定会因受热而膨胀。但是由于热影响,这一部分金属的机械性能明显降低,并不断向其周围未被加热的板料方向伸展,反而因其自身的膨胀而被压缩变小;自然冷却后本身还将往里收缩(水冷的收缩率更大),于是使冷却后的三角形影区 abc 变小到 $a'bc'$,使局部产生收缩变形。如图

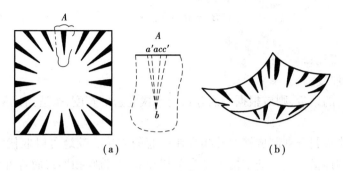

图 3.1.10　热拱曲原理

(a)沿周边加热;(b)冷却后由应力不均形成拱曲

3.1.10所示方法沿板料的周围对称而均匀地加热,便可十分容易地收缩成图 3.1.10 所示的拱形件。

这种热拱曲只适应于半径大的球面拱形的制作,当所要求的拱曲量较小时,只要控制好加热温度,区域,密度等,一般不需要外力就可以实现,但对曲率半径较小或非球面过渡的拱形件,还需要比照冷做法借助外力使其成形。其实,这更有利于拱形件的成形而不使金属发生撕裂或严重的加工硬化现象。

3.1.3　卷边与咬缝

用卷边的方法将金属板的边缘卷起,可以提高构件的强度并使边缘美观,同时还可避免人员划伤或划坏其他物体。咬缝是将板料的边缘敲成榫形(钩形)并扣合在一起的方法。许多车身构件都是采取咬缝并附加点焊方式连接的。咬缝可以取代焊接,这对那些不允许焊接的材料更有实际意义。

1. 卷边

常见的卷边形式有空心卷边,夹丝卷边,平行卷边三种(如图 3.1.11 所示)。卷边操作需要预留出加工余量,其中空心卷边和夹丝卷边的余量计算公式为:

$$B = 2.5 \times D$$

式中　B——边宽;

　　　D——卷边直径。

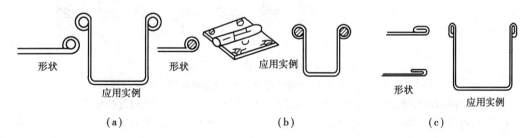

形状　　　　　形状　　　　　　　应用实例　　　形状　　　　　形状

应用实例　　　　　　　　　　　　　　　　　　　　　　　应用实例

(a)　　　　　　　　　(b)　　　　　　　　(c)

图 3.1.11　卷边的形式

(a)空心卷边;(b)夹丝卷边;(c)平行卷

一般板料厚度小于 0.5 mm 时,卷边直径选定在 2~4 mm;板料厚度为 0.5 mm 时,卷边直径选定在 3~6 mm;板料厚度为 1~2 mm 时,卷边直径选定在 4~8 mm。

对于夹丝卷边余量的计算公式与空心卷边有所区别,其计算公式为:

$$B = d + 2\pi \times h$$

式中　B——边宽;

　　　d——铁丝直径;

　　　h——板料厚度。

对于平行卷边的余量,则应根据一次卷边与二次卷边的宽度,按适当比例予以确定。

2. 咬缝

咬缝是将两块板料分别制成榫形并扣合在一起的方法。咬缝可以取代焊接,更适合那些不允许焊接材料的连接。咬缝的结构可分为单扣和双扣,就咬扣形式而言可分为立扣、角扣和卧扣。

手工咬缝需要使用手锤、弯嘴钳、拍板等,其操作方法与成型过程可由图3.1.12所示意的那样,先在板料上划出扣缝弯折线,再将板料放到规铁上并使直线与边缘对正,用前述弯曲的办法使板弯折成直角,然后朝上翻转板料并将弯边向里扣(注意不要扣死)。用同样的方法将另一块加工后,再把板料彼此扣合在一起,校直咬缝棱线最后压紧即可。

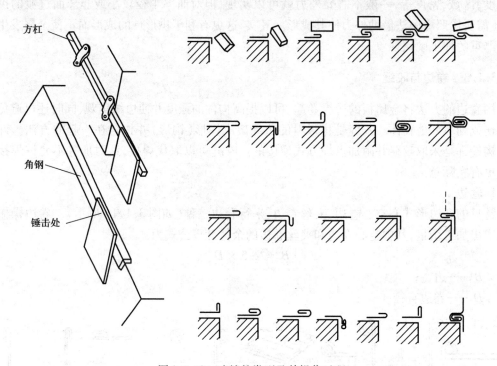

图 3.1.12　咬缝的类型及其操作过程

(a)借助角钢或方杠进行咬缝的弯制;(b)卧扣单咬缝的弯制过程;

(c)卧扣整咬缝的弯制过程;(d)站扣单咬缝的弯制过程;(e)站扣整咬缝的弯制过程

车身构件上常见的咬扣形式多以单扣顺缝为主。用翻边钳取代手工咬缝,可使车门蒙皮与车门内板的咬接十分便利地完成,先将长边用手锤和包布托铁弯折成30°(注意不要用手锤敲击弯角的边缘,并且不要损坏外板的型线)。然后用翻边钳顶住端部,用力夹紧即可。这种翻边方式具有效率高,成形美观,表面锤痕少等优点,应当注意的是,车门蒙皮的咬接虽然简单,但需要在咬缝操作前涂敷防锈剂和点焊密封胶,最后用点焊方式将其焊牢。

3.1.4　制筋

在薄板上制成各种不同形状的棱线,可以提高构件的刚性和抵抗构件变形的能力。这种经过制筋的板料,不仅强度发生变异而且还具有美化构件的作用。

车身覆盖在发生损伤后,起加固和装饰作用的外表线形会受到破坏,对车身覆盖件进行敲平、焊接、挖补等作业后,原有的棱线也可能发生弯曲,扭曲或其他变形。这些都需要借助手工工具及手工操作加以修整、恢复,手工制筋是钣金修复的常用方法。

1. 用扁冲制筋

用扁冲手工制筋是最简单的一种方法,适于制棱线细而浅的筋。具体操作方法如图 3.1.13(a)所示。先画出制筋的标记线;在加工台上铺一块橡胶板并将板料放好,一手持扁冲对准标记线,敲击扁冲,沿标记线冲出符合要求的棱线。

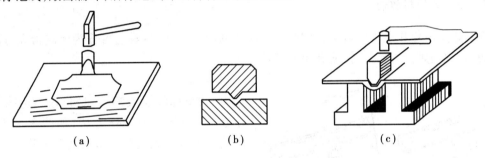

图 3.1.13　手工制筋方法

在敲击扁冲制筋的过程中,应注意不要用力过猛并保持深浅一致,移动距离不要超过扁冲的宽度和确保良好的衔接,沿标记全部敲冲一遍后,再由一端开始冲第二遍,直至达到符合要求的深度为止,最后,在平台上再轻轻敲冲一遍,使起筋形成清晰、整齐的线条。

如果要求两面成型多条棱线,可于板料的两面同时划出标记线,并按上述方法于两面交替操作,最后统一作细致的修整。

2. 借助模具制筋

较深的筋条最好用模具冲制,制筋模具可分为上下两部分,其中,图 3.1.13(b)所示的两套模具需要上下合模;而借助于简易模具来制筋时,则只要求上模符合形状要求,下模选用相应宽度的槽钢或两块定位角钢即可(图 3.1.13(c))。

3. 钣金托模制筋

利用钣金托模制筋在车身维修中也比较实用。为了提高钣金托模制筋的美观程度,应将拟制筋的宽度和尺寸用划针清晰标出,按图 3.1.14 中虚线所示的方法,将钣金托模紧紧顶在画线区的中线上,并按图中标明的数字顺序锤击金属板,直到使金属板发生延展并形成基本轮廓时,再用双头钣金锤和鹤嘴锤交替敲击钣金托模顶部,直至金属充分延展并形成符合要求的筋棱,用钣金托模制筋时,在敲击金属板过程中,一定要用力将钣金托模紧紧顶住工件,注意不要打空,打偏,以防止造成凹陷和影响美观的锤痕。

当需要将焊缝隆起时,也需要借助钣金托模时其形成符合要求的焊缝,如图 3.1.15 所示,用钣金托模的顶尖直接抵住焊缝的中线,然后用钣金锤从另一面锤击托模顶部及其周围,可使高区和没有用顶尖抵住的部位下降,很快沿焊缝形成一定高度的隆起。

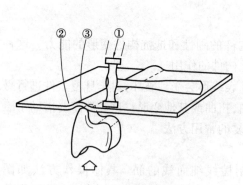

图 3.1.14　钣金托模制筋

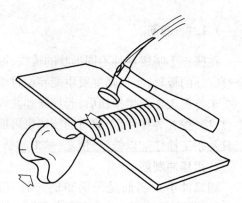

图 3.1.15　用托模顶尖将焊缝隆起

3.1.5　收边与放边

车身钣金维修作业中经常会遇到收边与放边的操作。其中:收边可分为无波折和有波折两种方法,放边则分为打薄、拉薄和胎型三种方法。

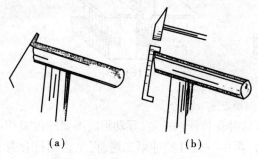

　（a）　　　　　　　（b）

图 3.1.16　无波折收边的操作方法

1. 收边

收边也称收缩或缩边,是将板料边缘的内侧收缩的一种钣金操作方法,如图 3.1.16 所示,先在薄板上画出落料减切线和收边轮廓线,落料后将薄板放在钢衬上沿收边轮廓线向内边锤击并旋转毛坯(图 3.1.16(a)),循序渐进直至完成桶盖边缘的收缩(图 3.1.16(b))。这是一种无波折收缩的一种典型操作方法。

对于无美观要求的收边,可以采用图 3.1.17所示的方法,用折皱钳先使收缩边起皱(图 3.1.17(a)),也可用钣金锤沿收边轮廓线摺出折线(图 3.1.17(b)),再将毛坯置于规铁上用木锤将起皱敲平(图 3.1.18)。锤击时应注意从波折的顶点开始,并保证锤击力度轻而均匀,要注意避免因用力过大造成锤痕和使薄板发生延展变形。

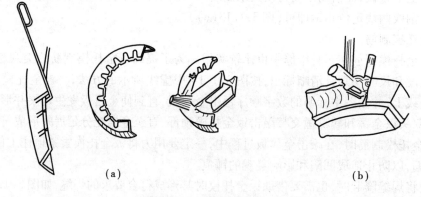

　　　　　（a）　　　　　　　　　　　　　　　　　　（b）

图 3.1.17　波折的制作方法

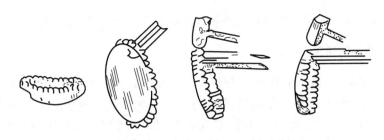

图 3.1.18　波折收边的成形过程

折皱钳可以用钢筋自制,但表面要光华无毛刺,以免在起皱时损伤薄板。

2. 放边

钣金放边操作如果用打薄放边的方法效果较为显著,但表面光华程度差,厚薄不均匀。如图 3.1.19 所示,将预先弯成角材的毛坯平稳地放在砧铁上,然后用手锤敲击放边一侧的边缘,使金属在锤击过程中发生延展变形,角料的边缘随之逐渐放大而向内侧弯曲。进行放边操作时,应注意角材的底面应与砧铁平面贴合,不能一头高,一头低,也不能沿角材弯角 R 处锤击。敲击时的锤痕应均匀,力度适中,锤击面积占弯边宽度的 3/4。拉薄锤放是利用木墩较软和具有一定弹性的特点,使金属材料在木锤或铁锤敲击下伸展拉长的一种方法,适用于制作凹曲零件。为了防止薄板在放边时发生裂纹,可使用这种方法预先将毛坯放展成弯形,再结合其他方法制成符合要求的放边形状。

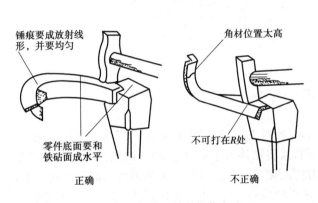

图 3.1.19　打薄锤放的操作方法

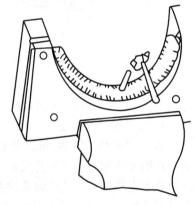

图 3.1.20　在胎型上放边

此外,用木锤通过顶木在胎型上锤放,也可实现钣金件的放边要求,如图 3.1.20 所示,将毛坯置于胎型上并用顶木抵住相应的部位,用木锤敲击顶木即可实现使金属材料延展、伸长的目的。

3.2　矫正与整形工艺

钣金矫正是以手工方式为主,借助简单工具,对变形及超过技术规定的构件进行修正使之恢复至原形的作业方法。

钣金矫正按作业方式可分为冷做法和热做法两种。冷做法比较适于对车身构件变形的矫正,因为绝大多数车身构件对材料的选择性较强;热矫正很容易破坏金属材料的化学成分,使构件的刚度和强度下降。对于变形较大的非承载构件,可利用热做法作为辅助手段加以矫正。

3.2.1 成形件的矫正

手工或机械成形的型材,在敲击、冲压载荷的作用下难免产生变形,尺寸越长其变形量越大。车身过载或受到碰撞等机械损伤时,就会导致构件的永久性变形。加之车身构件是由不同断面形状的冲压件组焊而成的。因此,对成形件的矫正方法是修复车身构件变形的基础。型材变形主要表现为:弯曲、扭转和弯扭共存的综合性变形的三种类型。

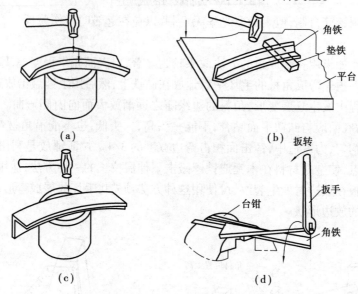

图 3.2.1 "∟"型件的矫正
(a)向外弯曲的矫正;(b)短件的矫正;(c)向内弯曲的矫正;(d)扭曲的矫正

1."∟"形件的矫正

对"∟"形件的弯曲,可以参照图 3.2.1 所示的方法,通过轻轻锤击"∟"形件四面上的其中一点的办法调直。当构件尺寸较短时,可直接将工件置于平台上;较长时则需要将一端垫起或使用中空的砧铁。锤击时应注意落点的选择,使凸起朝上并先从变形最大的部位开始矫正;并且不要锤击"∟"形件的平面;依次锤击并不断检查,直至将工件矫正为止。"∟"形件扭变形的矫正比较简单,一般是将工件的一端平面夹在台钳上,另一端用扳手卡住并向与变形相反的方向扭转,经几次反复即可消除其扭转变形。

车身上所用"∟"形件的壁厚往往较薄,如果采用延伸弯曲一侧平面的方法,也可以收到比较好的矫正效果。如图 3.2.2(a)所示,将需向内弯曲(即需缩小曲率)的工件放在平台上,用锤轻轻敲击弯曲平面的外边缘,并由中部起锤逐渐向两端过渡。通过"∟"形件平面外侧金属的延伸变形,达到矫正的目的,对于向外的内边缘开始(图 3.2.2(b)),并由两端逐渐向中间过渡。冷做法矫正"∟"形件,一定要从变形较大的部位开始,锤击点要由密渐疏,力度由大到小。

当变形较大以及不便拿到平台上矫正时,可结合局部加热的方法,将金属延展或收缩,基本原理可参照板料矫正方法。

由于"∟"形件有两个边,故其中一个边受力变形时,另一个边也会随之发生变形。因此,在进行矫正操作时,不能孤立地把两个边分开来矫正,而是应该交替地进行矫正。一根"∟"形件可能同时存在几种弯曲并会伴有扭转变形。对此,一般先矫正扭转变形,再矫正弯曲变

38

图 3.2.2　弯边构件曲度的矫正
(a)向内收缩；(b)向外扩展

形；先矫正较大的主要变形，再矫正较小的次要变形。

2."匚"形件的矫正

"匚"形件的弯曲，可参照图 3.2.3 所示的方法。

主要通过锤击工件四个边上的某些点来实现(图 3.2.3(a))，操作手法与"匚"形件的矫正基本相似。

例如，当"匚"形件发生侧向弯曲时，可将腹板垂直并使凸面朝上放置，两边以适当的距离垫上木块等，用手锤敲击腹板上边缘的弯曲处(注意不要敲击槽形件的翼面板以防变形)，反复操作可逐步将其矫正(图 3.2.3(b))如果属于正向弯曲，可将"匚"形件的平面(或槽面)朝上，用手锤敲击变形部位的边缘(不要锤击腹板以免变形)，使正向弯曲变形得以消除(图 3.2.3(c))。

"匚"形件的扭曲变形一般都呈对角形式，属于较小变形时，可参照前述"凵"形件扭转变形的矫正方法，以扭转的方式变形扳回(图 3.2.3(d)，(e))。

也可以通过延展或收缩腹面板，翼面板的办法，即收放的原理来消除其扭转变形。难度是要找出引起变形的主要因素，准确判定应当延展或收缩的部位。否则，会使扭转变形进一步加大。

另外，对于较复杂的变形亦可借助加热的方法加以矫正，可以提高矫正的工作效率，比照"凵"、"匚"变形的矫正方法，结合"口"形构件的实际变形状况，同样可以十分容易地实现对"口"形断面件变形的矫正。

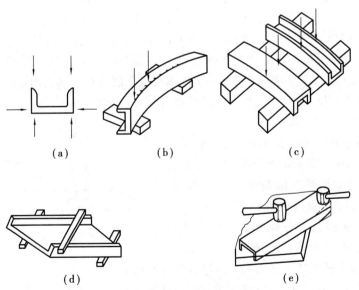

图 3.2.3　槽型构件的矫正
(a)通过锤击箭头所指六个点来矫正槽型构件；(b)矫正侧向弯曲；
(c)矫正正向弯曲；(d)矫正整体扭曲；(e)矫正局部扭曲

3.2.2　车身钣金整形技术

车身钣金件因过载或受到冲击,挤压而导致的变形,需要利用钣金锤,托模和修平刀进行表面修整。钣金变形的主要特征是:变形主要发生在局部,车身未发生整体变形。当车身整体发生变形时,应当采用其他的方法先修复车身的整体变形,而局部变形则应使整体变形修复后再进行操作。

需要强调的是,因碰撞而导致的车身钣金件损伤,绝大多数都会伴随着构件的变形。因此,必须先对变形进行矫正,使之基本复位后再进行其他方面的作业,如:焊接、挖补、整形、换件等操作。

1. 钣金锤、托模和修平刀的使用

在车身维修工艺中,利用钣金锤,托模和修平刀修复构件变形,是常见的作业方式之一。对于车身覆盖件的局部变形、凹瘪和柱类零件的弯曲等,均可以灵活的运用木块、木锤、撬板、手锤、顶铁等工具,直接敲击变形部位使其复位。

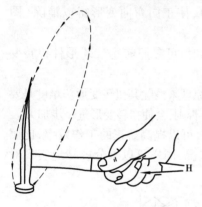

图 3.2.4　钣金锤的正确使用

(1)钣金锤的使用

钣金锤的正确使用方法如图 3.2.4 所示,用手握住钣金锤手柄的端部(相当于手柄全长的 1/4 位置),用手腕摇动的方法轻轻敲击车身构件表面,并利用钣金锤敲击零件时产生的回弹力按圈运动。握锤使锤柄下面的食指和中指应适当放松;小指和无名指则应相对紧一些,使之形成一个比较灵活的转轴让锤能够自由反弹;拇指用于控制锤柄向下利用的力度,一般应掌握在使钣金锤具有一定的滑落性,千万不要像砸钉子那样用力过猛。重锤金属表面容易使之产生延展变形,而连续轻轻锤击操作,即可达到修平的目的,同时也可有效地抑制金属的延展变形。

锤击作业质量的关键在于落点的选择,一般应遵循"先大后小,先强后弱"的原则,像矫正成形件那样,从变形较大处起顺序敲打,并保证锤头以平面落在金属表面上(图 3.2.5)。同时还应注意分析构件强度,有序排列钣金锤的落点,锤击过程中应保证间隔均匀,排列有序,直至将车身覆盖件的表面损伤修平。

钣金锤的锤顶通常为一弧形曲面,与金属接触的面积相当于 10 ~ 30 mm 直径的圆。应根据构件表面形状、金属板厚度以及变形的大小,合理选择钣金锤的尺寸和锤顶曲面的隆起高度。一般平面或稍许曲面的钣金锤适合于修复平面或低幅度隆起表面;凹形或球形锤顶则适合修复内边曲面板;重磅手锤则适用于粗加工或厚板构件的修复。

图 3.2.5　钣金锤的正确握法与落点

钣金锤如果运用得灵活,不仅修复质量好而且效率也高。对技术娴熟的车身维修工,可以 100 ~ 120 次/分钟的频率锤击构件,而且能够将延展变形控制在最小范围内。

用钣金锤修复构件变形,常常还要借助修平刀(撬板)的帮助,这样才能更加得心应手。因为有些变形,离开了撬板的辅助作用就很难加以矫正。此外,对较为薄弱的蒙皮板类构件,一定要使用木垫块或选用木锤、橡胶锤等,这样可以避免车身构件因修理造成的二次损伤。

用钣金锤修复变形,比较直观而且也有较大的灵活性。由于其整形手段主要以锤击为主,具有方便、实用、快捷等许多优点,是行之有效的矫正方法之一。锤击法的缺点是,被锤击的金属表面易发生局部损伤。这种依赖手工的操作,需要维修者有丰富的经验。

(2)钣金托模的使用

用钣金托模修整车身表面,是钣金作业最为流行的一种修平方法。凡是便于放入顶铁的部位,车身壁板表面发生的凹凸变形,均可用钣金托模予以修整。

钣金托模在钣金修平作业中起很大作用。在粗加工过程中,钣金托模相当于一个敲击工具或垫铁,敲击或压迫损伤的车身覆盖件的内面,顶起金属板的内面并展平弯曲变形的金属。在精加工过程中,钣金托模可以用来平滑较小或较浅的不平。此外,钣金托模还可以视需要延展金属和消除内应力。

按钣金托模与钣金锤的相对作用位置,可以分为钣金锤正对着托模敲击(正托)和钣金锤偏对着托模敲击(偏托)两种操作方法(图3.2.6)。

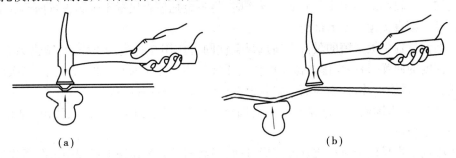

图 3.2.6　钣金托模的使用

(a)正托法;(b)偏托法

正托法常用于修平钣金件和延展操作,偏托法则用于校直钣金件的较大变形。无论是用正托法还是偏托法操作,托模的工作表面必须与所修正的钣金形状基本一致(图3.2.7),这样不仅使维修效果更好,也可以避免造成新的损坏。

偏托法操作要领:偏托法通常用于精修前局部变形的校正,属于粗加工过程中的钣金修复,多用于较大

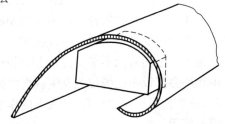

图 3.2.7　正确选择钣金托模工作面

的多部位连续变形。操作时,将钣金托模置于金属板背面的最低处,钣金锤则在另一面敲击变形的最高处,锤击时托模也作为敲击工具并修复变形或最大凹陷处(图3.2.8)。

对于图3.2.9所示的变形,也可以同时使用两把钣金锤击打变形部位,这种偏托法操作可以避免修复过程中受力不均。

用偏托法修整平面,一般不会造成板件伸展。因为顶铁击打的是板料背面的凹陷处,而手锤击打的则是板料正面的凸起部位。由此可见,即使钣金技术不十分熟练,也可以比较自如地从事此种类型的敲平操作。

这种运锤和使用托模的方式,也称"断贴法"敲平。"断贴法"敲平在操作手法上有两个基本特征:

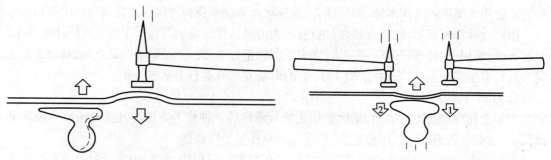

图 3.2.8　偏托法操作示意图　　　　　　　　图 3.2.9　两把手锤同时使用

1）平锤的落点与托模的顶贴点并不一定重合。

2）由于托模通常是用冲击力加之敲击产生的反弹力来击打变形的,故托模与钣金锤的击打时刻并不一定同步。为此,应善于运用"断贴法"从两面同时敲平,可提高修复质量和工作效率。

正托法操做要领:正托法的目的在于使钣金件表面恢复到原有的形状,这种钣金操作对于修复隆板和平整较小的凸起十分有效。操作时,将钣金托模直接置于金属板背面凸起部位,用钣金锤在另一面直接锤击变形部位。

由于操作过程中钣金锤的敲击力通过钣金件同时作用在托模的工作面,锤击力会使托模产生一定程度的回弹,每一次锤击操作都会使托模发生一定的反弹,由此产生的二次反弹力,取决于托着力,托模尺寸,托模表面形状和钣金件的结构与相对形状等。

使用钣金锤、木锤或尼龙锤敲击凹陷周围产生的隆起变形时,应"深入浅出"地由最大凹凸变形处开始敲击。

正托法敲平容易使金属造成延展变形,这是因为当金属板在敲平过程中过分承受锤击时,则受锤击部位的金属会变薄使面积增大。由于周围没有受到锤击区域的金属固定的,由此限制了变形区域金属向四周的伸展,膨胀金属只能离开水平位置而向上或向下隆起(图3.2.10),这是钣金操作中应尽量抑制的变形,必要时还要通过收缩予以处理。

当局部变形基本修平时,应按图3.2.11所示的正托法进一步敲平。正托法是将钣金托模直接顶在板料背面不平的位置上,同时用钣金锤将正面钣金托模位置敲平。由于钣金锤的敲击作用会使钣金托模位置发生轻度回弹,在钣金锤敲击的同时托模也将同时击打金属板。此时,钣金托模垫靠的越紧,则展平的作用与效果也越大。由于正托法容易造成板料的延展,应慎重使用。

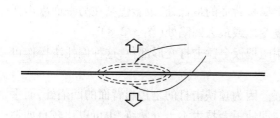

图 3.2.10　延展变形倾向分析
（箭头所指隆起倾向）

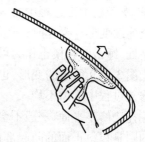

图 3.2.11　用正托法精修车身覆盖件表面

钣金托模正托法敲平作业的工序过程如图3.2.12所示。所选用钣金托模端面形状应与被修正壁板的表面相当,托模的工作面也应与变形相当。钣金托模有两方面的作用:一是支撑作用,以抵抗平衡敲击力对构件的冲击;二是击打作用。借助锤击过程中钣金托模的反弹作用,不断击打最大凹陷部位,有利于加快敲平的速度。事实上,若没有钣金托模的作用敲平作业也不可能完成。

　　这种使用钣金托模的操作方法,为"紧贴法"。选择端面合适的顶铁应紧贴于小凹凸的背面,用平锤轻轻敲击金属表面的凸起或小凹陷的周围,使板类构件变得更加光滑、平整。"紧贴法"修平与前述的"断贴法"敲平的不同点在于:钣金的落点一定要与托模的工作面重合,即实现点对点的一一对应;托模始终贴紧在修正面上,即托模面与锤击部位准确对应,以防止因"打空"而破坏平整的构件表面。

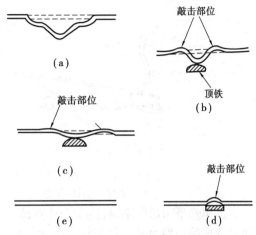

图 3.2.12　钣金托模修平的过程
(a)、(b)、(c)、(d)、(e)过程顺序

　　由于托模始终作用着一定的压力,使回弹力有助于从钣金件正反两面敲击金属,使钣金锤和托模的击打力度加大,由此可以降低操作人员的劳动强度并提高钣金修复的工作效率。但是,这种直接击打方法也极易造成钣金件金属的延展,操作时应注意这种变形的影响,必要时还要进行收缩操作以消除金属的延展变形。

　　采用钣金锤对准托模的方法较其他方法能更快,更容易延展隆起钣金件的皱缩和凹凸变形。敲击时应注意位置准确度,只要击打点准确就应当稳、准、重。因为位置选择不当和连续轻度击打,不仅使效率下降还会造成不应有的钣金延伸。

　　此外,钣金托模尺寸选择不当也会造成二次损伤。如:托模尺寸过大便达不到修正局部变形的目的。

　　(3)修平刀的使用

　　对于难以放入顶铁的弧形凹陷,需要按如图 3.2.13 所示的方案,将修平刀插入并抵住凹陷部位,用木锤或尼龙锤敲击凹陷周围的隆起,使变形逐渐减轻。当修平至一定程度时,再改用金属锤对变形进一步修整。

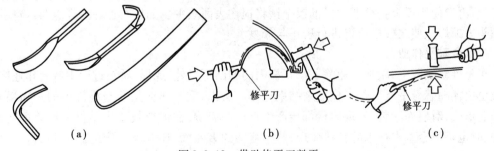

图 3.2.13　借助修平刀敲平
(a)修平刀的几种类型;(b)大曲面的敲平;(c)手不易深入的平面

　　粗平作业所使用的修平刀,实际上就是一根带弯曲工作面的杠杆。除了在形状上要求与修正表面相近以外,工作面的宽度应以大一些的为宜。修平刀在粗平过程中主要起支撑作用,甚至要用修平刀将凹陷板面直接顶起,接触面积过小则很容易使金属表面留下硬痕。

图 3.2.14 为车门面板局部变形,但内部结构无损伤情况下的修整方案。操作时先将车门外缘放在两块垫木上,使车门外侧的面板与地面悬空。按图 3.2.14(a)所示的方法用修平刀撬动,将向内凸出的隆起弹回到正常位置;然后再按图 3.2.14(b)所示的方法,借助修平刀和钣金锤将车门面板修平。

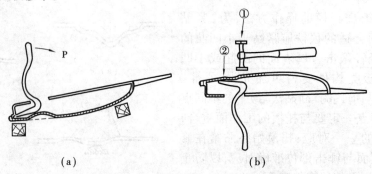

图 3.2.14 应用修平刀修正车门面板
(a)用修平刀撬动,进行粗加工;(b)用修平刀顶住,进行修平操作

运用修平刀法粗平时,应十分注意锤击力度的控制。受修平刀支点选择方面的影响,其端面与变形的顶贴力量不易控制。而锤击力大于修平刀的顶贴力时,就达不到修平的目的甚至还会使变形加剧。反之,修平刀的顶贴力比锤击力大,情况就比前者要好得多。与顶铁法相比,修平刀法的敲击力度要相对小一些,在轻轻锤击的过程中还应特别注意顶贴位置和敲击部件的变化情况。

应用修平刀法还有支点选择的问题,要避免以车身的某些薄弱环节作支承,不得已时应垫上木板以免造成支点变形。

无论采取哪一种方法,都应遵循"敲高顶低"的原则,并注意随时调整顶点和锤击的位置。连续敲击一点或锤击力度过大、次数过多,都不可避免地使金属板面发生延展,这就是造成板类构件翘曲的重要因素。

使用修平刀还可以修复与内结构距离较近的板面。如图 3.2.15 所示,按箭头方向用力并依数字顺序操作,可以逐渐隆起车顶板的变形。

当车身发生严重损伤使外面板与内结构压在一起时,用修平刀插入两构件之间将其分离十分有效。如图 3.2.16 所示,左右摇动和上下撬动修平刀,可使两钣金构件分开并将凹陷隆起,然后再像使用钣金托模那样借助钣金锤将损伤表面敲平。如果有点焊的焊点时,应使用专用钻头去掉焊点使之放松后再进行矫正与修复。

2. 钣金敲平作业

车身维修实践中,敲平作业除了修正板面的凹凸不平外,成形、矫正过程中或者作业终了,一般也要伴随着敲平或以敲平作业来结束操作。所以,敲平作业是车身维修中的一项最基本的作业形式;对表面涂装、外观质量都会产生直接的影响;在钣金技术中不仅占据着重要的位置,同时也是钣金基本技术的直接体现;修整复杂的多曲面,还存在一定的难度并需要较高的技术水平。

针对车身板类构件不平的特点,敲平工具主要使用钣金锤(如:手锤、平锤、扁嘴锤、木锤、尼龙锤、橡胶锤等)、顶铁、修平刀(俗称橇板)等工具;敲平的操作方法则以锤击方式为主,按操作程序分为粗平与精平两个工艺步骤,二者在程序和手法上也有所不同。

由于车身大都是用薄钢板预制的覆盖件包容起来的,如:翼子板、发动机罩盖、行李箱盖、

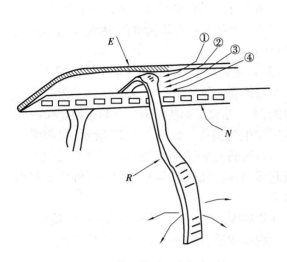

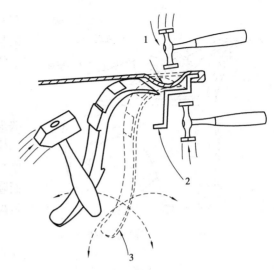

图 3.2.15　使用修平刀隆起车顶板

图 3.2.16　用重载修平刀隆起车身板
1—外板；2—车门框架；3—用力方向

车顶、车门与壳体蒙皮等受到碰撞或挤压，都会造成车身板类构件的永久性凹凸变形。此外，在车身维修(如牵引、焊接、矫正等)过程中，也难免造成板类构件的变形或关联损伤。概括起来说，引起车身板类构件不平的主要原因是，由外力导致的机械损伤和加工及修理过程中造成的不平。

(1)焊缝的敲平

将两块薄板熔焊在一起时，由于焊接过程的热影响难免发生变形。对于图 3.2.17 所示的点焊变形，可通过正托法和偏托法等敲平修正。

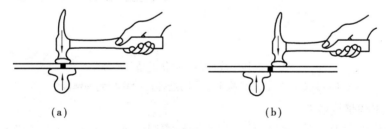

(a) (b)

图 3.2.17　点焊变形后的敲平方法
(a)正托法敲平；(b)偏托法敲平

如果车身钣金件发生断裂需要焊接或修补时，可能会使焊缝高于金属板的表面，需要用敲平的方法锤击焊缝，使之低于车身外表面以便于打磨和涂装。用砂轮打磨时，应注意防止焊缝磨透(图 3.2.18)。

(2)局部凹凸的敲平

敲平作业所追求的是钢板表面光滑并平整。它是在应用"断贴"法对凹凸损伤粗略敲平之后，对表面残留的细小凹凸，做更加精细的敲平作业(图 3.2.19)。

敲平点的选择应在仔细观察与分析的基础上，确定锤击力度和敲平次序。一般，先从损伤较大的部位开始操作，近似于同等程度的损伤，则从距操作较远或最不便于操作的位置开始。操作过程中要注意手、眼的准确配合，并确保锤顶端面的中央落在敲击点上，而不是锤顶的边缘落在敲击点上。顶铁的跟踪也应十分及时，锤击次数要少并尽量使每一次的顶托和锤击都

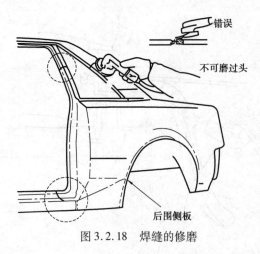

图 3.2.18　焊缝的修磨

有效。顶铁、修平刀、敲平锤三者的工作面形状必须与车身构件的几何形状相吻合,否则就达不到敲平的目的。

(3)鹤嘴式修平刀在敲平作业中的应用

车身维修的敲平作业中,鹤嘴式修平刀是不可缺少的,尤其是修复那些结构复杂和不便于接触的部位所发生的损伤。如图 3.2.20 所示,将鹤嘴式修平刀直接插入车门内侧,用鹤嘴式修平刀的工作面隆起凹陷,进而根据隆起情况用鹤嘴锤将车门面板敲平。

如果鹤嘴式修平刀不便于插入车门内侧时,可在车门内结构适当部位开孔,以利于使用鹤嘴式修

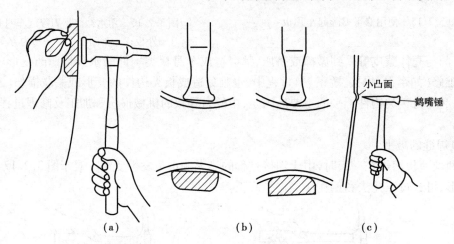

图 3.2.19　局部凹凸损伤的精平操作

(a)紧贴法精平;(b)敲平工具的选择;(c)使用鹤嘴锤修平

平刀和在敲平中调整接触部位。

在实际操作中常用以下三种方法,可以准确地控制鹤嘴式修平刀工作面及其接触位置:

1)使鹤嘴式修平刀端部升起或转动,同时观察车门金属板损伤位置的变化情况,由此来确定鹤嘴式修平刀工作面的正确位置。

2)先用钢卷尺在车门外侧测量需要顶住的部位,从而确定鹤嘴式修平刀的深入长度。

3)将鹤嘴锤杆插入车门内侧以后,在转动鹤嘴杆的同时,用钣金锤轻轻敲击车门面板,以探查鹤嘴杆端头工作面的准确部位,并将其引导到需要敲平和使用鹤嘴杆式修平刀顶起的凹陷处。

(4)敲平后的检查

敲平作业过程中,对稍大一点的凹凸检查起来比较直观,但当作业接近完了时,就需要借助锉刀来检查不平部位。使用锉刀的目的是检验板面修平程度,通过锉刀滑过产生的痕迹(俗称镗一下),来显示板面的实际凹凸状况(表面留有锉痕的部位为凸点,无锉痕的部位则为凹陷)。然后用平锤或鹤嘴锤等工具修平。

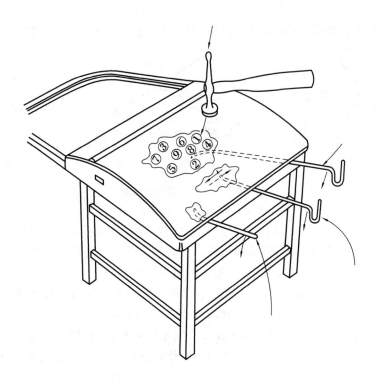

图3.2.20　鹤嘴式修平刀的应用

检查弧形板面时,最好使用图3.2.21所示的可调柔性锉,这种类型的柔性锉压到弧形板面时,可通过调整使两端留有一定间隙,便于使用者操作。

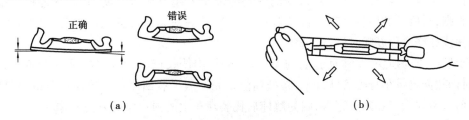

（a）　　　　　　　　　　　　　　　　　（b）

图3.2.21　用柔性锉检查敲平作业的质量
(a)柔性锉的调整;(b)运锉方向

敲平作业中如何正确选择钣金锤与顶铁,直接影响维修效率和维修质量。敲平钣金和顶铁有多种类型,如:先用扁嘴锤(俗称鹤嘴锤)修复较小凹凸,可有效地减小车身构件表面的受力面积和延展变形;合适的顶铁和修平刀,能起到可靠的支撑与顶贴作用;尼龙锤可矫正较大的圆滑变形。这有助于质量、效率的提高,对抑制金属的冷做延伸现象也十分有利。

总之,钣金敲平作业具有很强的实践性。如何做到操作瞬间的正确判断和手的准确配合,的确需要在掌握上述基本要领的基础上,通过更多的实践、体会与摸索。如此,钣金操作技能才会进一步得到提高。

3. 车身线形的修整

对车身覆盖件上的线形修复,实际上也是面部制筋的实际应用以及对起筋或隆起形状的修整,在车身维修作业中运用较为广泛。

(1)车身线形的修复工艺

手工修复车身型线需要细心地进行操作,其具体工艺步骤为(图3.2.22):

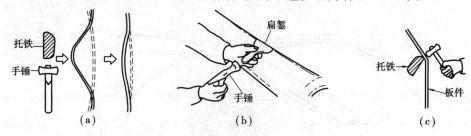

图3.2.22 车身型线的修复
(a)粗矫;(b)理顺型线;(c)精细修整

1)划出基准线。修整前应先以车身原有型线为基准,划出应修复原标记线作为修整目标,当原有型线变形严重难以找到基准时,可利用对称原则由车身的另一侧实测获得(测取另一侧棱线关键点的水平高度,移植到另一侧后再用线条连起来)。

2)修复型线。对于向内的型线,可选择平面顶铁并包上一层薄橡胶作为顶托,用手锤轻轻敲击宽度适中的扁口錾(一般以60~100 mm为宜),使棱线的线型逐渐清晰化;对于向外凸起的型线,往往不能在车身内侧进行锤击操作。属于轻度损伤时,可选择带刃口部位的蒙皮,使型线得到修正并逐渐变得清晰。为保证型线的整修过程中不发生走偏现象,所用顶铁的刃口应适当长一些。

3)最后的修整。经检查确认型线的走向和深浅符合要求时,去掉顶铁上的胶皮或改用平锤,沿棱线做一次精细的修整,这样能使线条更加清晰。

4)注意事项。操作时,注意扁口錾的移动距离不要超过冲口宽度,并保证冲痕应很好的连接。否则,对修整的质量将产生直接影响。另外,手锤对扁口錾的敲击力度不宜过大,并视型线的深浅和修复程度随时进行调整。

对于较严重的损伤,尤其是起筋的型线向外时,内侧仅依靠带刃口的顶铁会感到力度不足,此时仍然需要将车身覆盖件拆下,将型线修整完好后再装回原位。更换预制的板件时,先于装车前将型线检查并修整完善,因为解体后比装在车上的损伤作业方便操作。

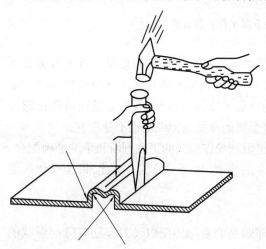

图3.2.23 用敛缝工具造型

(2)用敛缝法修复车身线形

用扁口錾作为敛缝工具直接修复车身线形也很适用。如图3.2.23所示,根据车身线型选择不同的形状和锥度的扁口錾,配合使用球形锤、平头锤等工具,对车身钣金件的弯曲、直线脊梁、加强筋以及凸缘等进行修复或再造形。

这种方法比较适合受空间限制不便修整的车身线型,如图3.2.23中指示的那样,用敛缝法比使用钣金模和修平刀操作起来要复杂些。

(3)跳跃锤击法修复车身线型

当需要校直一个较长而颇高的脊峰式变形,尤其是伴有许多单折弯曲时,可采用跳跃锤击法修正变形并释放金属的内应力。如图

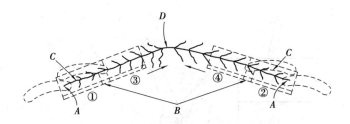

图 3.2.24　脊峰的跳跃锤击示意图

A—脊峰最低点；B—稍稍重叠；C—匙面；D—脊峰最高点

3.2.24所示,选用表面略带弧形的修平刀和适当的钣金锤,操作时将修平刀紧紧顶住修整部位,此时不仅钣金锤的击打可以起到修平的作用,而且还可以通过修平刀将锤击力向金属的其他部位分散,以此消除金属应力并适量避免金属延展。

用跳跃锤法修复车身线形时,注意只有钣金锤的跳跃而不能让修平刀跳动,以防止降低锤击力和降低效率。操作程序应从脊峰外侧的最低端开始,交替沿两侧向中间脊峰,使损伤的范围扩大而增大修复的工作量。

与精平操作一样,用检视的方法确认修复达到基本成形即粗加工水平之后,还要通过鹤嘴锤消除金属表面存在的小凹凸,使之达到平直和表面光滑、平整的要求。

4. 车身钣金件弯曲的矫正

随着汽车轻量化的发展,车身用钢板在提高强度的同时也大幅度减薄了。加之车身又是用薄钢板包容起来的,车门与车身壳体外蒙皮等薄板类零件,极易发生大面积凹瘪。矫正车身钣金件自然有着不同于其他金属材料的工艺方法。

（1）吸引法

有些变形的特点:表面变形大但变形较为圆滑;金属板的变形呈弹性状态,局部未发生较大的延伸变形。对此,如果采用锤击矫正,一方面需要拆除车内的装饰板及其他关联零件;另一方面,则很难避免表面涂层不被破坏,甚至还会因锤击而造成二次损伤。

如果使用图 3.2.25 所示的单体或三体真空吸盘,于车身或车门外侧将变形部分吸牢,就可以十分容易地将凹陷变形的车身钢板牵拉复位。

橡胶吸盘用于平面上凹陷部位吸引及牵拉时的作用原理,可以对照图 3.2.26 作如下简要说明。当橡胶吸盘 7 的下端面贴紧在外蒙皮表面后,按下扳柄 4,利用螺钉盘 6 将橡胶吸盘 7 中部提起,在吸盘和蒙皮之间形成的真空度便可将吸盘与蒙皮紧紧吸附在一起,吸力可达数百牛顿。由于橡胶吸盘 7 的柔性和边缘薄、中间厚的结构,使其对变形平面的吸附有一定的适应能力。

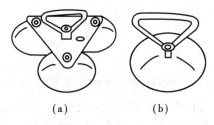

图 3.2.25　手持式真空吸盘

（a）三体式；（b）单体式

这种单体和三体式组合结构,还可用于玻璃等类附件拆装时的吸持,尤其用于玻璃时,不仅可以产生足够的吸附力,而且具有柔性连接的特点,因而比较安全。加之单面吸持的方式还可为其拆装提供很多方便,不仅免去了拆装内围板、车内装饰及车门摇窗机等机件的麻烦,并且能可靠地保护车身金属板及表面涂层。

吸引法矫正的缺点是,仅适于修复弹性变形面积较大的凹陷损伤,应用范围带有一定的局限性。

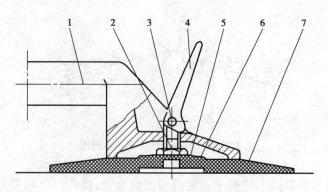

图 3.2.26　橡胶吸盘
1—手柄；2—螺母；3—销轴；4—扳柄；
5—压盘；6—螺钉盘；7—橡胶吸盘

除了真空吸盘以外，还有一种称之为电磁吸盘的工具，也具有吸引法矫正上述变形的功能。但其结构比真空吸盘复杂，造价也较真空吸盘高。

（2）惯性锤法

近些年来，惯性锤法开始在车身维修行业推广、应用，它与成套装卡定位装置配合使用。如图 3.2.27 所示，车身构件的许多变形和损伤，都可以利用惯性锤的冲击惯性予以修复。

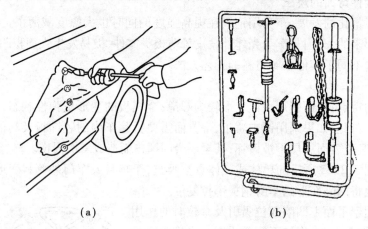

（a）　　　　　　　　　　　　（b）

图 3.2.27　用惯性锤矫正车身构件的局部变形
（a）应用实例；（b）惯性锤组件

用惯性锤组件矫正变形时，先将拉杆的一端用定位装置与变形部件固定，用手握住滑块迅速向与变形相反的方向滑动，利用滑块沿杆身滑动时的惯性力，冲击杆端并带动定位装置使变形得到矫正。可见，牵引力的大小，主要取决于滑动惯性锤力和滑动速度的大小，这两个因素决定着滑块对滑杆端作用力大小，同时也对变形矫正力的大小产生影响。

惯性锤法与锤击法有很大的区别，前者通过直接锤击变形金属表面来达到矫正的目的；而后者则通过定位装置将惯性锤的冲击力作用在变形的部位，使变形和损伤得到修复。显然，对薄壳类车身构件而言，后者对矫正变形更有利并且对金属表面的损伤程度也小，尤其不会造成金属表面因锤击而造成的延展。运用惯性锤法，可由操作者直接控制惯性冲击力的大小，对变形的矫正过程也比较直观。

惯性锤法矫正变形的作用原理虽然相同，但装卡装置可选择的范围很大，因为车身构件的变形与损伤是多种多样的。这就要求装卡与定位装置，既适用于多种变形的矫正，又能方便灵活地装卡于车身损伤各个部位。才可以为钣金件的矫正作业提供更多的方便。通常有以下几种装卡定位方式：

1）夹持方式　该方式利用某些车身钣金件便于安装夹具的便利条件，应用各种类型的特制卡钳，将损伤部位以夹持方式固定并与惯性锤的滑杆相连。这种方法适用于翼子板、车轮拱形罩、壳体及车门下边缘等处变形的矫正，而且这种装卡方式一般也不会损坏需矫正部位的金属。

夹持方式能承受较大的矫正力，但装卡钳的方法和牵引力的作用方向一定要正确。图 3.2.28 是使用夹持方式进行局部矫正的应用实例，借助液压矫正设备和专用夹具，可以对车身局部变形进行可靠的固定和牵引。

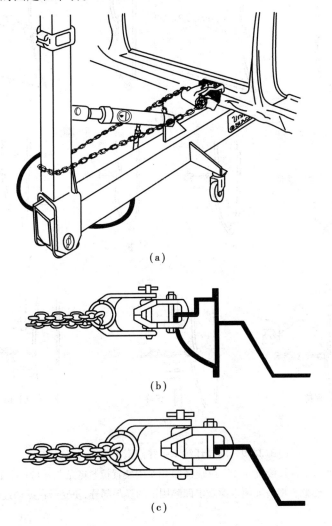

图 3.2.28　夹持方式应用实例

(a)使用液压设备进行牵引;(b)对封闭型断面的夹持可在局部开"窗口";
(c)对非封闭型断面的牵引

2）旋入方式　该方式利用图 3.2.27(b)中所示的"T"形尖锐螺旋锥，钻入薄板类车身构件并可靠连接。但是，旋入方式必然会在被修复的构件上留下螺旋锥孔，故矫正完变形以后还应逐一将孔补焊并用砂轮、锉刀等工具磨平。

旋入方式仅用于矫正薄板的变形，而且所能承受矫正力也比较小。

3）挂环方式　该方式是在构件的变形部位，焊上若干个用于连接滑杆的挂环。凹陷面积较大时，也可以并列焊多个拉环并穿上拉轴，以使矫正力能均匀地作用于变形表面（图3.2.29）。拉环可用装配垫圈来代替。这种连接方式也适应于薄板类构件的变形，特别是对那些不便进行矫正操作的部位，如门槛板、加强筋、车身型线等的矫正十分方便。

挂环方式能承受稍大一点的矫正力，但是焊接挂环会破坏钢板背面的防锈层，并且整形后要去掉挂环并对焊接点进行修磨和钢板背面的防锈层的重新喷涂。

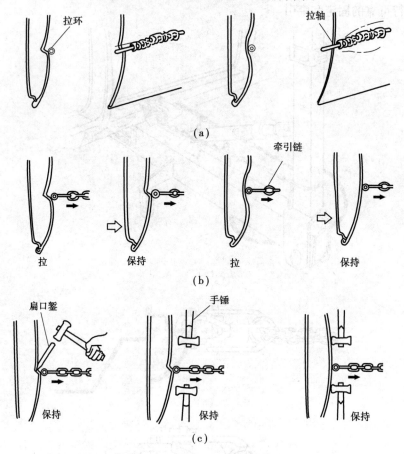

图 3.2.29　用挂环法牵引并修正车身的局部变形

（a）于变形部件焊接拉环并穿拉轴；（b）用牵引装置拉紧链条并保持一定的拉力；

（c）用扁口錾修整型线或用木锤敲击凹陷周围的隆起部分，使变形在振动过程中恢复

（3）牵引法

牵引法则是借助外力的牵拉作用，实现对骨架、横纵梁、翼子板、门槛等变形的矫正。如图3.2.30所示，选用合适的装卡定位装置与车门或车身的变形部位固定后，就可以借助外力将变形矫正过来。

在不宜将装卡定位装置直接夹持在车身的某些部位上，此时同样可以用焊接挂环的方式实现与牵引设备的连接（如图3.2.29）。

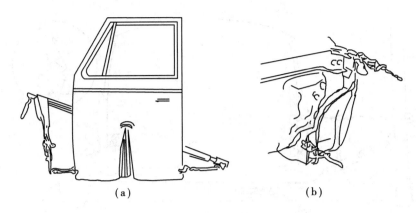

图 3.2.30　牵引法矫正变形

(a)车门的牵引;(b)车身的牵引

　　有时车身构件并非是向车内方向的挤压变形,而表现为向外弯曲的膨胀形式。对此,也需要运用牵引法加以矫正,作反向牵引。有效的矫正方法:利用具有向内收缩功能的工具或设备,使外胀式变形得以向相反的方向收缩。当车身的变形发生在单边时,向内牵引收缩的固定方法也应有所变化,需要另选强度高的部位作为收缩牵引的基础,以防止车身的另一侧发生不应有的变形。

　　对于较大的车身构件,有时需要采用支架拉伸的方法进行牵引。如图 3.2.31 所示,由于受主梁高度的限制,牵引时须用支架将车身升起一定的高度,然后将牵引设备送入车身底部进行不同方向的牵引操作。

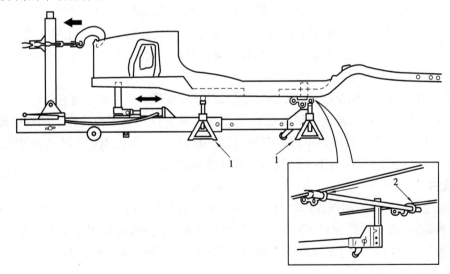

图 3.2.31　采用支架拉伸的方法进行牵引

1—用专用支架将车身升起一定高度;2—在牵引设备端部附加固定装置

　　图 3.2.32 为侧向牵引的操作实例。它是借助木块固定并使用牵引设备来矫正局部变形的。

　　图 3.2.33 为前车身变形牵引的操作实例。它是借助焊上去的拉板并使用牵引设备来矫正局部变形的。

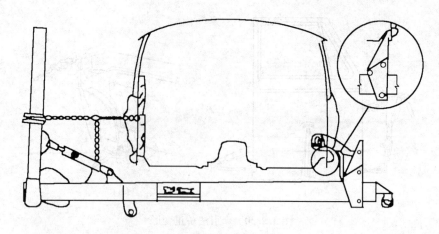

图 3.2.32　牵引设备与木块配合使用

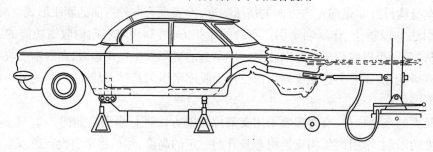

图 3.2.33　牵引设备与拉钣配合使用

　　牵引法与前述惯性锤法的主要区别,除了可以获得足够的矫正力外,牵引法所施加的矫正力则可以从零开始逐渐加大到所矫正力的极限,避免惯性锤法所施加的冲击矫正力;牵引法可以从不同角度同时增大牵引力,这对矫正综合变形更有利。可见,牵引法更适合矫正大型构件的多方位变形,尤其是矫正车身的整体变形。

　　在牵引法中,除了运用拉链并附以各种定位装置外,皮带式牵引法也有它的特殊作用和独到之处。如:当翼子板边缘被向内挤压变形后,可通过牵引挂在翼子板边缘上的牵引皮带,使变形得到矫正。当然,需要矫正单边的变形时,皮带的另一端则应固定在其他强度较高的部位。运用皮带取代拉链牵引可避免铁链对车身外表面的刮伤。

　　(4)支撑法

　　车身钣金件的变形方向往往比较复杂。由于受牵引方向、设备、工具等限制,对于开口类、框架式车身结构,如:门框、窗框、发动机室、行李箱等挤压变形,如果用支撑法矫正就比较合适。支撑法利用可以伸长的支撑杆的支撑力,将框架式构件的变形顶压至技术要求的位置(如图 3.2.34)。

　　对付一些综合变形,往往是将支撑法和牵引法配合使用。如图 3.2.35 所示,翼子板的严重变形波及到了窗柱,仅用支撑法直接矫正窗柱的变形是不可能的;仅用牵引法矫正前部的变形也很难奏效。两种方法配合使用,就可以获得圆满的整修效果。

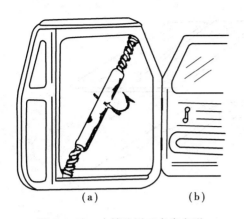

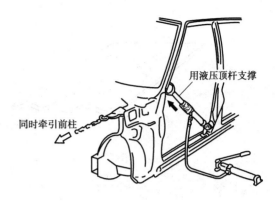

图 3.2.34 支撑法矫正车身变形

(a)前窗柱的矫正;(b)侧窗柱的矫正

图3.2.35 牵引法与支撑法配合矫正

支撑法也适用于矫正车身底部于垂直方向上的变形,对于车身底梁的水平方向变形可用牵引法矫正,但对垂直方向的变形就不好进行牵引。如车架和承载式车身的车底纵梁产生的拱曲,用支撑法矫正就十分方便。矫正车架的下拱形弯曲时,将梁的两端于垂直方向固定后,用液压千斤顶支撑变形最大部位,弯曲就很容易得以矫正。同理,对于上拱形弯曲也可以用支撑法矫正,只要变换一下支撑位置即可。

图 3.2.36 为支撑法修复车顶变形的操作实例。对于车顶罩及其周围发生的凹陷变形,可以使用便携式液压工具并配以专用橡胶接头顶出,矫正过程中使用钣金锤和钣金托模按预定的要求(如虚线所示)进行整形即可。

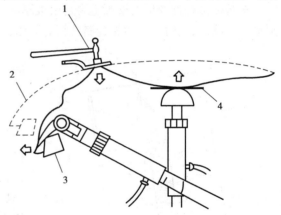

图 3.2.36 车顶凹陷的支撑方案

1—弹性敲击;2—原来外形;3—顶梁;4—胶合板

支撑法矫正用起来比较灵活。一般分为液压和机械式两种,其中液压方式的使用性好于机械式,应用较为广泛。与支撑工具配套的各种类型的支撑座,可以适应于车身上的不同部位。所以,一般不必借助其他连接方式,就可实现对变形的矫正。

3.2.3 车身钣金的收放操作工艺

收放操作是针对金属板的膨胀、收缩变形而进行的。车身维修中无论是冷做还是热做,都会不同程度地造成金属板的变形。如:当熔焊、钎焊或对金属板加热时,金属材料便会受热膨胀,当再次冷却下来时,金属板就会收缩从而导致其变形和失去原来的形状(图3.2.37)。

钣金作业中,对板类构件所进行的焊接、成形、矫正、敲平等,都会使金属发生延伸,对车身局部或整体参数都会产生不同程度的影响。一方面,车身上板类构件所发生的尺寸变形,给装配带来一定的困难;另一方面,与延伸相伴随的变形,也需进行矫正。

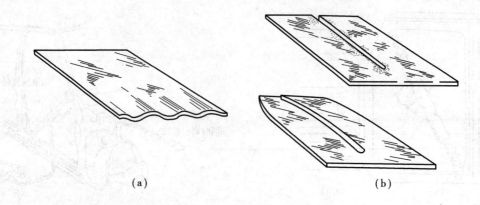

(a)   (b)

图 3.2.37　金属板的热胀与冷缩变形
(a)金属板边缘受热并冷却后自然形成的波浪形状;
(b)整个金属板加热并冷却后自然形成的翘曲变形

　　车身钣金构件变形的根源主要是由板厚不均造成的。其中,变薄部分金属的组织被拉长,形成疏松状态,同时引起相邻金属的相对紧缩;而变厚部分金属的相对紧密。

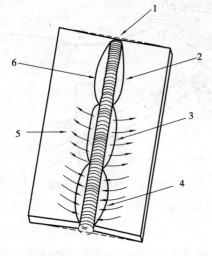

图 3.2.38　金属板对焊时的热变形
1—焊缝长度缩短;2—高温接近液态;
3—有较弱热膨胀;4—焊缝开始收缩;
5—膨胀力小于收缩力;6—整个翘曲呈波浪形

　　焊接或挖补作业会使金属受热膨胀,不均匀的加热与冷却同样也导致金属的延展或收缩。如图 3.2.38 所示,将两块金属板对焊时,当已经焊过的区段开始固化收缩时,熔池内的白热金属在膨胀且强度减弱,金属继续冷却,所产生的收缩力将引起施焊区段内继续积聚变厚,从而造成两块金属板之间相互拉进、靠拢、直至重叠,结果使整个焊缝长度缩短,焊缝区域内金属板的翘曲变形便由此形成。本书前面介绍过的热成型(图3.1.10)也说明了这一点;冷却后金属板在内应力的作用下,必然会出现不同程度的延伸或拉紧,板厚也因此变得不均匀。

　　当车身钣金件的尺寸和形状(如翘曲、扭曲变形)发生变化超过一定限度时,车身构件就很难正确地装配在一起;薄板类构件呈现的隆起变形,在外力的作用下还会在两个面方向弹来弹去,产生了所谓"油壶现象";有时车身构件的内应力还会与汽车运动载荷合并,从而对构件安全性构成一定隐患。显然,这都需要通过收放操作并消除内应力,来恢复车身构件的原始状态。

　　由此可见,车身钣金技术中收放作业的目的在于:对伸展、膨胀的金属进行收缩(简称"收");对收缩、拉紧的金属进行延展(简称"放")。收放可以将尺寸误差和形状与位置误差控制在技术标准之内。

　　车身钣金的收放作业有三种形式:冷做法、火焰法、电热法。

1. 冷做法

　　用冷做法(也称锤击法)收缩与延展,以钣金锤和托模为主要工具,通过敲击拉紧部位使之放松,从而达到修正的目的。

冷做法收缩与延展的突出优点:对防锈层的破坏程度较低,适合修复耐腐蚀特种钢板;利用金属的冷加工硬化现象,可进一步提高材料的强度和硬度;对薄钢板膨胀、隆起或拉紧、翘曲现象,收放效果十分显著;所用工具简单而且操作方便。使冷做法成为车身维修中钣金作业的首选方案。

冷做法收缩与延展,带有一定的局限性。如:比较适合修复那些变形程度小、面积不大的构件。缺点:操作效率较低并且具有一定的技术难度;反复锤击会使构件表面损伤,尤其是变形面积、程度较大时,这一缺点就显得更为突出。

(1)薄板的延展

薄板的延展作业是车身钣金技术中的一个基本功。掌握对薄板的冷做法延展的正确操作要领,还有助于运用其他延展方法,因为其他延展方法一般还需与冷做法延展操作配合。

薄板的拉紧与放松,会导致其产生两种形态的变形。一是由四周拉紧、中部放松形成的凸鼓变形;另一种是由四周放松、中部拉紧形成的翘曲、扭曲变形。操作前应经过认真分析、判断,根据拉紧与放松的特征,确认属于哪种类型的变形,以便区别对待。

对于沿四周拉紧状态而引起的中间隆起,应通过锤击法延展、放松板料的周边,不应再敲击凸鼓中部以免变形加大。基本操作要领:由四周开始锤击并逐渐向中间移动;其中,锤击边缘时的力度要大、击点要密,随着击点向中心的移动,力度应逐渐减小并使击点逐渐变疏(图3.2.39(a))。金属板就可从四周开始延展、放松,至隆起面的中心,中凸鼓变形自然会被消除。

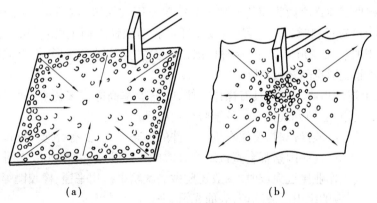

(a)　　　　　　　　　　(b)

图3.2.39　薄板的延展

(a)放松板料的周边,以矫平中部凸鼓;(b)放松板产的中部,以矫平四周的翘曲

对于沿四周放松、中部拉紧形成的翘曲、扭曲,修理时锤击则从板料的中间部位开始,并逐渐呈放射性地向四周边缘扩散。与前述操作的相同点在于,敲击力度也是由强到弱、锤击点同样要由密变疏(图3.2.39(b))。锤击使板面中间延展,拉紧状态被放松,翘曲和扭动现象自然也被消除。

操作过程中还应注意延展的正确运用,不能一概而论。比如:对板面上存在的局部凹凸,没有必要将凹凸的周围敲击膨胀。遇此情形可先用钣金锤、顶铁等将板面修平,然后再按上述要求进行延展作业。否则,不仅会使修正作业复杂化而且还可能适得其反。

(2)收缩锤和收缩顶铁的应用

对车身上板类构件的膨胀而引起的隆起变形,最有效的冷做收缩法是,应用图3.2.40所示的专用收缩锤和收缩顶铁,在膨胀隆起部位进行类似于敲平的锤击操作。收缩顶铁的使用方法,可比照精平那样采用"紧贴法"。为了适应覆盖件的不同曲率,收缩锤与收缩顶铁的端面也有几种形状变化,供实际操作时视情况合理选用。

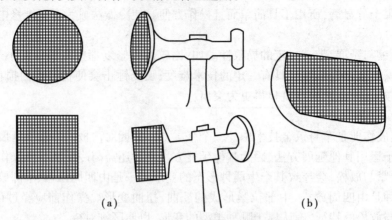

图 3.2.40　收缩锤和收缩顶铁
(a)收缩锤;(b)收缩顶铁

用上述方法收缩中凸的隆起变形时,不允许将收缩锤与收缩顶铁同时使用。否则,反而收不到理想的收缩效果。合理的做法是,视实际情形交替使用收缩锤与收缩顶铁,一般是收缩顶铁的使用机会不大于收缩锤的运用。

用收缩锤和收缩顶铁冷做收缩的原理十分简单。用收缩锤(内侧选平面顶铁)或收缩顶铁(外侧选平面锤)对板料锤击的过程中,收缩锤或收缩顶铁端面上的花纹,能使被锤击的金属随之发生微小的多曲变形。显然,这种因敲击再次发生的微小变形,将板类构件的表面拉紧、收缩,中凸隆起变形也随之被消除。

实践证明,上述冷做收缩方法具有操作简便、收缩效率高等许多优点;随着特种合金材料在车身上的广泛应用,这种方法将在车身维修行业中迅速流行、推广。

应用冷做法进行收放操作时,要注意板类构件的形态变化,要有针对性地调整敲击点的位置、范围、力度、疏密等,这些因素都会直接影响收放的工作质量、效率并造成明显不同的收放结果。当冷做法收放作业接近完成时,一般还要做一次精平。用平锤、橡胶锤等做最后的调整敲击,可使整块金属板的组织舒展均匀,表面光滑、平整。

2. 火焰法

运用火焰法收放,可以获得比冷做法更大的收缩、延展量。因此,这种方法更适合膨胀程度大、拉紧状态严重而且范围面积大的变形。对此,如果应用冷做收放法,不仅难以奏效,而且对构件表面的锤击损伤也会增大。火焰收放法,则可以有效地解决这类问题。

对需要延展的板类构件,只要在加热和加热后冷却过程中不停地锤击,就可以获得比冷做法更大的延伸量。因为加热使金属的塑性提高、强度下降,加之锤击力的作用,可获得明显的延展效果。火焰法延展,特别适用于需要较大延展量的厚钢板。

(1)火焰法收缩原理

火焰法收缩(俗称收火),它是利用金属热胀冷缩这一性质来达到收缩的。如图3.2.41所示,当利用火焰对钢板迅速加热时,受热点及其周围就会以此为核心向外膨胀,并延伸至一定的范围。距受热点越近,金属的延伸、膨胀量也越大;反之,则延伸、膨胀量越小。由于受热点周围的金属仍然处于冷硬状态下,于是就限制了膨胀的扩展并形成了沿周方向固定,使受热部的金属不仅未能向外延伸,还造成了一定程度的向心压缩载荷。加热则使受热点变成金属的垂直扩张,延伸量也为受热点金属的膨胀变厚所代替。在此状态下,如果尽快使红热区冷却,受热点及其周围的板料就会收缩,局部表面积将比受热前小一些,金属内部也会伴随着产生拉伸载荷。如对受热点及其周围的金属进行轻轻地击打,于垂直方向膨胀的金属就被压缩并固定下来,材料的内应力也因此被消除。加上冷却的作用,就可以获得更大的收缩量。由此达到了对板类构件膨胀、隆起的收缩目的。

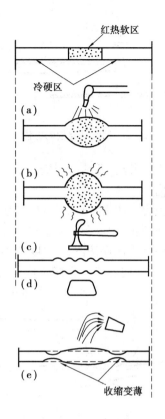

图 3.2.41　火焰法收缩的原理
(a)于收缩点加热;
(b)受热金属膨胀并使周围金属受压缩;
(c)受热金属进一步向垂直方向膨胀;
(d)锻打加热部位金属使其压缩并固定;
(e)冷却使加热金属发生缩颈现象

　　冷却方式有风冷和水冷之分。前者的冷却速度稍慢,故收缩量比水冷要小一些;后者为急冷,金属的收缩量相对较大。无论采取哪一种冷却方式,加热时的速度必须是急剧的,以免对周围金属产生更大的热影响。

　　火焰法加热对同一点最好是一次性的,加热点的大小也应控制在直径 20～30 mm 内。实践表明,即使适当增大加热点的面积,也不会收到更显著的收缩效果。因为膨胀与收缩量的大小,均受到了金属膨胀系数和金属质量等多方面的限制。尤其是当车身维修的钣金作业接近竣工状态时,更应避免过度加热并尽量减少加热点数量,以免给精平和涂装作业带来更多的麻烦。加热温度一般应控制 500 ℃ 以内,相当于钢板受热点变为橘红色。当构件的板料较厚且需要大面积收缩时,方可适当加热到 700～750 ℃,相当于钢板受热点变为黄色或浅黄色。

　　用热蜡笔可以更加精确地控制金属板的加热温度。这种彩色加热蜡笔,可以用于监视金属材料的实际加热温度,比用经验控制加热时金属板颜色的方法更精确、更可靠。使用时先按加热温度要求选择符合控制要求的蜡笔,在金属板的加热区域画上蜡笔标记。当使用火焰加热至蜡笔上所标明的指定温度时,热蜡笔记号便会熔化,此时应立即停止加热。用火焰法对车身板类构件进行收缩操作后,金属表面就难免显得不光滑了,还需要用敲平法(精平)对收缩过的部位作精细的修整。对构件尺寸、形状位置误差等,也要进行一次最后的检查与校正。

　　火焰收缩法的优点是收缩效率高,操作过程也比较直观。缺点是火焰加热会由于金属的热传导作用而破坏周围的涂层;温度高对周围构件的热辐射也大,甚至需要拆除部分构件后才能施工。钣金作业中应尽量减少火焰法收缩应用机会,尤其是当车身材料为耐腐钢板时,这一要求显得更加重要。

　　(2)用火焰法收缩局部隆起的操作实例

　　车身维修中利用火焰法对薄板进行收缩处理,是钣金工利用金属延伸(膨胀)或收缩力,将变形的金属恢复到原来的尺寸和形状的有效方法。因为当车身局部发生损伤或变形时,碰撞处必然会有一定量的金属产生拉伸而隆起。采用火焰法收缩如图 3.2.42 所示的凹陷时,应

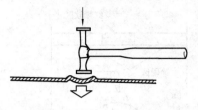

图 3.2.42 初敲平皱褶的方法

先确定需要进行收缩的区域及其中心和最高点,按金属板厚度选择合适的氧—乙炔焊嘴,点火后将其调整到成中性焰,缓慢加热收缩区最高点直到樱红色。随着收缩区域温度的提高,金属板将随之膨胀而隆起,此时去掉加热火焰而后迅速用平锤敲击隆起部位,经数次连续击打后使隆起塌陷,冷却后可初步消除隆起并得到较好的收缩效果。

加热时应控制加热点直径为 18 mm 左右。加热点的温度也不宜过高,尤其是焊枪与金属板的距离不要过近,否则会使加热点处的薄板烧穿造成更大的损伤。

完成上述粗略整形后,应按照图 3.2.43 所示的方法,用钣金托模或修平刀顶住锤击点的另一面,同时用钣金锤敲平加热点区域及其周围皱褶和波峰。运锤时应注意的操作要领。

1)锤击次序按图 3.2.44 中所标出的顺序号进行,落锤点在波峰处并且从锤击点开始向中心滑动(即向加热中心移动)。

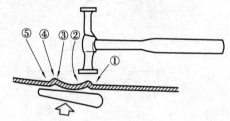

图 3.2.43 进一步敲平皱褶的方法

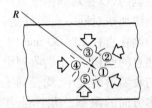

图 3.2.44 收缩时的锤击次序及运锤方向
R—快速滑移向中心锤击

2)锤击操作的速度宜快不宜慢,因为薄板的散热速度较快,并且当金属冷却下来之后平皱的效果将会减弱。

3)严格控制锤击的力量不要过大,因为加热区的金属变软并且强度较弱,多余的金属有向加热区转移的倾向使之变厚,如果锤击过度则会使该区域的金属减薄形成再度拉伸。

火焰法收缩敲平时的技术关键是对敲击力度的控制。因为采用"紧贴法"本身就容易使板料延展,所以敲击时不能像砸钉子那样用力。一般初期的敲击力度可稍大一些,随着损伤面积收缩程度的变化,敲击力度应随之减弱,否则将欲速则不达。操作时应将延展量控制在最小,并保证一次成功。无论如何,反复在金属板的同一部位进行加热和收缩操作是不可取的。

3. 收放效果的检验

综合变形共存的多曲面车身覆盖件,更多的是需要收缩、延展两种作业方式交替进行。如何判定这两种不同的变形和区域,可采用图3.2.45所示的触摸法并依靠经验判定。

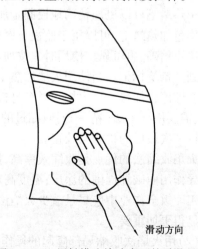

滑动方向

图 3.2.45 用触摸法检验表面的平滑程度

依经验法判断时,应注意眼和手的有机结合,仔细观察、分析车身覆盖件曲面的原始变化趋向,用手掌触摸检查时,应沿手指的指向顺向于钢板表面上滑动,如此对变形的感触要比用手掌随意滑动敏感些。如果带上薄手套按此法检查,对变形的手感还会更好些。也可用外切样板或凹型胎检查。

车身构件的变形与损伤往往需要综合运用矫正、敲平、收放等得手段。因此,应针对具体情况合理地确定维修工艺与步骤,并注意将收放操作放在损伤被基本修复之后进行,最后还要通过填平、打磨、防锈、底层处理、表面涂装等作业,使被修复的金属表面光滑如初。

3.3　车身覆盖件的仿制工艺

车身覆盖件的手工仿制有其实际意义。在车身维修过程中,可以通过对车身覆盖件的仿制达到矫正的效果。

3.3.1　车身覆盖件表面的几何形状

被覆盖件表面形状所限制的车身,借助外形、轮廓、线条和表面的圆滑性等确定了汽车的外观。

进行车身覆盖件的手工仿制时,先弄清构件表面上各曲线之间的相互关系,以及由这些曲线所限制的表面仿制原则。只有在这几方面均能达到与原车身构件的相互匀称、流畅时,才会使其产生比较协调的感觉,仿制才算是成功的。

车身覆盖件表面的类型基本上可以分为平面、单曲面和空间曲面三种。

(1)平面

车身构件中最简单的形式是平面。但在实际中很少采用较大的平面式结构,这是因为平面不利于保证适当的软科学性能和造型特性。所以,实际上车身构件即使采用了事关大局式结构,也要在其表面上制筋或不同形状的凹槽(图 3.3.1)所示,从而消除了由纯平面所导致的不良特性。

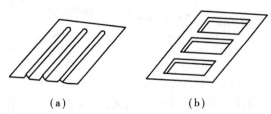

图 3.3.1　平面构件的表面类型
(a)带凸筋的平面;(b)带凹槽的平面

通过局部处理所形成的加强型平面构件,一方面可以提高构件的刚度,减少了发生翘曲变形的机会;另一方面还可以通过调整力和振动频率的分布情况,有效地避免了应力集中和共振现象的发生。

加强型平面除多用于车身内部承载构件之外,在涉及车身表面造型的外部构件中一般不宜采用。

(2)单曲面

最简单的表面形状是单曲面(图 3.3.2)所示。如城市客车、长途客车及其他装有大型厢式车身的汽车,都具有这样类型的单曲面形状构件。

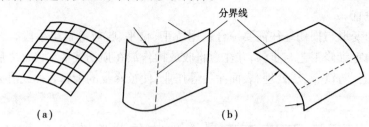

图 3.3.2　不同曲率表面过渡部位的建立
(a)由直线运动所形成的单曲面;(b)不圆滑的过渡

　　单曲面构件仅在一个方向上具有曲率的表面,而且其曲率半径往往是不定的。因为,定曲率半径所形成的单曲面构件,由平面向有一定曲率的表面过渡,会呈现不圆滑的情况(图 3.3.2(b))。即使采用两种不同的半径,也会在衔接线处发生明显的转折。只有在少数情况下,才能用较宽的装饰件成功地将其接合部掩饰起来。

　　手工仿制单曲面构件时,应特别注意不同曲率的过渡及转折,一定要避免在结合部形成较为明显的形状变化。否则,即使不大的非圆滑曲面也会造成一种不好的印象,因为构件表面涂漆后形成的反光,具有将凹凸或波折放大的光学效果。

　　(3)空间曲面

　　如果采用空间旋转曲面或变母线复杂曲面(图 3.3.3(a)所示),将车身构件的过渡部分制成抛物线、椭圆线等形状,上述转折现象就会得以消除(图 3.3.3 所示),车身的外观感以及抗振性能等也会相应得到提高。

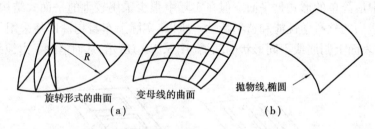

图 3.3.3　空间曲面及其构件
(a)空间曲面;(b)按空间曲线所形成的构件

　　事实上绝大部分车身构件采用的都是空间曲面,从而使整个车身表面获得圆滑性。

　　空间曲面覆盖件的手工仿制,需要建立起清晰的空间曲面概念,还需要对构件空间曲面上各点的坐标有深刻的了解,并掌握娴熟的操作技术。

3.3.2　空间曲面覆盖件的仿制

1.仿制依据与方案的确定

　　车身覆盖件的仿制依据与方案的确定,对仿制作业的方法和程序都有影响。此外,它还涉及一些材料与工具等准备工作。

　　仿制依据与方案的确定方法,应从三个方面入手,即:基本曲线的认定、构件表面的分割、目标曲面的决定方法。

　　车身覆盖件上的基本曲线的形成一般源于以下三个方面:

1)对称性要求。从满足车身的使用性要求出发,设计中首要考虑的是车身的整体布置形式。从使用性出发而设置的车门、风窗、发动机罩、行李箱盖等部位,均以开口部位的对称轴线为基础,形成车身整体或构件的初始设计曲线。

2)装配性要求。车身设计中在考虑构件的装配性要求时,从一系列装配衔接线的吻合度出发,同时还要掩饰冲压、焊接等作业遗留的加工痕迹。为实现这些装配要求而形成的衔接线,一般也被设计所作初始曲线,如:翼子板与发动机罩相邻的边缘、车门与车身立柱的衔接等。

3)形状性要求。外形设计的初始曲线,理所当然地也是车身的基本曲线。它来自于多种方式和方法,而且也过于专业化,需要从形状的表面特征、空间坐标的参数特征等许多方面出发来确认。

基于上述缘由,车身覆盖件的基本曲线即可大致确定。

2. 手工仿制的操作

空间曲面车身覆盖件的手工仿制,可分为有胎具仿制和无胎具仿制两种方法。前者需要预先制作与目标曲面相同的胎具,不适合车身覆盖件的单一仿制;后者仅凭手工操作,很适宜解决无商品件供应情况下修理的急需。

(1)样板的准备与下料

理解了前面所讲的内容以后,按图纸或实物制作编号样板。所谓编号样板,就是按所选情况。样板的数目和截面位置的选取等,要符合基本曲线和空间曲面的形成规律,明确反映出车身的外形、轮廓和圆滑性的线条。

样板应按平行于 XZ 平面和 YZ 平面分两组制作,并依分组和截面顺序(图 3.3.5 中 X 和 Y 两个方向)编号,以免在使用过程中发生错乱。有条件时,还应将金属材料制成的样板与样件进行一次吻合性检验,必要时将其缺陷修整完善。

单件仿制的下料尺寸,可对照图纸或测量结果粗算,也可直接用钢卷尺等直接在样件上测出。但无论采用哪种下料方案,都应适当放大板料的加工余量。因为,手工仿制空间曲面覆盖件,其延展量十分有限且变形方向也不易控制,宁可余量大些待成形后再进行修剪。

(2)锤击成形的操作方法

无胎具仿制也并非徒手而为,而应选用具有平面、弧形、方孔、圆孔等各类几何形状的平台及砧铁,这些对手工成形、仿制车身覆盖件都是很有帮助的。

手工锤制的初期,应使用木锤、尼龙锤或橡胶锤等非金属工具,待其达到粗成形的程度时再改换其他钣金锤。敲击操作要从板料的中部开始,逐渐呈放射性的趋势由内向外扩散。在锤制过程中可随其成形的程度,随时剪掉多余部分,以免影响敲击操作和测量。

对于拉伸程度较大的部位,可用火焰法对其局部加热使之提高塑性。因为冷做法不仅成形困难,而且还容易使金属材料发生撕裂现象。不得已时也可在局部剪口,待完成形状的锤制作业后再将其补焊完整。

对于收缩程度较大的部位,可采用火焰法收缩或通过加热使局部收缩成皱褶;必要时也可在局部剪口使之重叠,待完成形状的锤制作业后再剪去多余部分并焊妥。

对于用分割方式成形的构件,应严格按尺寸要求划定切割线并将接口剪齐、修平;焊接时应按焊接技术中规定的操作要求进行。

锤制空间曲面的过程中,应不断使用编号样板检验其形状的逼近状况,进行锤放与编号样板相脱离的部位,收缩与编号样板相脱离的部位,收缩与编号样板相接触的部位。要通过检验和观察找出非圆滑过渡部分,并用适当的方法将其修平、找齐;对加工和焊接等引起的变形,也要及时予以矫正。

　　手工仿制车身覆盖件的最后一道工序是修边与加工。待上述各项作业全部完成后,再进行修边、钻孔、开槽等。剪边时应按尺寸要求划定切线,沿线剪切后还要对边缘加以修磨。钻孔、开槽等机械加工均应放在最后进行,因为矫正、修整等操作有可能使原来的定位失准。随后,还要将仿制好的构件打磨干净并及时涂刷一层防锈剂。

复习思考题

1. 角型弯曲矫正采用哪些方式?
2. "匚"型的弯曲工艺?
3. 弧型弯曲作业的目的是什么?
4. 拱形件制作有哪几种方法?
5. 常见的卷边形式有哪些?
6. 卷边余量如何计算?
7. 手工咬缝的操作方法是什么?
8. 手工制筋有哪些方法?
9. 型材变形有哪几种方式?
10. 钣金锤如何正确使用?
11. 钣金托模如何正确使用?
12. 如何正确使用修平刀?
13. 如何对焊缝进行平整?
14. 如何对车身线形进行修复?
15. 如何在车身修复中正确使用惯性锤?
16. 如何在车身修复中正确使用牵引法?
17. 如何在车身修复中正确使用支撑法?
18. 车身钣金修复中收放有哪些形式?
19. 薄板有哪些延展方法? 如何操作?
20. 火焰收缩的原理?
21. 收放效果如何检验?
22. 车身覆盖件表面有几种类型?
23. 空间曲面覆盖件的仿制依据有哪些?

第 **4** 章

车身维修工艺

随着汽车工业的发展,车身的维修作业中钳工的相关知识愈来愈重要。钳工的相关知识是利用台钳和各种手工工具、砂轮机、钻床等,完成其他机械加工方式所不能完成的工作。钳工知识在车身维修作业中还包含胶粘、塑料修补、饰件装修等作业。

4.1　车身维修的基本工艺

车身维修的基本技能主要包括:划线、錾切、切割、锉削及修配等。结合车身维修的实际要求,这里将有选择地作如下介绍。当然,作为优秀车身维修工所应具备的基本技能并非仅此而已。

4.1.1　划线

用划线工具在工件上划出待加工部位的轮廓线或作为基准的点、线叫做划线。划线前应先读懂图纸,并确定好工件表面所必须划出线的尺寸与位置要求相等。

4.1.2　錾切

錾切作业使用的主要工具是手锤、錾子、台钳等,可以进行铲平、剔槽、切断等项加工。进行錾切加工时有两种握锤方法,即紧握法和松握法。但无论是哪一种握锤方式,锤柄的末端都要空出 15~30 mm 的长度(图 4.1.1)。挥锤也分为腕挥、肘挥、臂挥三种形式(图 4.1.2)。其中,腕挥锤时只运动手腕,故敲击力度比较小,多用于錾切的初始、收尾及剔油槽、修模具等场合;肘挥则手腕和肘腕一起动作,锤击的力度较前者增大,适合于割断性錾切和铲平等场合;臂挥则手腕与臂肘一起动作,锤击的力度最大,但在錾切作业中应用的机会较少。

錾子的握法及其与工件的夹角、位置、方向等,对錾切的质量及锤击力度都有影响。一般,在铁砧上切断金属时采用垂直形式的立握法;剔油槽或作较精确的修整时,采用反握法并与工件成 15°左右的夹角;多数场合则采用正握法,通常与工件成 25°~40°的夹角(图 4.1.3(a))。夹角过大,会使錾子越切越深,甚至还会损坏韧口;反之夹角过小,则由于錾切方向趋于水平方向,不仅錾切效率低,而且錾子容易从工件表面滑出。

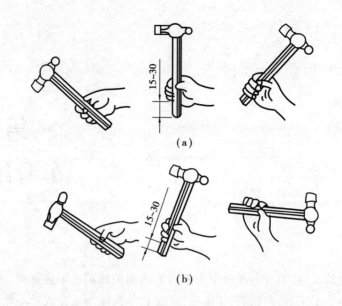

图 4.1.1　握锤的手法示意图

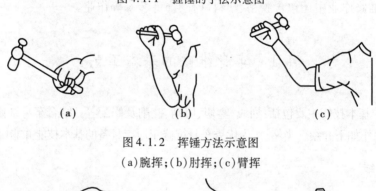

图 4.1.2　挥锤方法示意图
(a)腕挥；(b)肘挥；(c)臂挥

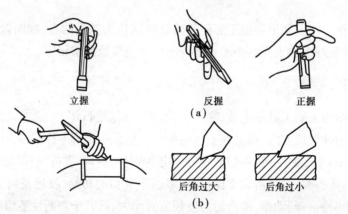

图 4.1.3　錾子的握持方法及倾角大小对錾切的影响
(a)握持方法；(b)后角大小的区别

　　操作时应注视錾子的锋口方向，而不要只注视錾子被锤击部分。錾切量较大时，应适当将加工量分为几次，不要因急于求成而使切削量过大。錾切软金属时，可用油或肥皂涂于錾子的锋口上，这样可以使切削后的表面较为光滑。

　　此外，风錾作为一种新型车身维修工具，在汽车维修行业中广泛使用(图4.1.4(a))。它以压缩空气作为冲击动力。可产生 1 800 次/min 的击打频率,自身质量仅为 1～2 kg。装配不同的錾头,可以实现錾割、铲平、敲击等多项功能。风錾的特点:体积小、重量轻、效率高、切割性能好;在不受限制的情况下,可以进行直线、曲线和型线的切割;与锯割或砂轮切割相比,无粉尘危害。缺点是振动和噪声相对较大。图 4.1.4(b)为风錾的切割应用实例。

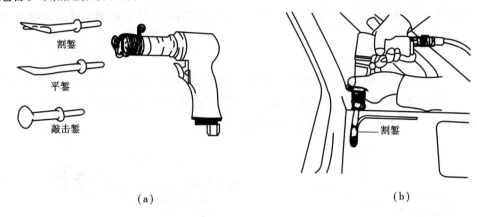

（a）   （b）

图 4.1.4 风錾及其应用

（a）风錾;(b)应用实例

4.1.3 切割

车身维修切割作业除了锯割之外还广泛使用砂轮切割,用于拆解、割断车身构件。

锯割时应先用划针划出切割标线,再用三角锉于工件表面锉出起锯点。使用风动锯,应检查锯条是否装配牢靠,锯齿是否朝前。

风动锯运动速度高(1 200 次/min),行程可达 45 mm 以上,具有切割效率高、质量好、操作方便以及构件损坏程度小等优点。风动锯也存在风动噪声大的缺点。

用手提式砂轮机切割车身板类构件,具有切割能力强、质量好、切割快等许多优点,也是车身维修中比较流行的一种切割方法。

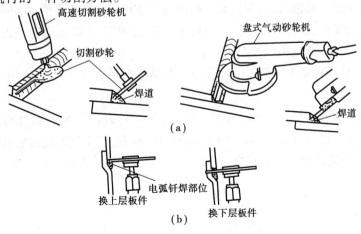

（a）

（b）

图 4.1.5 焊缝的切割

（a）用砂轮机拆解连续焊缝;

（b）切割电弧钎焊(注意按所换构件控制切割深度)

图 4.1.5(a)用砂轮割断焊缝拆解车身构件连接的操作方法,适用于保护焊、电弧焊等连续焊缝的割断。对只拆解不更换的构件,应选好切割角度割断焊缝,而不要损坏零件本身;对需要更换的车身构件,可以直接将其割断以便于拆解,要注意防止损伤其他构件(图 4.1.5(b))。

使用砂轮切割或磨断时,会产生许多火花和金属切割粉尘,应采取相应的劳动防护措施。

4.1.4　钻削

车身维修中除个别情况使用钻床外,主要使用的是手提式电钻和风钻,所用的刀具以麻花钻头为主。为了便于钻削车身构件的焊点,一般要将普通钻头磨削成图 4.1.6(a)所示的形状,也常用图 4.1.6(b)所示的"钻孔器"作为专门的切具。

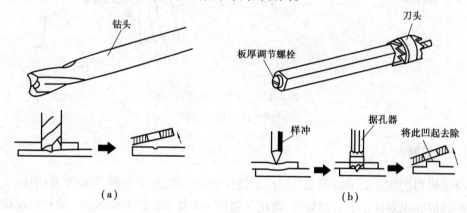

图 4.1.6　车身维修中常用的钻头

(a)普通钻头;(b)焊点切具

钻削前应冲出需钻削的定位孔。钻孔直径超过 12 mm 时,还应先用小直径的钻头将定位孔钻出,然后再用合适的钻头切削。

钻削过程中刀具同时进行两种方式的动作:一是绕本身轴线旋转的连续切削运动,二是沿轴线向下的进给运动。钻削时,会因其对金属的切削作用而使钻头发热,过热将使钻头失去应有的硬度。当钻削深孔或连续作业时,应使用肥皂水、矿物油、切削液等进行冷却。

钻削法剥离焊点的应用实例如图 4.1.7 所示。

此外,还可以使用图 4.1.8 所示的冲孔钳和电钻在车身构件上打孔,可用于车身构件的塞焊等场合。

图 4.1.9 为钻削剥离焊点的作业方案。其中,图 4.1.9(c)为所换板件夹在两构件中间,且不能由底面焊接的钻削方案;图 4.1.9(b)为所换板件在上,不伤及底面板的钻削方案;略向前 4.1.9(c)为所换板件在下或夹在中间,且又不必顾及底面构件的钻削方案。

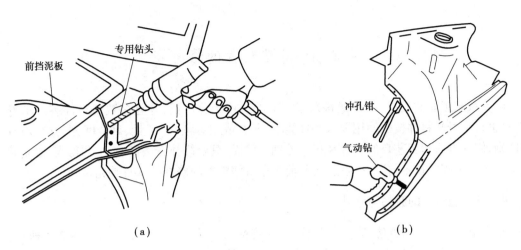

图4.1.7 钻孔
(a)用焊点切具剥离焊点;(b)用普通钻头钻孔

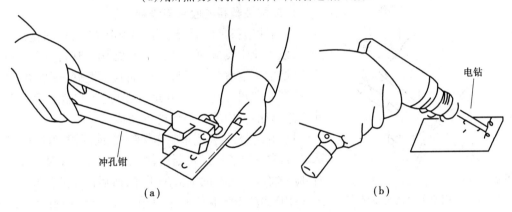

图4.1.8 钻塞焊孔
(a)用冲孔钳;(b)用电钻

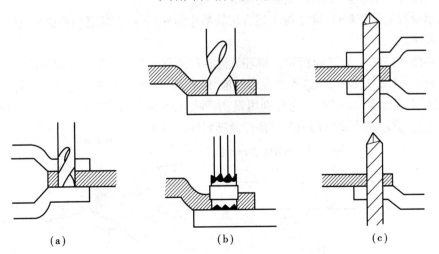

图4.1.9 剥离焊点时的钻孔方案
(a)所换板件夹在中央;(b)所换板件在上;(c)所换板件在下或夹在中间且不必顾及底部构件时

4.2　车身塑料件的修补

随着汽车工业的发展,工程塑料在车身上的应用十分广泛,并且多数塑料件装于车身外表,这也是车身塑料件按照使用要求和性能不同,其成型方法、分子量、重合度、配方等均有一定区别,修补方法和工艺自然也存在很大差别。然而,只要修补方法正确、工艺得当,修复并不复杂。尤其是胶粘技术的广泛应用,使目前对车身塑料件的修补技术日趋完善。

4.2.1　塑料件的胶粘与修补

车身塑料件的胶粘方法,有热熔胶粘、溶剂胶粘和胶粘剂胶粘三种。对于热塑性塑料,这三种方法都适用;而对热固性塑料,则只能用胶粘剂粘。胶粘法具有简单、适用面广等优点,可以有效地胶粘断裂、填充裂缝、修补凹陷等。

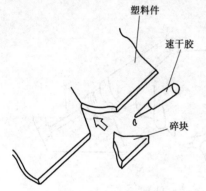

图 4.2.1　用速干胶粘接塑料件

1. 热固性塑料的胶粘与修补

热固性塑料是由低分子量的线形树脂,在固化剂的作用下,发生化学反应而变成的体型结构。其特点是加热不熔化、溶剂不溶解、高温则碳化,而且刚度好、硬度高、耐冲击、抗蠕变和尺寸稳定。由此,也决定了热固性塑料的修补工艺,只能采用胶粘剂法进行胶粘。

热固性塑料主要用来制作保险杠、前隔栅、阻流板、轮辋罩等,其常见损伤形式是断裂,胶粘如图 4.2.1 所示的碎块时,应先将胶粘面及周围清理干净,然后使用速干胶(如:国产 SA102、502、405、J-58 和进口乐泰 414 等)将断口粘起来,并及时校准碎块与基础件的相对位置。如碎块短缺,可从废弃的车身塑料件上切补,但要使接口平整、无缝,无误后再用速干胶将全部断缝填满、粘牢。

对于承受载荷的塑料件,除了按上述方法胶粘牢固外,还可在断缝的背面用热熔式胶枪将断缝填补起来。

当需要修补如图 4.2.2(a)所示。将环氧树脂和固化剂按 1:1 的比例调和后,涂施于打磨好的凹陷处(图 4.2.2(b)),注意不要存留气泡、蜂孔等;用热风机或红外线烘干灯等,使其在50 ℃的温度下干燥 30 min 以上,再分别用粗、细砂纸将涂补处按原形打磨平整。打磨过程中不得用力过猛,并注意不要擦伤未损坏部件及塑料件的表面。

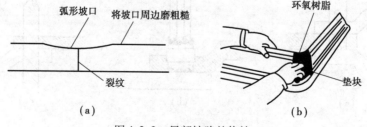

图 4.2.2　局部缺陷的修补

(a)打磨;(b)填补环氧树脂并修磨平整

2.热塑性塑料的胶粘与修补

车身上的很多塑料件,都是用热塑性塑料制成,如车身内饰件、电器操纵箱、冷暖风机壳和前后保险杠等。其中比较有代表性的是聚丙烯(PP)塑料,不仅可塑性好,而且具有质量轻、耐疲劳、抗冲击能力强等优点。

对于车身上热塑性件的断裂,可采取图4.2.1所示的办法,用胶粘剂直接进行胶粘。所使用的胶粘剂有:国产HY-914、J-11、JC-15、705、SA102、TY201、814、FN-303和进口乐泰414、495等。同样,在裂纹的背面也可利用热熔胶枪作进一步加固。

当车身塑料件发生缺陷性损伤时,可参照图4.2.2所示的方法,先用细砂纸将拟修补表面打磨粗糙,然后涂上一层PP塑料底漆(按说明书要求),再用环氧树脂腻子(调制方法与前相同)将缺陷修补平整,烘干固化后再分别用粗、细砂纸按原样打磨光滑即可。

有些PP塑料保险杠或仪表板,为改善外观和涂装性能,而在其表面添加了一层橡胶状弹性纹理,这给修补工作造成了一定的难度。用上述方法修补后,需要用PP塑料专门涂料,对修补过的部位进行认真的表面喷涂处理。这种新型涂料不仅能够改善二元环氧树脂与PP塑料的亲合性,对外观的涂装效果也远比其他涂料优越得多。当然,如果属于没有进行过纹理改进的车身塑料件,发生轻度裂纹或表面划伤时,只需直接使用这种新型涂料,就可以达到遮盖表面损伤的目的。

4.2.2　塑料件的热矫正

由于大多数车身塑料件都具有良好的弹性和揉性,所以受到冲击、挤压等机械损伤时,往往以弯曲、扭曲或弯扭变形共存的综合变形出现。对此,可采用热矫正的方法使变形得到恢复。

车身防擦条、前隔栅、仪表板、电器操纵箱等多用ABS共聚塑料制成,这种丙烯腈-丁二烯-苯乙烯共聚物,具有强度高、成形性好和二次加工容易等特点,为对其变形时的热矫正提供了便利条件。

当车身塑料件的变形与断裂并存时,应先进行热矫正后再按前述方法黏合断裂。一般先将发生整体变形的塑料件置于50 ℃的烘箱内加热30 min,然后再用手将变形依原样恢复。如果是局部小范围变形时,可使用热风机等对变形部位加热(图4.2.3)。由于热风机存在加热不均的缺点,容易造成局部过热而烧损塑料件,操作时最好于变形部位的背面烘烤,待塑料稍一变软就立刻用手进行按压、矫正。

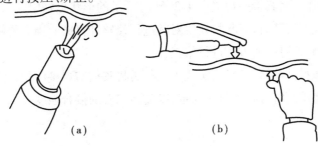

图4.2.3　塑料件的热矫正

(a)加热;(b)矫正

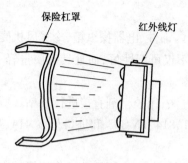

图 4.2.4　用红外线灯加热变形部位

对于图 4.2.4 所示那样较大的变形,应使用红外线烘干灯来加热变形部位,当塑料件稍一变软,就应立即对变形部位加压、矫正。为了获得良好的外观,矫正较大面积的变形时,还应借助一些辅助工具:如光滑的木板等。否则,仅凭手指难以将变形矫正。

由于红外线烘干灯加热效率高、温升快,应注意控制塑料件的受热温度,一般应以 50~60 ℃为宜,不得超过 70 ℃,以免产生永久性变形。完成矫正后,应让其在原处慢慢恢复到常温状态。而不要采取强制性冷却措施或过早地搬动,避免发生构件的整体变形。

4.2.3　塑料件的焊接

对有一定强度要求的车身塑料件,尤其是当塑料件的破口损坏或缺陷较大时,用胶粘法就难以实现。包括前面提到过的热熔胶枪,酷似焊接但实际上也不过是另外一种形式的胶粘。因为热熔胶枪并未将塑料熔化,它的通电加热只是为熔化枪体内的热熔胶而已。

按金属材料焊接的定义,对塑料件的损伤也可以采取焊接方式(仅指热塑性塑料,因为热固性塑料不可以焊接)予以修补,可以有效地解决诸如:连接强度、材料缺损和重度机械损伤等问题。为了保证塑料件的焊接品质,可以根据需要将焊缝打磨成图 4.2.5 所示的坡口。但一定要注意,热固性塑料不能进行焊接,而只能使用粘接或热熔胶枪"焊接"。

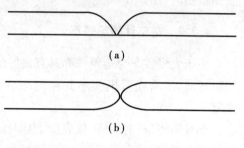

图 4.2.5　塑料件坡口的处理

塑料焊接的操作方法比较简便。将焊口及周围清理干净后,就可以按图 4.2.6(a)所示的方法,用焊枪对塑料件和焊条同时加热。当需要对裂缝进行填充时,待其一起发生熔化时,随即将焊条塞入裂缝并用焊枪口将焊缝吹平;当需要对裂缝进行焊接时,使焊枪、焊条、焊件三者相互倾斜一定的角度,并由裂纹中间部位起逐渐焊向边缘(图 4.2.6(b))。一般新焊条端头是平齐的,在使用前还应将其端头剪成图 4.2.6(c)所示的形状更好用。

焊缝影响美观或对安装有妨碍时,还要对其进行修整和打磨。当需要修整的量较大时,可用锉削并结合粗、细砂纸打磨的方法进行修正。

为了确保车身塑料件的修补质量,实践中往往是将胶粘与焊接两种方法结合在一起进行;有时还需要于焊接前用两脚钉将塑料件固定,以提高二者的接合强度。

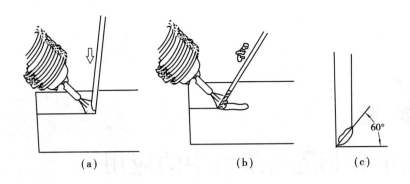

图 4.2.6　用塑料焊条焊接车身塑料件

(a)同时加热塑料焊条和焊件;(b)地焊枪、焊条、焊件三者均应成一定夹角;

(c)为了便于将焊条插入焊缝,应将焊条的端部磨削成60°斜角

复习思考题

1.车身维修的基本技能包括哪些内容?

2.车身塑料件的胶粘如何操作?

3.如何对塑料件进行热矫正?

4.塑料件的焊接要求有哪些?

第 **5** 章
焊接在车身制造及维修中的应用

　　车身结构的组合以焊接应用得最为广泛。这是因为,焊接可以获得与母材相近的强度,而且连续焊接不仅具有良好的水密、气密性,而且有比其他任何连接方式都可靠的结合强度。焊接与铆接相比,可以减轻车身的质量且工艺简单、成本低。同样,车身维修作业也离不开焊接技能的应用。尤其是修复那些因行车事故而损伤的车辆,更离不开焊接技术。

　　汽车车身制造与维修中广泛流行的焊接方法可分为三大类,即:熔焊、压力焊和钎焊。其中划有"＊"标记的焊接在车身维修中最为流行。

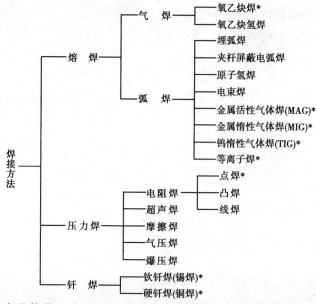

　　焊接在汽车车身维修作业中占据相当重要的地位,并且焊接水平对焊接品质的影响极大,加之现代汽车上普遍采用的新型合金材料,使车身维修作业对焊接技术提出了更高的要求。这里将有针对性地介绍汽车车身维修中经常采用的一些焊接方法及其应用实例。

5.1　氧—乙炔焊在车身制造与维修中的应用

5.1.1　氧—乙炔焊接设备

氧—乙炔焊属于熔焊的一种,是利用可燃气体(乙炔气)和助燃气体(氧气),在焊炬的混合室内混合、喷出并点燃后,通过发生剧烈的氧化燃烧(可达 3 000 ℃左右)来熔化焊件金属和焊丝并使之熔合的一种焊接方法,因此也有气焊之称。

由于气焊的氧乙炔火炬的热量不易集中,并且焊接过程加热面积较大以及金属热传导的作用,不仅会使构件发生较大的变形,而且还会改变原有金属材料的性质,影响焊接件的寿命。因此车身制造过程不采用氧—乙炔焊接工艺,车身维修作业中一般也要尽量避免使用氧—乙炔焊接或利用火焰加热。

氧—乙炔焊接设备主要包括焊炬、减压器、回火防止器、气瓶及橡胶管等。

1. 焊炬

焊炬(俗称焊枪)是气焊的主要工具(图 5.1.1(a))。由氧气瓶和乙炔瓶分别输出可燃气体,要通过焊炬适当比例混合并以一定流速喷射,才能在焊嘴出口形成满足焊接要求的稳定火焰。依可燃气与氧气的混合方式分为喷射吸式焊炬和等压式焊炬两类;按焊炬尺寸和质量可分为标准型和轻便型两种;按火焰数目则将其分为单焰和多焰两类。

等压式焊炬可燃混合气的压力与氧气的压力是相等的。其优点是使用过程中不易造成回火,缺点是等压式焊炬不适宜使用低压乙炔气源,因此限制了这类焊炬的使用条件而很少

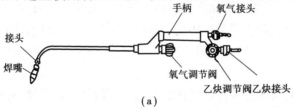

(a)

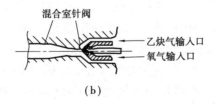

(b)

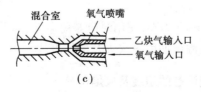

(c)

图 5.1.1　焊炬的构造与类型

(a)焊炬的构造;(b)射吸式焊炬;(c)等压式焊炬

采用。

射吸式焊炬是靠氧气快速喷射所形成的负压,将聚集在喷嘴周围的乙炔气吸出,并在混合管中按一定比例混合后由焊嘴喷出。因此,无论使用何种压力的乙炔气源,都能满足射吸式焊炬的工作条件。

射吸式焊炬的构造(如图5.1.1(b))所示。氧气通过喷管以高速射出时,在乙炔气通道处形成负压,低、中压乙炔气同时被吸出,经混合室混合后由喷嘴射出。

等压式焊炬的构造(如图5.1.1(c))所示,氧气和乙炔气以近乎相等的压力同时送入各自的通道,经混合室混合后由焊嘴射出。等压式焊炬需要乙炔气依靠自身压力与氧气混合。

分别调节氧气阀和乙炔阀,可以获得不同比例和流量的可燃混合气,火焰的能量也由此得到控制。通常,有针阀焊嘴的大小以每小时所消耗的乙炔气容积来表示。无针阀的固定压力式焊嘴,则以能焊接工件的厚度来表示。

割炬构造(如图5.1.1)所示,可以看出,割炬与焊炬的主要区别在于,割炬多了一根用于切割的氧气通道,割嘴主喷孔周围所环绕的即为预热用混合气喷口。切割前先用预热通道输送的混合气加热,达到一定温度时再用主喷口送出的氧气切割。

2. 调节器

调节器可以将气瓶输出的高压经调节后输出恒定的低压,也称之为减压器。其中,氧气调节器的承受压力较高,连接部分的安装螺旋为右向;乙炔调节器承受压力较低,连接部分的安装螺旋为左旋。

3. 乙炔回火防止器

在气焊或气割作业时,由于枪嘴阻塞、过热或供气压力过低等因素,使发生的气体火焰进入喷嘴内逆向燃烧,这种现象在焊接作业中称为回火。如果不能有效地抑制回火,就会发生燃烧或爆炸事故。乙炔回火防止器的作用是,在气焊或气割中发生回火时,可以防止逆向燃烧的火焰倒流至乙炔发生器或乙炔瓶,或阻止回火形成的火焰在管路中燃烧。

4. 气瓶

乙炔瓶和氧气瓶是用来分装可燃气体的容器,二者在结构、尺寸、外形、颜色等许多方面都有区别。

氧气瓶由无缝高级钢制成并经过热处理,具有耐压、抗冲击力好等优点。瓶身为蓝色,35 ℃时的满瓶压力可达15 MPa。氧气瓶在使用过程中应避免阳光直射和剧烈的振动与冲击。另外,氧气极易与油类发生化学反应而起火,这也是使用过程中应当充分注意的事项。

当需要搬运或装卸氧气瓶时,应注意瓶口处的金属安全帽装配良好,并保持阀杆处无漏气现象。使用过程中应注意不要将瓶中氧气全部用完(应留100 KPa以上的氧气压力)。以便于安全、除尘、充气充足和纯净。

乙炔瓶的工作压力是14.7 MPa,使用时应避免振动、高温和10 m以内的明火等。放置时瓶体应直立,否则会因丙酮溢出而引发火灾及爆炸事故。

5.1.2 氧—乙炔焊接设备的组装及火焰调整

氧—乙炔焊接设备应合理地组装在一起方可,否则非但不能正常使用,甚至会造成火灾或其他事故。

1. 组装注意事项

氧—乙炔焊接设备在使用中应注意清洁和轻拿轻放。组装前应使气瓶可靠固定,然后将安全帽拆下并将气阀轻微松开,清洁阀口并确认无杂物及阻塞后关闭阀门。安装压力调节器后,在压力调节阀杆松开前不要急于打开气瓶阀门,阀门打开的速度也不宜过快,以免使膜片受到剧烈的冲击而损坏等。

使用时,先稍微开启焊枪上的乙炔阀门,再顺时针转动调节器上的输出压力调节至规定值。用无油肥皂溶液检查各部连接的可靠性,如有泄漏应查明原因并排除后方可作业。

点火时应先慢慢开启氧气阀然后再开启乙炔阀,点火后可根据使用要求调节氧气和乙炔的比例,以获得焊接所需的火焰形式。

2. 火焰的形式及调整

气焊火焰是同乙炔气及起助燃作用的氧气混合燃烧形成的,选用及调整焊接火焰对焊接质量有直接影响。

火焰的状态取决于氧—乙炔的混合比例,可调整到中性焰、碳化焰、氧化焰三种。

(1)火焰的形式

气焊火焰主要由图 5.1.2(a)所示的四个部分组成。

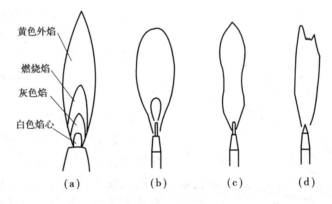

黄色外焰
燃烧焰
灰色焰
白色焰心

(a)　　　(b)　　　(c)　　　(d)

图 5.1.2　火焰的形式
(a)火焰的构成;(b)中性焰;(c)碳化焰;(d)氧化焰

中性焰(也称标准火)的氧—乙炔比例为 1:1(按体积计算)。火焰的最高温度可达 3 000 ~ 3 200 ℃,外焰呈清澈的蓝色,内焰呈亮白色(图 5.1.2(b))。中性焰在燃烧时生成的一氧化碳及氢气,能与金属中的氧作用使溶池中的氧化铁还原。使用中性焰可得到均匀的焊波,并且不易造成气孔、气泡和不含氧化物,焊缝质量比较好。

碳化焰(也称还原焰)的氧气少于乙炔气的含量。碳化焰与中性焰不同的是,焰心和外焰与中性焰大致相同(图 5.1.2(c))。但其间多了一个灰色的锥形乙炔焰包在焰心上,长度随混合气中乙炔余量的多少而异。

火焰中所含过剩乙炔可分解为氢和碳,其中氢使钢产生白点,碳则熔化到金属中使焊件的含碳量提高。由此可增加钢的强度、硬度,但塑性降低及可焊性变差,焊接铸铁及铝等合金材料时多用碳化焰。

氧化焰的氧气多于乙炔气的含量,整个火焰具有氧化性。其形态与中性焰类似,但焰心要短一些并呈现紫色,外焰也较短且末梢模糊不清(图 5.1.2(d))。

过多的氧和铁发生作用生成氧化铁,使钢的性质变坏,脆化,熔池的沸腾现象也比较严重,所以对低碳钢构件进行焊接时不能用氧化焰。

氧化焰适合于焊接黄铜及青铜类材料,过量的氧能与黄铜中的锌元素化合,生成氧化锌薄膜盖在熔池表面,可以防止锌在焊接过程中的大量蒸发。

(2)火焰的调整

进行火焰调整前应先检查并调定氧气,乙炔气的输出压力,选用合适的焊炬和作业中所用标准焊嘴。

先将乙炔调节阀打开约 1/2 圈点火,进而继续打开乙炔阀使之出现红黄火焰。随后缓慢打开氧气调节阀,使火焰变蓝直至获得清晰鲜明的亮白色焰心为止,这便是中性焰。

在中性焰的基础上进行调节,可分别获得焊接所需的碳化焰、氧化焰。

切割作业选用割炬并装配割嘴,调节成为中性焰。缓慢打开预热用氧阀门,直至呈现氧化焰时对切割部位加热。待加热部分即将熔化时,打开切割氧气阀门,在确认被切割部位的板件割断后便可移动割炬,可使割缝清晰、整洁。

切割厚钢板时,应使割嘴与钢板表面垂直。切割薄钢板,则应将割嘴的前端向前倾斜一定的角度,以保证切割迅速,应避免板件发生较大的热变形。

3. 氧—乙炔焊的焊接技术

提高氧—乙炔焊的焊接技术水平,需要通过大量的实践进行体会与摸索;正确选择气焊规范是确保焊接质量的基础,主要包括焊炬倾角,火焰能力,焊丝直径和操作方法等。

(1)焊炬的倾角

焊炬的倾角指焊嘴与焊接件平面的倾斜角度,由焊接件的厚度,熔点,导热性来决定。一般厚度大,熔点高,导热快其倾角也越大。图 5.1.3 为焊接低碳钢材料,板厚与倾角之间的变化关系。若熔点高或导热快的金属材料,可在推荐角度值的基础上,增加 5°~10° 的倾斜角。

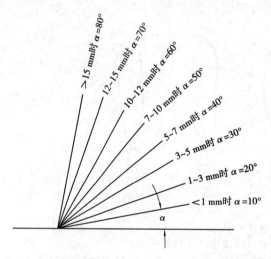

图 5.1.3 焊炬倾斜角与工件厚度的关系

(2)焊丝直径

焊丝直径由焊件厚度及焊接方法所决定。当焊接板厚低于 15 mm 的焊件时,右焊法板厚的 1/2 选择焊丝直径;左焊法将右焊法所选焊丝直径增加 1 mm。当焊接厚度大于 15 mm 时,所选焊丝直径一般为 6~8 mm。

(3)焊接方向

气焊按熔焊走向分为左向焊(图 5.1.4(a))和右向焊(图 5.1.4(d))。

右向焊比左向焊的优点多,主要体现在:火焰指向焊缝,能很好地保护熔池的金属,它受周围空气的影响较小焊缝冷却缓慢;由于热量集中,钢板的坡口角度可以适当开得小一些,焊件的收缩量和变形均有所减少;火焰对焊缝能起焊后回火的作用,使焊件冷却缓慢故组织细密,质量优良;热利用率高可节约燃气消耗并提高焊接速度。缺点是技术难度较大,不易掌握。

左向焊则与此相反,只是火焰指向焊口的前方而起一定的预热作用。

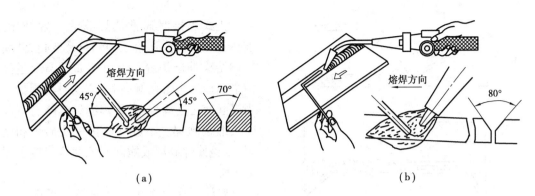

图 5.1.4　焊接的操作方法
(a)左焊法；(b)右焊法

(4)焊丝运动方式

选择何种焊丝与焊炬的运动方式,主要与焊缝状态、空间位置,焊件厚度和焊缝尺寸的大小有关,其目的在于使焊缝金属熔透又不至于将焊件烧穿;搅动熔池使各种非金属夹杂物从熔池中排出,气体也不至于夹在焊缝内。通常应用的运动方式如图 5.1.5 所示。

4. 各种空间位置的焊接方式

根据焊件的使用要求,常见的焊件连接方式有对接、搭接、角接和 T 形焊四种。

(1)对焊

对焊(也称平焊)是气焊中最普通和钣金修复中最常用的一种方法,将两块金属板以对接方式连接在一起。焊接时应预先留出相当于板厚的间隙,使用中性焰先加热焊缝一端的边缘,待边角开始熔化时将焊丝加入焊缝一端固定;用同样方法连接焊缝的另一端。这种临时性点焊也称"暂焊",主要用于固定对接金属板的相对位置(图 5.1.6)。如果焊缝较长时,还应采取分段方法"暂焊"。

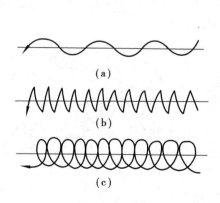

图 5.1.5　焊炬和焊丝的运动
(a)焊接薄板时；
(b),(c)焊接中板或厚板时

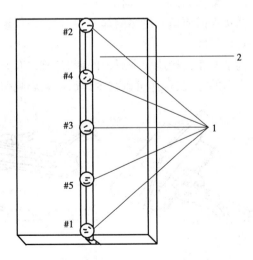

图 5.1.6　按一定间隔"暂焊"
1—"暂焊"的焊点;2—"暂焊"的间隔

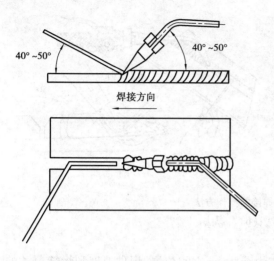

图 5.1.7　对焊接操作示意图

正式焊接时通常从焊缝的一端开始。加热过程中应注意熔池的颜色及变化，并使焊丝始终处于焊缝的上方。如果温度过高使金属板产生熔化倾向时，应及时将焊枪适当提起使之远离焊缝，待焊缝熔池略有凝固时可继续施焊。不可反复在一处加热和施焊，以免使焊缝形成脆硬现象而造成接合强度下降。

要注意保持熔池前方始终处于熔化状态，这样才能保证完全熔焊。此处，火焰的位置应环绕在焊丝的前沿，可使焊丝连续不断地填入熔池，焊接品质和工作效率都可以相应得到提高（图 5.1.7）。焊后应检查焊缝的质量，如焊接波纹是否连贯、平顺，是否有焊透或假焊等焊接缺陷。

（2）搭接焊

搭接焊也称填角焊，通常用于金属板的搭接或在锈蚀的工作面上补片（图 5.1.8）。搭接焊使用中性焰，焊前同样需要用"暂焊"方法将其固定，施焊过程中将焰心离开上板 6 mm 左右，这样可使下板获得更多的加热机会。当熔池形成后再以焰心靠近上板并加入焊丝。焊丝的位置应靠近上板并在火焰与上板之间移动，焰心则应指向下板。

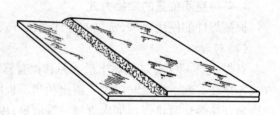

图 5.1.8　搭接焊操作示意图

搭接焊需要填充更多的焊条，并且有条件形成充足的焊缝，由此可以获得比其他方式更可靠的焊接强度。

为了避免搭接造成金属板的膨胀变形，有条件时应有针对性地采取图 5.1.9 所示的抑制膨胀变形的方案，这样可以减少焊后由热影响引起的翘曲变形。

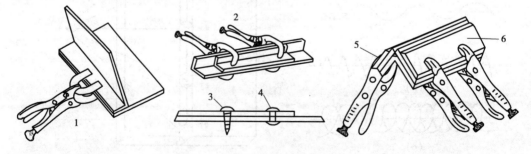

图 5.1.9　控制搭接焊变形的几种方案

1—专用焊接夹具；2—"C"形夹具；3—钣金螺钉；4—铆钉；5—大力钳；6—钢板

（3）角焊和"T"形焊

角焊和"T"形焊的连接方式基本相同，垂直或以一定角度连接件的焊接（图 5.1.10）。进行角焊和"T"形焊时也要以一定间隔"暂焊",但可以省略施焊过程中的预热操作,从开始到结束可一次性连续完成。角焊和"T"形焊比搭接焊显得容易些,主要在于两焊件的受热可以比较均匀,并且熔池的形成也比较容易。需要注意的是焊枪角度应适当减小,以增大加热面积和避免熔化面积过大、过热穿透焊件。

此外,角焊和"T"形焊的焊后变形比较难以矫正,交错"暂焊"和分段施焊十分有利于控制变形。

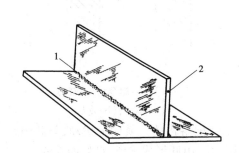

图 5.1.10　T 形焊示意图
1—焊缝;2—焊件

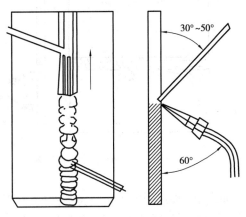

图 5.1.11　立焊操作示意图

（4）立焊

立焊是指处于立面上的垂直焊缝的焊接（图 5.1.11）。立焊时,由于熔池内呈液态的金属容易流淌,使焊缝的形成比较困难。其操作要领:①焊接方向与夹角。为避免熔化的金属流淌和形成良好的焊颖,焊接火焰应向上倾斜并与焊件形成 60°的夹角（图 5.1.11）。同时,为防止熔池内的金属过多,施焊过程中少加焊丝并采取较通常状态下小 15%左右的火焰能率。②严格控制熔池温度。焊接时不能使熔池面积过大,熔深也不能过深。在一般情况下焊嘴不要做横向摆动,而仅做上下跳动,这样有利于控制熔池温度。焊丝则应在火焰气流范围内作环形运动,将熔化的金属均匀地层层堆敷。③避免熔池金属流淌。如果在操作过程中发现金属即将流淌时,则应立即把火焰抬起待熔池温度降低后再继续进行焊接。通常为防止熔池温度过高,而应将火焰较多地集中在焊丝上,以提高焊接速度保证焊接正常进行。④对不同厚度的板材采取不同的焊接工艺。在焊接 2 mm 以下的薄板时,因焊接时熔池体积较小,宜通过加快焊接速度来保证液体金属迅速凝固。此时,应注意焊接火焰不要做上下摆动而应作较小的横向摆动,以疏散熔池中间的热量并将液体金属吹到两侧,从而形成较好的焊接品质。

（5）横焊

横焊是指在焊接的立面或倾斜面上作横向运动的焊接（图 5.1.12）。

横焊的操作也比较困难,因为横向焊缝容易造成熔池金属流淌,同时使焊缝上侧形成咬边而在下侧形成焊瘤和假焊等缺陷（图 5.1.13）。

横焊时,除了应选择比平焊小的火焰能率外,还应注意严格控制熔池温度以避免过热使熔化的金属下坠;焊嘴应向上倾斜,火焰与工作方向的夹角为 65°,利用火焰的吹力托住熔池金属使之不发生流淌。

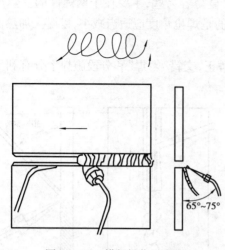

图 5.1.12　横焊操作示意图

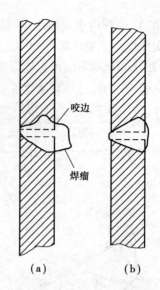

图 5.1.13　横焊容易形成的缺陷
(a)不良;(b)良好

此外,焊接过程中应始终将焊丝插入熔池之中,并不断把熔化的金属向上拨动,与此同时使焊丝呈半圆形或斜形运动,并在这一过程中将其加热熔化,由此形成平滑、良好的焊缝。

(6)仰焊

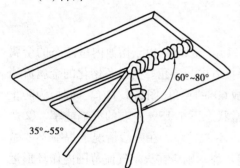

图 5.1.14　仰焊操作示意图

仰焊是指焊接火焰在焊接工件的下方,操作人员需要仰视工件并进行焊接作业(图5.1.14)。

仰焊操作的难度较大,一方面熔池金属容易滴落,另一方面是劳动条件差、生产效率低。操作需要注意以下事项:①尽可能选择较小的火焰能率,所用焊炬及焊嘴均应比相同焊件平焊时小一号。焊接时则应严格控制熔池温度和大小,一定要确保熔化的金属快速凝固、不下坠、无滴落。②宜选用较小直径的焊丝以薄层堆敷。若焊接有坡口或较厚的工件时,应分层施焊,第一层应保证熔透,以后各层应保证熔合良好、过渡圆滑。③对接接头仰焊时,焊嘴与焊件所形成的夹角为60°~80°,焊丝与焊件的角度为35°~55°。用焊丝挡住部分火焰,并利用火焰的吹力托住焊缝熔池的金属。在施焊过程中,焊丝应作"之"字形运动并始终浸在熔池内,焊嘴则应作扁圆形运动。④仰焊时应特别注意操作安全和姿势,做好必要的防护措施。

5. 气焊薄钢板的操作要领

对薄钢板(一般指厚度低于3 mm的板料)焊接时,焊件容易发生较大变形和翘曲,焊接部位极易被火焰烧穿。焊接时应按以下要领进行操作:

(1)正确选择规范

焊嘴的倾角要小一些,一般为10°~20°;焊丝直径要细,以免因熔化不及时而耽误施焊的时机。

(2)避免焊件过热

焊接时火焰不要对着焊件,要将焊嘴略向焊丝方面偏斜,由此可使焊丝适当挡住火焰的高温,避免焊件因过热而导致晶粒变粗、结合强度下降。

（3）及时移动焊炬

为了防止烧穿焊件,在焊接过程中应不断移动焊炬,使焊嘴时常离开焊件并密切注意熔池情况。

（4）有效固定焊缝

所谓固定焊缝主要是指对焊口沿线长方向上的有效定位,这一点对焊接薄板类构件十分重要。因为薄板类构件在焊接时,特别容易发生变形翘曲。如果焊前不进行定位焊,轻则焊缝变形、误差过大,重则使焊接作业无法进行。

（5）适当改变结构

对于过薄的钢板,如果条件允许可按图 5.1.15 所示,改变薄板的接口形式。采用这种卷边接口,可以不加焊丝直接施焊使之形成焊缝。

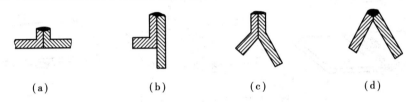

（a）　　　　　（b）　　　　　（c）　　　　　（d）

图 5.1.15　卷边的接头形式

（a）、（b）、（c）、（d）四种薄钢板卷边接口焊缝

6. 用气焊修复车身钣金件裂纹

用气焊修复车身钣金件时,应选用 HO-06 型焊炬配以 3 号焊嘴,使用直径为 2～2.5 mm 的低碳钢焊丝,火焰调节为中性焰。

施焊前应将裂纹变形的金属板复位、对齐,如果是通长裂纹还应先将端部固定焊上一点。对裂纹的焊接也遵循"由内向外"的原则,即从裂纹的止点起焊,逐渐将焊道引向裂纹的另一端（构件的边缘）。操作顺序与要领如图 5.1.16 所示。

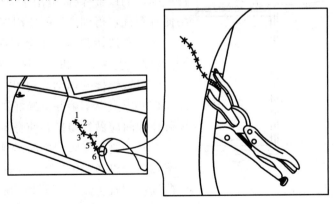

图 5.1.16　汽车翼子板裂纹的焊接（数字表示"暂焊"顺序）

当裂纹较短时,可沿裂纹走向一次焊到边缘。当裂纹较长时,也应按 50 mm 的间距先行定位焊接。定位焊的焊点超过三段以上时,应采用分段的方法逐一焊接。这样,可以防止因焊缝温度过高而引起熔池塌陷,同时也能减少高温给周围金属带来的不良影响。构件的热变形

也相应降低。焊接过程中,如发现构件裂纹两侧的金属板件错位,应借助手锤、垫铁等工具将其敲平。

当需要在一块较大金属薄板上焊接单一裂缝时,为了防止氧—乙炔焊对周围金属产生的热影响,可以用湿布或湿棉纱等围住焊缝后再施工,这样能够有效地阻止热量的扩散,以减少四周金属因焊接带来的变形。

对强度和表面平整度要求都比较高的部位,也可以采取图5.1.17的焊接方案。焊完一道焊缝后,借助槽形垫铁和手锤将焊缝敲成凹形再用焊料将凹形槽填平。可给砂磨提供了充足的余量,而普通焊接方法则无此打磨余量。

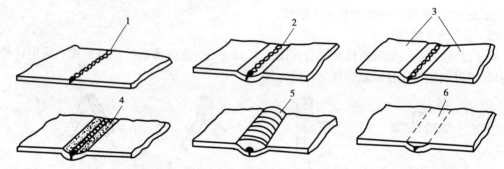

图5.1.17 用焊料覆盖焊缝步骤

1—用气焊将裂纹焊牢;2—锤击焊缝低于周围板面;3—将板面修平;4—打磨表面并刷涂焊剂;
5—用软钎焊或硬钎焊将凹陷填平至略高于板面的程度;6—用专用工具修磨平整

对车身钣金件的裂纹,无论采用哪一种方式焊修,都应在修补后于焊缝的内侧垫上托铁,用平锤沿焊缝轻轻敲击一遍,以消除焊接造成的残余应力。对装饰性构件表面,还要认真进行表面修整,以达到涂装作业底层处理的要求。

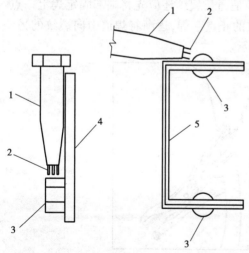

图5.1.18 切割铆钉或螺栓示意图
1—切割嘴;2—预热火焰;
3—铆钉或螺钉;4,5—工件

7. 氧—乙炔切割

车身维修作业经常利用氧—乙炔切割螺栓、构件或损坏的钣金件,而且由于火焰切割速度快和价格便宜等优点得到广泛的应用。

氧—乙炔切割是利用金属在纯氧气流中能够剧烈燃烧,生成熔渣和热量这一原理而进行的。

铆钉或螺栓的切割切割铆钉或螺栓时,可按上述操作要求点燃割炬并选择好作业位置,如果需要躺卧作业时应做好防护并使身体尽可能远离落渣。

打开切割氧气阀门之前,先将铆钉或螺母用中性焰加热至红色,预热距离一般为3～5 mm,颜色以樱红色为宜。然后打开切割阀吹出氧气流并氧化金属,并以适当速度移动割炬。切割操作时应注意使切割嘴尽可能靠近构件(如车架或支架),与被切割铆钉或螺栓成90°角(图5.1.18)。如此可避免切口过大和损伤周围构件。基本完成切割时,应稍稍倾斜割嘴使之尽可能切割干净,但一定要注意不要损伤与之相连的零件。

5.2　手工电弧焊在车身维修中的应用

分别以手工操作的焊条和焊接零件作为两个电极,利用焊条与焊件之间产生的电弧热量,熔化焊条和金属使构件焊接在一起的方法,称为手工电弧焊(简称手弧焊)。

手弧焊的特点是所用设备简单、操作方便、灵活,适合于多种条件下的焊接。特别是对于结构复杂、焊缝短小、作业狭窄及高位作业等,以其他焊接方式不可比拟的优越性,而广泛地应用于汽车车身维修作业。

5.2.1　手弧焊机分类

手弧焊机通常分为两类:交流弧焊机、直流弧焊机。

5.2.2　手弧焊的焊接技术

手工电弧焊的操作比较简单,但提高焊接水平须按要求进行更多的实践。

1. 焊接规范

手工电弧焊的焊接规范是指焊接过程中应当遵守的工艺方法和技术参数。其中主要包括焊条、焊接速度和焊缝尺寸的选择以及输出电流的调整等。

当所选择的焊接电流过大时,会造成焊条的焊心过热,导致焊条药皮过早脱落,增加飞溅,降低电弧燃烧的稳定性;由于过剩电流的作用,致使焊件金属过熔化造成焊缝两侧咬边;较薄的焊件还会发生烧穿现象。

所选择的焊接电流过小时,则焊条与焊件金属熔化不良,使熔深浅、焊不透;由于电流小造成的热量不足,使焊缝冷却快从而导致焊缝夹渣、残留气孔。焊接强度也会因此受到严重影响。

2. 焊接方法

手弧焊的基本焊接要领如图 5.2.1 所示。

在空载状态下预调好输出电流,可先在报废的零件上验证一下是否合适;所选焊条应与焊件材料合适,与焊件倾斜一定角度(一般为 50°~60°);用灵活熟练的手法,控制熔池的形状大小始终如一,并控制熔深的起伏在熔孔直径的 1.5 倍为宜。

3. 焊接缺陷分析

手工电弧焊的焊接缺陷主要表面在如下几个方面:按手工电弧焊焊接缺陷在焊缝中的位置,可将焊接缺陷分为内部缺陷和外部缺陷两种类型。其中,外部缺陷主要包括焊缝尺寸符合要求、咬边、焊瘤、塌陷、表面气孔、裂纹和烧穿等;内部缺陷则主要包括未焊透、内部气孔、裂纹夹渣等。

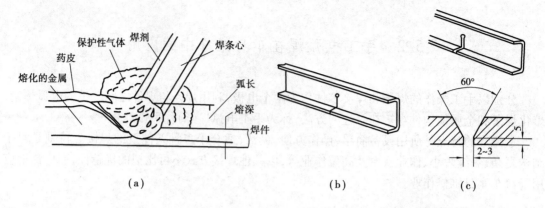

图 5.2.1 手工电弧焊图解

（a）电弧形状及焊接过程；（b）焊接裂纹时应先钻止孔；（c）必要时先制出坡口后再施焊

5.3 金属惰性气体焊在车身维修中的应用

车身多以薄钢板冲压成型,对薄钢板的焊接又很容易产生焊接应力造成穿孔、变形,使焊接难度增大。金属惰性气体焊（MIG）也称惰性气体金属电弧焊（GMAW）,最适宜汽车车身所采用的薄型高强度钢板的焊接。其中最为常见的 CO_2 保护焊,就是惰性气体保护电弧焊的一种。CO_2 保护焊能够有效地限制焊缝周围的热量,不仅能够抑制上述不良状况,而且具有工作环境清洁、作业效率高和焊接质量好等优点,是汽车车身维修作业中普遍采用的一种焊接方法。

5.3.1 金属惰性气体焊（MIG）的工作原理

金属惰性气体焊（MIG）,如 CO_2 保护焊采用短路弧法,以一定速度供给的裸线焊丝为一电极,以焊接工件的金属为另一电极。工作时焊丝与工件接触发生短路,用短路弧法采用细焊丝、低电压、小电流,使传到钢板上的热量虽小但能达到足够的熔深。作为电极的焊丝以一定的速度自动进给,与基本金属间产生电弧熔化,冷却后即可达到将工件焊到一起的目的。在焊接过程中惰性气体由气瓶输出到焊枪喷口,屏蔽焊丝使之与大气隔绝。

金属惰性气体焊（MIG）的工作原理如图 5.3.1 所示,熔滴的转移过程如图 5.3.2 所示。

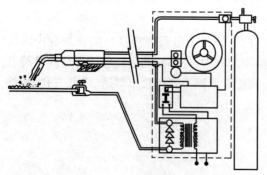

图 5.3.1 金属惰性气体焊（MIG）的原理图

金属惰性气体焊（MIG）机主要由电源控制箱、焊枪、送丝机构和供气装置组成。其中,由三相变压器、硅整流器、电感器及控制元件组成的电源箱,承担着提供引弧电流的任务。送丝机构将焊丝按焊接电压、电流及操作人员动作速度等要求送至焊区。供气系统将气瓶压力经调节器减压并衡定后送给焊枪。带保护气喷嘴和导电嘴的焊枪,用导电嘴将电流送给焊丝产生短路电弧,用气体喷嘴向电弧和熔池送气加以保护。

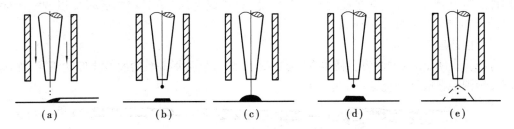

图 5.3.2　熔滴的转移过程

（a）、（b）、（c）、（d）、（e）转移过程

5.3.2　金属惰性气体焊（MIG）的焊接技术

虽然金属惰性气体焊（MIG）对操作人员的技术水平要求不高，只要严格执行焊接规范和必须的操作要领即可保证焊接质量。这里以常用的 CO_2 保护焊为例，介绍金属惰性气体焊（MIG）的焊接技术。

1. 焊接规范

焊接规范提出了影响焊接质量的关键要求。

1）焊接质量优劣取决焊接点电压与电流和电弧长度，而电弧长度则取决于电弧的电压。判断电压调整得是否合适，依据起弧后的工作状态。如果焊接时能听到一股连续的"噬噬"或轻微的爆裂声则为正常。从焊缝观察，电压提高则弧长增加，容深变浅、焊缝宽并使飞溅增加。电流影响熔深、焊丝熔化速度、电弧的稳定性及飞溅量。电流加大，熔深、熔宽均增大；反之则熔深、熔宽变小。

2）导电嘴与焊接表面的距离，是影响焊接质量的重要参数（一般规定为 8～15 mm）。若此距离过大焊丝的伸出量就长，更多的预热时间将会使其熔化过快，同时保护气体的屏蔽作用也相应减弱。距离过小也不好，焊丝端头被喷嘴挡住不便观察焊接质量，如图 5.3.3 所示。

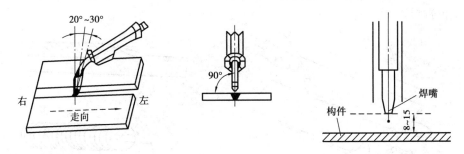

图 5.3.3　焊嘴对工件的距离及角度

3）焊接方向与角度，CO_2 保护焊也分为左向焊和右向焊两种。焊丝指向行走方向时称为左向焊接法，其特点是喷嘴不挡住视线；熔池受电弧的冲刷作用也小，熔宽大、焊缝平。焊丝指向与行走方向相反的方向时称为右向焊，其特点是向焊缝填充的金属多、熔深大，但电弧对熔池的冲刷作用也大，易影响焊缝的形成。

无论采用哪一种焊接方向，焊嘴与焊缝的垂直相交线夹角均为 10°～15°。

4）要获得美观、可靠的焊接质量，对保护气体流量的控制要恰到好处。因为，流量过大会形成涡流而影响屏蔽效果，流量过小则保护气体屏蔽作用减弱。一般要根据这一原则和喷嘴与焊件的距离、焊接电流、焊接速度及作业环境(有风或无风)等具体情况来加以调整。标准送气量为 21.55 ~ 24.66 cm^3/min。

2. 焊接速度

有经验表明,速度过快将会使熔深、熔宽变小,焊缝呈尖形并且容易发生咬边现象,而焊接速度过慢则会造成焊件烧穿(图 5.3.4)。

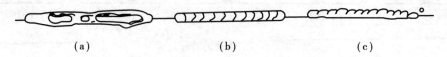

(a)   (b)   (c)

图 5.3.4　运枪速度对焊道形状的影响

(a)过缓易使焊件烧穿;(b)速度适当故熔深合适;(c)过快易造成熔深不足

3. 焊接方法

焊枪的操纵,将焊枪前端靠近焊件,按动开关便开始送丝,保护气体也同时喷出。此时只要操纵焊枪令焊丝端头与焊件金属表面接触即可起弧。如果焊丝顶端形成熔球,应将其剪断,否则会影响起弧。枪口处的焊接飞溅物也会影响送丝、送气,使用前应预先清理干净。

施焊过程中,应注意观察板件、焊丝的熔化情况及焊道的连续性,同时注意不要让焊丝偏离接缝。如果接缝较长最好先暂焊一下,分段的焊道应有重叠,起弧时应在上一段焊道末端前面一点。起弧后迅速回拉至下一段焊道起点(图 5.3.5)。焊道的高度和宽度也应力求一致,因为熔深不足将影响焊缝强度。反之,熔深过大则易将焊件烧穿,并给打磨工作造成一定困难(图 5.3.6)。用气体保护焊进行塞焊,是车身维修中应用比较广泛的一种焊接形式,很适宜两块钢板的搭接。塞焊前应将其中一块钢板钻孔或冲孔,并夹紧以确保贴合紧密。塞焊时焊枪要与焊件表面垂直,沿塞孔周边缓慢运枪绕向中心(图 5.3.7(a));当孔径较小时,可将焊枪直接对准中心不动将孔焊平。塞焊的焊点应以略高出焊件平面为宜,过高将给打磨带来困难,过低则使强度不足甚至造成脱焊(图 5.3.7(b))。对接焊可以分为端口对接焊(两焊件端面对齐)和角对接焊(两焊件垂直相接)两种。无论何种形式的对接焊,均应以 15 ~ 20 倍板厚的间隔先行定位暂焊。

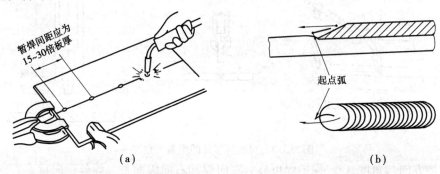

暂焊间距应为 15~30倍板厚

起点弧

(a)   (b)

图 5.3.5　焊枪的操纵方法

(a)暂焊;(b)焊道的重叠方法

对接焊一般采用左向焊施焊的办法,因为左向焊便于观察可防止发生偏焊。角对接可按图 5.3.8 确定焊枪与焊件之间的倾斜角度。焊接时应将焊枪把稳并控制好行进的速度。除了低于 0.8 mm 以下的薄钢板(连续焊接容易烧穿)以外,一般都要连续焊接。分段焊接时应在上一段焊道末梢的前部起弧,然后迅速拉向小一段焊道的起点(图 5.3.5)。

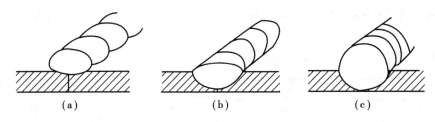

图 5.3.6　焊道的剖面形状
（a）熔深过浅使强度不足；（b）熔深合适；（c）熔深过度、过高易穿透且难以打磨

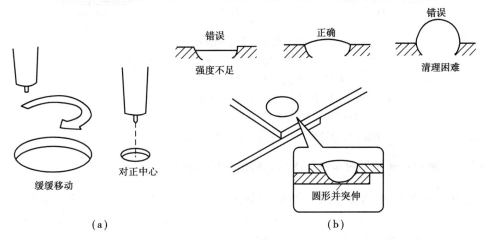

图 5.3.7　塞焊的操作方法
（a）运枪方法；（b）塞焊点的剖面分析与熔深

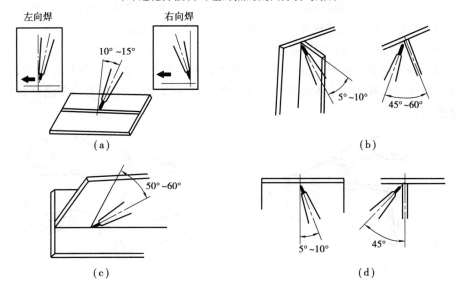

图 5.3.8　对接焊的倾角要求
（a）端口对接焊（平焊）；（b）立焊；（c）横焊；（d）仰焊

4. 焊接缺陷分析

CO_2 气体保护焊的常见焊接缺陷如图 5.3.9 所示。采用正确的焊接工艺与技术规范，可

以有效地避免这些缺陷的产生。对已经发生的质量问题,应根据图示及其说明有针对性地加以改进。

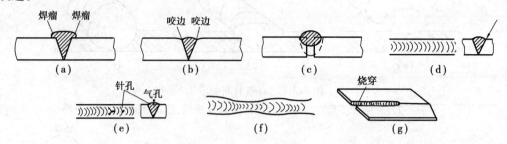

图 5.3.9　焊接缺陷分析
(a)焊瘤(电弧过长、速度过快、角度不对);(b)咬边(速度过慢、电弧过短);
(c)未焊透(电流过小、电弧过长);(d)飞溅过大;
(e)气孔、针孔(焊件有锈、保护气不足、冷却过快、电弧太长);
(f)焊道不齐(焊嘴磨损或变形、焊枪把持不稳);
(g)烧穿(电流过大、焊缝过宽、速度过缓、焊枪与焊件距离太近)

5.3.3　用 CO_2 保护焊对车身后围板侧板进行局部挖补

车身维修作业中,经常会遇到钣金件局部锈蚀或发生严重损伤,局部挖部是解决这一问题的较好办法。图 5.3.10(a)为轿车车身后翼板的分段挖补示例。损伤修复时,也可沿图 5.3.10(b)所示的标线切割,做更大范围的挖补。

1. 落料

首先通过检查确定局部锈蚀的范围,从外部画出欲挖补的轮廓。将其与车身其他部位的连接断开后,用风动锯、切割砂轮等将挖补处割下(禁止使用气割)。

在替换件上划出剪切范围线,要确保范围内的尺寸比切割下的损坏部分大 10 ~ 20 mm。按所划切割线将新件多余部分切除并将切口修磨整齐。将新件置于车身挖补处的正确部位,以此新件切口为样板在车身上准确地划定切割线,然后沿此线将车身上的多余部分切除并将端口修磨整齐。

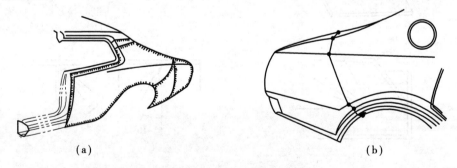

图 5.3.10　车身后翼板的挖补
(a)局部挖补的分段;(b)整体挖补的切割标线

2. 焊接

将替换件对合车身上的切口,并确认其位置正确、缝隙不大于 1 m,用专门的夹具固定在车身上。然后用 CO_2 保护焊按主次定位关系做定位焊,间距约为 50 mm。

焊接时,应由中间部位起焊分两次向终端延续焊接。施焊过程中,应注意观察焊缝的表面质量并保证熔深。趁热使用垫铁、平锤敲击焊缝,以消除由焊接产生的残余内应力。无误后将焊缝修磨平整、光滑。对车身后围板、翼子板等承载蒙皮,尽量使用 CO_2 气体保护焊,这样能使蒙皮周围变形小并保证焊缝具有足够的抗剪切能力。

5.4　电阻点焊在车身维修中的应用

汽车车身构件的尺寸往往较小且形状复杂,加之电阻点焊(俗称点焊)焊接时间短、变形小等许多优点,故广泛应用于车身生产中。据统计,生产一台轿车的点焊焊点有 4 000 ~ 8 000 个。图 5.4.1 为点焊在车身焊接中的应用实例,由此可以看出点焊在汽车制造与维修中所发挥的重要作用。

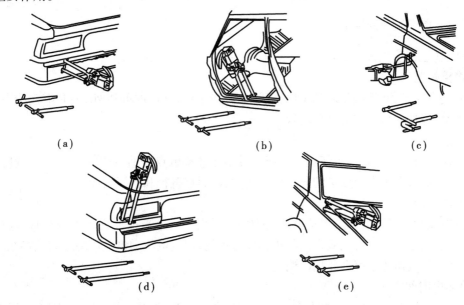

图 5.4.1　点焊在车身上的应用
(a)45°角臂;(b)标准臂;(c)弯臂;(d)长臂;(e)转节焊头

5.4.1　点焊机原理及设备的组成

点焊是利用金属通电后两构件接触部位的电阻产生热量并熔化,在外力的作用下使其熔合在一起,断电冷却后两构件便形成了永久性连接。

电阻点焊三要素

电阻点焊的三个基本要素分别为挤压、电流和维持时间。

(1)挤压

使用电阻点焊实现两块金属板的有效焊接,其前提条件是焊钳作用于金属板上的压力。因为电阻点焊是在焊钳将金属板挟持后并通电,使电流经焊头和工件后,引起金属熔化使之接合在一起的。只有合适的点焊压力才能确保电流通过并使通电过程中产生的热量及时扩散到较广的区域,使焊点直径小且熔深合适(较深)。

（2）电流

当压力作用在金属板上并通过合适的电流时,金属板便会熔化并接合在一起。但是,如果电流过大以及压力过小,两金属板之间便会发生内部溅滴使焊接质量下降。显然,只有电流小压力大才能有效地抑制焊溅。

（3）维持时间

如果停止加电使熔化的金属冷却,在焊点位置便会形成一个圆形、呈扁平状的焊核。可见,当焊点处的金属冷却过程中即焊核形成之前,必须保持焊点压力维持一定时间。

点焊机的电源部分相当于一台变压器,它能向电极提供低电压、大电流。点焊控制器可以调整输出的焊接电流及通电时间,当开关接通时电流按调定的时间接通和断电。时间的调解范围通常在 $1/6 \sim 1$ s,时间重复精度至少为 $1/10$ s。一般车身用钢板厚度约为 1 mm 左右,所需输出电流大多在 6 500 A 以上。台式点焊机电源与焊钳制成一体;便携式的点焊机与焊钳各自分开,其中功率较小的点焊机也有一体式(焊钳与电源制成一体)的。

5.4.2 点焊的焊接技术

便携式(也称手提式)点焊机在车身维修中应用得十分普遍。

1. 焊接规范

影响点焊质量的因素很多,除了电极压力、焊接电流、通电时间以外,还有电极状态、焊钳臂装配情况、焊件的材料与清洁程度等。

（1）电极压紧力

焊点强度与电极压紧力密切相关。压力过小会在接触点处造成焊接飞溅;压力过大虽然通过的电流也大,但是由于热量的分布区域增大,使焊点直径和熔深反而变小。

（2）焊接电流

焊点直径和焊接强度都随焊接电流的增加而增大。但电流过大且压力较小时,也会造成板间的飞溅;反之则可能将飞溅减至最小程度。可见,焊接电流和电极压力之间还存在一定的关系,需要在焊接作业中摸索并加以调整。

（3）通电时间

通电时间长,热量生成多,焊点直径大。如果电流一定,则通电时间过于延长也不会使焊点增大,反而还会出现电极压痕和热变形现象。

（4）焊点布置

焊点的间距和边距(焊点至板边缘的距离)对焊点强度也有决定性作用。缩小焊点间距虽然可以提高焊件的连接强度,但实际上也是有限度的。因为间距超过一定的限度,焊接电流会经由上一个焊点导走、泄漏。这时所增加的焊点不再具有增强焊件连接强度的作用,而且还会适得其反。从这个意义上来说,焊点的间距一定要跨出电流的泄漏区。

不同规格板厚相匹配的焊接电流、电极压紧力、通电时间及焊点布置要求等。由于点焊机只能焊接薄钢板(一般为 $0.7 \sim 1.4$ mm、总厚度不超过 3 mm),并且有些点焊机的电流和电极压力不可调的。对此,可参照焊机说明书的规定用适当加长焊钳臂和通电时间的方法来解决。

2. 点焊的操作要领

要求点焊的焊前准备工作必须细致,否则因结合强度不好而造成返工,常常需要将不合格的焊点重新打磨掉。

（1）焊件的清洁

点焊板件的清洁部位,不仅在于两焊件之间,与点焊电极的接触点同样也需要认真打磨干净(包括板材表面上的油漆)。对于不便清除的油污,还可以采取火焰法轻烧轻燎,然后再将板材表面用钢丝刷或钢丝轮打磨干净。

（2）调整焊接臂

点焊机在使用以前应先检查焊臂是否装配牢固,以确保焊钳上所装焊接臂的位置准确度,它的装配状态正确与否,对电极压紧力和电流的通过能力都有影响。其基本要求是:两焊极的端面应平行、重合,并按要求调好电极的压紧力。

（3）焊接

按焊接规范选定有关参数和电极,将焊件的相互位置确定并用大力钳等专用工具夹紧后,即可按计划分布的焊点施焊。对于手提式点焊机,在连续焊接 5～6 个焊点后应给焊极一段冷却时间。正常使用过程中,电极也会发生烧灼和积垢使电阻增大。通过焊件的电流就会减少,焊点的熔深变浅。当焊接过程中发现电极端头发红或火花飞溅增多,应及时用专用电焊极修整器(或电极修磨机)将电极端头修磨好。

对于较长的焊缝,钣点焊也要从中间向两边开始操作,如此可以减少和消除钣金构件的应力与变形。

3. 用点焊或塞焊更换前车身悬架支承构件

前车身悬架支承构件(亦称翼子板内支承板)发生严重损伤时,可按图5.4.2所示方法予以更换。

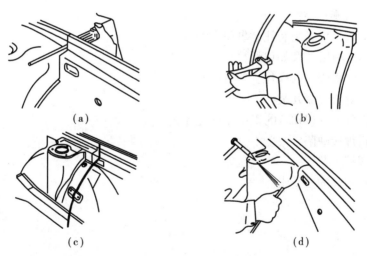

（a）　　　　　　　　　　　　（b）

（c）　　　　　　　　　　　　（d）

图 5.4.2　前悬架支承构件的更换
(a)沿焊点边缘切割并将坏件拆除;(b)用冲孔钳制成塞焊孔
(c)点焊或塞焊;(d)用钎料填充缝隙

（1）拆除

前车身悬架支承构件是以点焊方法连接的。由于该构件的尺寸较大,有时即使将焊点分离也很难将其作为整体拆下。对此,可用风动锯切割,也可先用氧—乙炔割炬将报废部分沿原焊缝边缘割下,然后再拆除焊点就方便了。车身维修作业中称这个办法为"粗割",适用于车身上许多报废构件的更换。

用钻削或磨削的方法将焊点清除并使焊件剥离,借助撬板等工具将残留部分从车身上拆下。受损部分拆除后,要对车身上的接口部分进行整理,如:用手砂轮机磨去原来的焊痕,注意既要磨平又要避免损坏车身钢板;用手锤和垫铁将端口变形调整好;位置有误差时,还应先行矫正;将焊接面两边的油漆除净,并于焊接面上涂敷防锈剂。

(2)更换

待更换的新构件表面都覆盖有涂装材料,以点焊方法连接时一定要先将焊接部位的漆层除掉,否则会影响点焊电流的通过。清除涂层最好的工具是带式打磨机。

如果采用塞焊,则应在构件拟焊接部位用冲孔钳或电钻制出塞焊孔(图5.4.2(b))。塞焊孔径过大容易使车身板件烧穿,过小则影响焊接强度。

由轿车车身的前部构造可知,前车身悬架支承构件一方面承担着悬架的部分载荷,另一方面还决定着前轮定位参数的准确度。所以,新装的前车身悬架支承构件板,必须以尺寸法定位,即以车身尺寸图中规定的位置要求为准,决定其与车身装配的相对位置。若没有技术可循时,也可利用对称性原则在车身的另一侧通过实测获得。

无论是用点焊还是用塞焊,都要在构件搭接部涂敷防锈剂,并且焊点的分面数量均应相当于原厂方案的1.3倍左右为宜。

复习思考题

1. 焊接方法有哪几类?

2. 氧—乙炔焊接设备组装注意事项有哪些?

3. 火焰的形式有哪些及如何调整?

4. 氧—乙炔薄板焊接的操作要领有哪些?

5. 手工电弧焊机分哪几类?

6. 金属惰性气体焊(MIG)的工作原理是什么?

7. 如何分析焊接缺陷?

8. 点焊机焊接工艺?

9. 何谓电阻点焊的三要素?

第 **6** 章
汽车车身整体变形的修复

汽车车身维修的主要任务,在一定程度上是针对变形或与之关联的不良因素而进行的。如果说,车身局部损伤的修复主要依赖操作技能的话,则车身整体变形的诊断与修复,不仅需要更多的经验而且要借助专门的仪器和设备完成。本章的重点在于,如何对车身整体变形进行综合技术诊断,并有的放矢地加以矫正与修理。

6.1 汽车车身整体变形的测量

导致汽车车身变形的因素很多,归纳起来不外乎有以下几个方面:设计、制造过程中本身的薄弱环节,部分车身材料上存在的缺陷,维修工艺不当形成的隐患或损伤,经长期使用所引起的变形或材质劣化,碰撞事故而导致的机械损伤。

对于局部变形或损伤可以比较直观地作出判断,但对整体变形的诊断就显得不那么容易了。对于车身的整体变形,没有正确的测量结果作依据,修复作业便无从下手。

6.1.1 车身测量的意义

汽车车身测量是车身维修中不可缺少的重要环节之一。它是维持或恢复车身的正常工作能力,延长使用寿命并使其经常处于完好技术状态的主要依据。

由汽车车身的基本构造与机能可知,车身整体定位参数如果发生变化,对行驶性、稳定性、平顺性、安全性、使用性等都有至关重要的影响。所谓整体定位参数,是指那些对汽车发动机、底盘、车身主要构件的装配位置有着直接影响的基础数据,如:汽车的前轮定位、轴距误差和各总成的装配位置精度破坏等。而这些可以定量测得的表征车身外观、装配尺寸和使用性能的参数值,恰恰又是原厂技术文件上做了重要规定的技术数据。由此可见,测量在车身维修中占据着极其重要的地位,并且也是影响车身维修质量的关键。一方面用于对车身技术状况的诊断,另一方面用于指导车身维修。

车身维修的测量,一般分为作业前、作业中和竣工后三个步骤。作业前的检测,旨在确认车身损伤状态和把握变形程度的大小;维修作业过程中的检测,有助于对修复过程的质量进行有效地控制;竣工后的检测,为验收和质量评估提供可靠的数据。

车身整体变形的认定,主要依赖于对关键要素的测量结果,它不仅有助于对变形作出正确的技术诊断,同时也为合理地制定维修方案提供了依据。其中,属于单一构件变形时,可以通过更换或修复相应的构件来解决;属于关联部件变形时,可从变形较大的构件入手逐一进行矫正和修复;而对于车身的整体变形,则应以基础构件为基准,综合地、全面地对整体定位参数值进行校对和修理。

对车身的矫正或更换主要构件,需要通过测量来保证其相关的形状尺寸精度和位置准确度;维修过程中不断测量车身定位参数值所处的状态,可以保证修复作业是否在质量控制之下。因为,为维持或恢复车身完好技术状况、工作能力、使用寿命的作业,有它应遵循的技术标准。其中,除了可以进行定性评价的技术要求外,更多的则是依照测量结果进行定量评价的技术指标。测量对修复效果起着量化的验证作用,尤其是在矫正变形的过程中,离开了对外观参数的测定,修理作业是无法进行的。

6.1.2 车身测量的基准

车身维修中对变形的测量,主要表现为尺寸数值与形状上的对比,实际上就是对车身及其构件的形状与位置误差的检测,而选择测量基准又是形状与位置公差中十分重要的内容。

1. 车身测量的基本要素

正确的车身检测与测量是车身维修的基础,而掌握车身测量的点、线、面三个要素,又是高质量完成车身测量任务的关键。

(1)控制点原则

车身测量的控制点用于检测车身损伤与变形的程度。车身设计与制造中设有多个控制点,检测时可根据技术要求测量车身上各个控制点之间的尺寸,如果误差超过规定的极限尺寸时,应设法修复使之达到技术标准规定范围。

车身上的控制点并非无据可循。承载式车身的控制点如图 6.1.1 所示,第一个控制点通常在前保险杠或前车身水箱支撑部位①;第二个控制点在发动机室的中部相当于前横梁或前悬架支承点②;第三个控制点为中间车身相当于后门框部位③;第四个控制点在后车身横梁或后悬架支承点④。

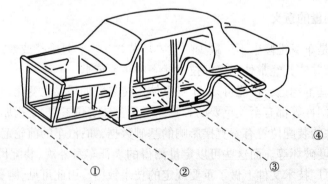

图 6.1.1 车身控制点的基本位置

对车身进行整体矫正时,可根据上述控制点的分布将车身分为前、中、后三部分,这种划分方法主要基于车身壳体的刚度等级和区别损伤程度。

由于车身设计和制造是以几个控制点作为组焊与加工的定位基准,这些由生产工艺留下来的基准孔,同样可以作为车身测量时的定位基准。

实际上,对控制点的测量就是对关键参数检查与控制,并且这些参数又是有据可查的,一些车身测量设备就是根据控制点原则研制而成的,是目前车身维修中比较实用和流行的测量原则。

(2)基准面原则

车身设计时往往是先选定一根基准线,将该基准线沿水平方向平移得一水平平面,由车身上各个对称平行点所形成的线或面与之平行。那么,车身图纸上所标注的沿高度方向上的尺寸,为车身各部分与基准平面间的距离。既然车身设计与制造是以该平面为高度基准的,车身测量与维修同样需要这些高度要求来控制其误差的大小。

在实际测量中,应根据上述基准面原则调整车身沿水平方向的高度,确定车身高度测量基准。如果遇到实际测量部位不便于直接使用量具时,可以根据数据传递方法将基准面上移或下移,这样不仅有利于测量仪器使用,也可以获得更加精确地测量结果。

(3)中心线及中心面原则

中心线及其沿垂直方向平移获得的中心面,实际上是一个假想的具有空间概念的直线和平面,该平面将车身沿长度方向截为对称的两半。车身的各个点通常是沿这一平面对称分布的,因此所有宽度方向的尺寸参数及测量,都是以该中心线或中心面为基准的。

实际测量中,如果使用定中规等测量仪器检查车身损伤时,如果不同测量断面上定中规的中心指销在同一条直线或平面上,可以说明车身无横向变形或损伤。如果经测量发现定中规有偏移时,则说明该断面车身发生了横向变形或损伤。

修复车身所发生的变形或损伤时,应在纵向、横向两个截面上反复调整、校对相对于标准的形状与位置误差参数,使车身表面各关键点(空间坐标)符合技术规定。更换车身覆盖件时,对互换性、形状与位置公差和装配准确度也有着较高的技术要求。这些都很难单纯地依靠技术、工艺标准来实现对车身维修质量的控制与判定。

绝大多数车身都是对称设计的,但也要注意非对称部位的存在及其测量要求。选择带有补偿调节装置的定中规,测量时先消除因非对称零件而造成的数据差别,不便于消除非对称部位的数据差时,也可采取措施避免因此带来的测量麻烦。

2. 参数法测量

参数法以车身图纸或技术文件中的规定来体现基准目标。汽车车身尺寸图中,一般都注明了车身上特定的测量点。以此为基准对车身的定位尺寸进行测量,可以准确地评估变形及其损伤的程度,是比较可靠也较为流行的方法。车身的定位参数见表6.1.1。

3. 对比法测量

对比法是以相同汽车车身的位置参数作为基准目标。当然,所选择的车身应完全符合技术文件规定要求的状况,必要时还可以通过增选台数来提高目标基准的精确性。运用对比法确定测量基准时,应注意以下两个问题。

(1)数据的选取

由于对比法需要操作者视情况量取有关数据,选择哪些测量点、数据链作为车身定位参数的基准目标,也是值得研究的问题。对此,应遵循的原则是:

1)利用车身壳体或车架上已有的基准孔,找出所需的定位参数值;

2)以基础零件和主要总成在车身上的正确装配位置为依据;

3)比照其同类型车身图中的标示方法,来确定基准参数的量取方案。

(2)误差的控制

与参数法相比,对比法测量的可靠性较差,这就要求应尽可能将测量误差限制在最小,以防止因累计误差的增加而影响质量。其对策措施是：

1）选择便于使用的测量器具（如测距尺）；

2）不能以损伤的基准孔作为测量依据；

3）同一参数值应尽量避免接续，最好是一次性量得。

如果没有可供选择的车身作为对比条件，也可利用车身构件对称性的原则，进行对角线比较法和长度比较法测量（如图 6.1.2）。但这种方法仅适于程度不大的变形，并要求将二者结合起来进行综合评价才能判明损伤。

表 6.1.1　车身的定位参数名称及数值示例（单位：mm）

测定方向	前车身测定部位	参数示例	测定方向	车架测定部位	参数示例
发动机室长度方向上的测量	A—C	901	车架长度方向上的测量	M—N；m—n	582
	a—c	901		N—O；n—o	891
	B—C	454		O—Q；o—q	585
	B—c	454		Q—S；q—s	1 082
发动机室高度方向上的测量	A—a	1 256	车架高度方向上的测量点与基准水平线的高度差	J,j	66
	B—b	901		K,k	106
	C—c	1 284		L,l	90
发动机室对角线的测量	A—c	1 557		M,m	90
	a—C	1 557		N,n	−25
	B—c	1 168		O,o	−32
	b—C	1 168		P,p	5
	B—f	921		Q,q	12
	b—F	921		R,r	150
发动机室高度方向上的测量	D—G	561		S,s	244
	D—g	561	车架对角线长度的测量	J—K,j—k	352
	D—E（四门轿车）	978		K—n,k—N	1 114
	D—e（两门轿车）	980		M—n,m—N	960
	D—F（四门轿车）	652		N—o,n—O	1 180
	D—f（两门轿车）	653		O—q,o—Q	939
	H—E（KE 系列）	287		Q—s,q—S	1 379
	h—e（TE、AE 系列）	297	车架宽度方向上的测量	K—k	780
水箱支架宽度方向上的测量	（KE 系列）	762		L—l	778
	H—h（TE、AE 系列）	538		M—m	761
	（KE 系列）	758		N—n	765
	I—i（TE、AE 系列）	538		O—o	782
水箱支架对角线的测量	（KE 系列）	779		P—p	892
	H—i（TE、AE 系列）	580		Q—q	690
	（KE 系列）	783		R—r	490
	I—h（TE、AE 系列）	580		S—s	1 060

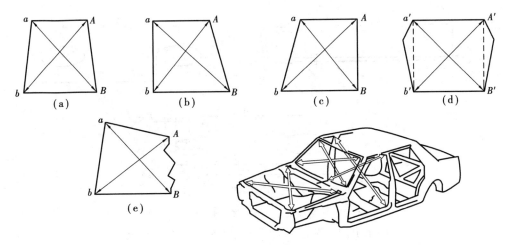

图6.1.2 长度比较法和对角线比较法测量
(a)无变形($ab = AB$);(b)左侧变形($aB - Ab$);(c)右侧变形($Ab > aB$);
(d)左右变形相同($a'B' = A'b'$);(e)长度比较右侧变形($ab > AB$)

6.1.3 车身测量方法的应用

对车身整体变形的测量,是依靠计量器具采集相关的技术数据,用以判定车身构件及其与基准之间的相对位置。从而以实际测得的状态参数为依据,所进行的数值分析、比较,旨在找出相对位置的变化规律,进而对变形状况作出进一步的诊断。

1. 测距法

测距法可以直接获得定向位置点与点的距离,是最简单的一种测量方法,它主要通过测距来体现车身构件之间的位置状态。

测距法所使用的量具是钢卷尺、专用测距尺等。钢卷尺的使用方法简便、易行,但测量精度低、误差大,仅适用于那些要求不高的场合(如图6.1.3(a)所示)。尤其是当测量点之间不在同一平面或其间有障碍时,就很难用钢卷尺测量两点间的直线距离。使用如图6.1.3(b)所示的专用测距尺,可以根据不同位置将端头探入测量点,应用起来灵活、方便。

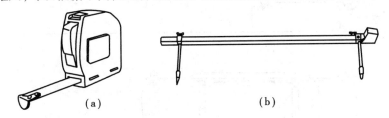

图6.1.3 测距法常用量具
(a)钢卷尺;(b)专用测距尺

用钢卷尺测量孔的中心距时,可从孔的边缘起测量以便于读数(图6.1.4(a))。但应注意:当两孔的直径相等且孔变形忽略不计时,可以用孔的边缘间距代替心距即 $A = B$(图6.1.4(b));但当两孔的直径不同时(图6.1.4(c)),中心距 $A = B + (R - r)$ 或 $A = C - (R - r)$。

测距尺的测头为锥形结构,按如图6.1.5(a)所示的方法使用,可以模拟测量孔的中心线,即使两个被测量的孔径不等也不受影响。如图6.1.5(b)所示的情形时,也可以比照前述方法

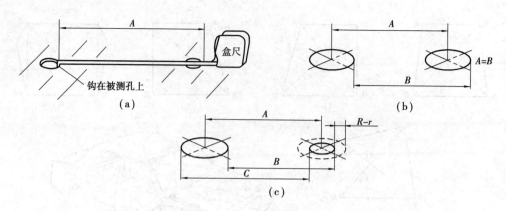

图 6.1.4　用钢卷尺测距
(a)钩在孔边上测量;(b)当孔径相等时;(c)当孔径不等时

从孔的边缘起测量。

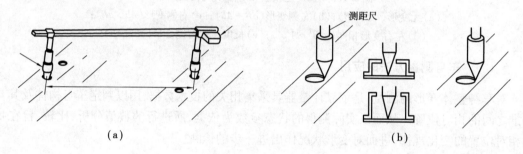

图 6.1.5　用测距尺测量
(a)模拟两孔间的中心距;(b)测头触及孔底或孔径过大时

如图 6.1.6 所示的车架,发生变形时也可以运用测距法进行测量(图 6.1.6(a))。将车架置于平台上并按一定的高度支稳,用高度尺逐一测量各基准点与平台的垂直距离,就可以分别得出车架垂直方向上的相关参数。

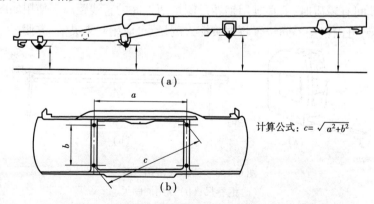

图 6.1.6　测距法测量实例
(a)车架垂直方向上的测量;(b)水箱支架的测量

有些图纸或技术文件,则是按如图 6.1.6(b)所示的方法标定的参数。在没有专用测量架的条件下,可使用测距法来测量,但要先利用三角函数法或勾股定理进行相应的计算。

2. 坐标法

坐标法适用于对车身壳体表面的测量,尤其是像轿车那样的多曲面外形,而使检测工作的难度加大。如果使用如图 6.1.7 所示的桥式测量架,就可以比较容易地实现这方面的测量。

桥式测量架由导轨、移动式测量柱、测量杆和测量针等组成。测量过程中,可以根据需要调整其与车身的相对位置,使测量针在接触到车身表面的同时,还能够直接从导轨、立柱、测杆及测量针上读出所对应的测量值。

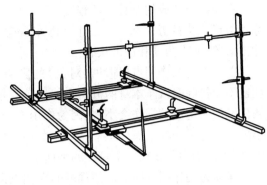

图 6.1.7　桥式三坐标测量架

如图 6.1.8 所示的专用测量台,也可对车身各部分尺寸进行较为精确的测量。测量时光源发出的聚光束,可将光点投射在各塑料标尺上,故读数既直观又方便。尺寸测量架可分别检测车身其他方面存在的变形。这种变形测量台,可与修理矫正装置配套,实现车身修理的过程。

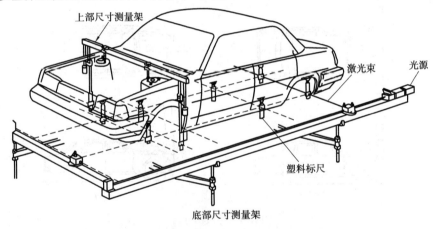

图 6.1.8　聚光测量台

6.2　汽车车身整体变形的诊断要领

6.2.1　碰撞力

测量只是从一个侧面提供了分析、确认变形的依据。矫正变形还需要提供其他一些数据,如:找出导致变形中的主因素,确定损伤的类型及其严重程度,分析损伤倾向及其所产生的影响、波及范围等。这些都是车身维修中诊断所要完成的任务。

当汽车与其他物体发生碰撞时,由惯性力转换成的冲击能量释放并与之相互交换,由此产生的冲击力同时作用于两相撞物体之间。此时,冲击力的大小不仅取决于冲击能量,而且还取决于相撞过程中的作用时间。如果其他条件相同而只有力的作用过程中的时间不同,即暴发性的瞬间接触与从开始到结束经过一个相对长一点的时间过程,其冲击力的作用结果是不同的。前者必定会损坏严重,而后者则显然要轻得多。

由碰撞所造成的车身损坏程度,主要取决于碰撞力的三个基本要素,即:力的作用点(也称着力点)、力的方向和力的大小。由车身碰撞时的受力分析,可以更进一步明确地解释为:冲击对象、冲击角度和冲击状态。

首先看力的作用点(即冲击对象)的影响。这里,冲击对象除了指与之相撞的物体外,往往也不能排除对汽车本身的分析。如果车身是以某一个平面与另一平面物体相撞,如果其他条件等同时造成的损伤会小些,因为作用力分布在一个较大的平面上。反过来,如果车身以较小的端面与另一非平面(如:柱类、角类)物体相撞,则其他条件等同时所造成的损伤就会更大,因为作用力分布在一个较小的平面上。

碰撞力的作用方向对损伤程度的影响也很大。这是因为根据力的可传性和力的平行四边形法则,有不同碰撞力的作用方向就有不同的分散、分解结果。如图6.2.1所示,相同的力并且作用方向虽然相同,但由碰撞力所导致的结果却存在着很大的不同。显然图6.2.1(a)的对壁损伤往往比图6.2.1(b)对柱损伤程度轻些,这是由于碰撞力分散、分解效果不同的缘故。

关于碰撞力的大小对车身变形的影响,则是显而易见的。

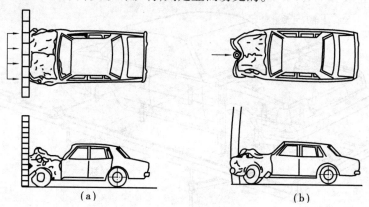

图6.2.1 损伤分析

(a)对壁碰撞;(b)对柱碰撞

综上所述,车身诊断过程中一定要根据车身的受力情况,分清力的作用点、力的方向和力的大小三个基本要素,并从中找出变形的诸因素。另外,在诊断过程中对车身碰撞力的三要素分析,还有助于诊断某些隐含损伤。因为碰撞力在传递过程中,极易使其间的薄弱环节形成一定的损伤。

6.2.2 损伤的形式

汽车车身的碰撞是物体间的相互机械作用,这种作用的结果使运动状态发生改变,甚至使车身发生变形和破坏,也即通常所说的机械损伤。

1. 损伤的性质

车身损伤的形态是多种多样的,究其原因、性质可以分为:直接损伤、波及损伤、诱发性损伤和惯性损伤。

直接损伤是指车身与其他物体直接碰撞而导致的损坏。其特征是,车身以外的物体直接触及车身,并于着力点上形成以擦伤、撞痕、撕裂为主要形态的损坏。

波及损伤是指冲击力作用于车身上并分解后,其分力在通过车身构件过程中所形成的损伤。根据力的可传性,碰撞力在分解、传播、转移的过程中,比较容易通过强度或刚度高的构件;但对于强度、刚度相对较弱的构件,就容易形成不同程度的损伤。其特征是,于某些薄弱环节上形成以弯曲、扭曲、剪切、折叠为主要形态的损坏(图6.2.2)。

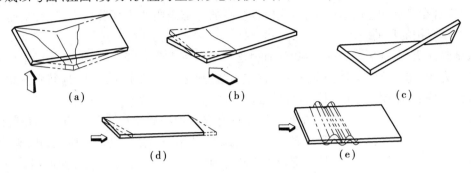

图6.2.2 波及损伤的几种形式
(a)、(b)弯曲;(c)扭曲;(d)剪切;(e)折叠

诱发性损伤是指一个或一部分车身构件发生了损坏或变形以后,同时引起与其相邻或装配在一起的其他构件变形。与波及损伤的不同点在于,它在受碰撞过程中并不承载或很少承载,而主要是关联件的压迫、拉伸导致的诱发性损坏。其特征也以弯曲、折断、扭曲等为主。

惯性损伤是指汽车运动状态发生急剧变化,由强大惯性力作用下而导致的损伤。汽车碰撞或紧急制动时,装配于车身上的发动机、底盘各总成和载运的人员或货物等,都会不同程度地产生一定的惯性力,而且这一惯

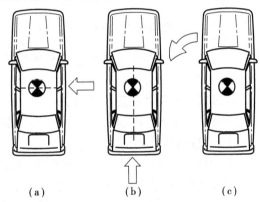

图6.2.3 碰撞时作用力方向的分类
(a)侧面向心方式;(b)向心追尾方式;(c)侧向偏心式

性力有时还是非常剧烈和强大的。于是,与车身装配的结合部就有可能因过载而损坏,被抛起的人或货物与车身撞击而造成另一种形式的损坏。惯性损伤的主要特征是,撞伤、拉断或撕裂、局部弯曲变形等。

2. 方向性分析

碰撞时作用力的方向与汽车重心的相对位置,对车身的整体变形也会产生不同的影响。其中,作用力的方向与汽车重心位置重合的,称为向心式碰撞;作用力的方向与汽车重心位置不重合的,称为偏心式碰撞。如图6.2.3所示的几种类型。

显然,正面向心式碰撞的危害是最严重的;而来自后方的向心式追尾碰撞,其危害则相对要小得多。对此,来自于车身侧面的向心式碰撞,其冲击力恰恰指向汽车重心,侧向冲击力与重心位置重合的结果是,使碰撞过程中汽车的横移受到了限制(即不易发生整体横向滑移),力的作用时间也因此表现为瞬时性的。所以,在其他条件相同的情况下,其损伤程度往往较为严重。

如果来自车身侧面的碰撞力偏离汽车重心,则会使车身整体以重心为轴产生回转现象。而这种扭转的关键,是延长了碰撞力的作用时间,冲击能量也因此被相应地减弱了。即偏转使

车身产生了避让效应,有助于减轻碰撞对车身的伤害程度。

3. 结构性损伤

车身设计上安全性对策之一,是保证承受正常载荷的前提下发生碰撞时,能为乘客提供安全的生存空间。其中比较典型的是轿车的前、后车身,其缓冲结构所具备的衰减冲击能量的功能,可使车身在严重的碰撞事故中,首先以其自身的变形来吸收大部分撞击能量,从而达到了对乘客安全保护的目的。

有试验证明,车身压缩30% ~40%,而乘客室仅收缩1% ~2%。然而,这是以车身部分构件的变形为代价的,故将这种类型的变形称之为结构性损伤。诊断过程中,应特别注意这种变形的规律与特征,以便慎重地制订合理的维修方案。

车身构件上的许多部位,就是根据上述原理有选择地布置了应力集中点。如在前段纵梁和翼子板支承上预制的结构突变和缺口,目的就在于利用应力集中和前面所进到的避让效应,来有效地吸收冲击能量而减少其他部位的损失。通常,人们还把这些应力变形结构称为"卷褶区",并称这种类型的构件为卷褶型支承件。汽车车身中,经常会遇到这种性质的变形。对此,在修复过程中只允许矫正而不得进行加固。

6.2.3 变形的倾向性分析

汽车发生碰撞会给车身带来不同程度的损伤,而且变形将以各种不同类型的形式出现。对于直接损伤的诊断较容易,但对于波及损伤、诱发性损伤等诊断直观性较差。

1. 刚架式车身构件的变形倾向性

由汽车构造可知,车身是许多构件组焊或装配而成的。其中刚架式构件,以其独特的优点在车身上一直占据着统治地位。

一个构件是由若干个零件组成并连接(如:焊接、铆接、用紧固件装配等)在一起的,这里称零件的连接点为"节点"。对于一个封闭式构件,如果其连接处的节点起着铰链作用,则称这种类型的构件为"桁架式";如果其连接处的节点刚性连接,即形成构件后的零件间夹角是固定的,则被称之为"刚架式"的构件。

如图6.2.4说明桁架与刚架构件的区别和特点。

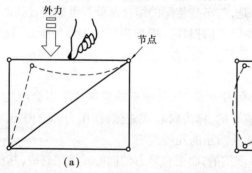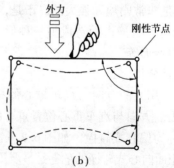

图6.2.4 桁架与刚架的受力与变形
(a)桁架;(b)刚架

事实上,桁架式构件的每个节点都是整个构件中的节点。因此当构件的一边受到外力作用时,只有受载的那个零件变形,而其他关联零件只会发生位移;于对角线上增加斜支撑,才能使桁架式构件获得相对的稳定性(图6.2.4(a)),这种桁架式结构非常不适宜在车身上应用。刚性构件的节点则属于"刚性关节",当构件的一边受到外力作用时,构件上每个零件都承载、变形,这也意味着构件整体参与了对变形的抵抗(图6.2.4(b))。

由此可见,如果有相同的载荷作用于两种不同形式的构件上时,桁架式就显得不够稳定了,承载能力也因其"势单力薄"变得较差;刚性式具有整体抵抗变形的能力,受载时能进行力的转换并向其他零件扩散,使构件的变形减轻且承载能力提高。

2. 承载式车身的变形倾向性

由于承载式车身没有车架,壳体主要是用薄板类构件组焊或装配起来的,如图6.2.5所示的前车身、中间车身和后车身三大部分及其他相关构件组成。当发生碰撞事故时,对整体变形的影响一般都比较大。碰撞冲击波作用于车身的各个构件上,使冲击能量不断地被吸收、衰减,最终以不同的变形体现出来。

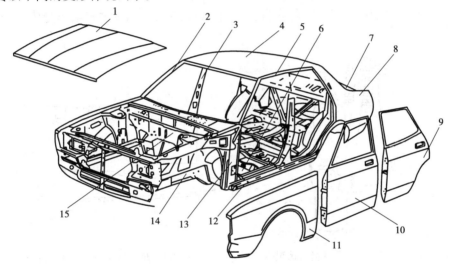

图6.2.5 轿车车身壳体

1—发动机罩;2—前窗柱;3—中柱;4—顶盖;5—车顶边梁;6—车底;7—行李箱;8—后翼子板;
9—后门;10—前门;11—前翼子板;12—门槛;13—前柱;14—前悬架支撑板;15—中间隔板

(1)前车身的变形倾向

前车身主要由翼子板、前段纵梁、前围板及发动机罩等构件组成(图6.2.6)。大多数轿车的前部,除装有前悬架及转向装置等总成外,发动机前置时总成也装在前车身上。除此之外,当汽车受到下身冲击时,也靠前车身来有效地吸收冲击能量。

前车身的构造依发动机、前悬架和驱动形式等布置不同而存在一定的差别。如发动机前置后驱动(FR)车与发动机后置后驱动(RR)车,在结构上就存在着很大的区别。而发动机前置前驱动(FF)车的前车身,又比前两者的结构更复杂些。但对于发动机后置后驱动(RR)车而言,由于前车身没有发动机室而只有行李箱,结构自然会简化许多。轿车大多采用前独立悬架方式,使前车身不仅受力复杂,而且对汽车行驶稳定性也起着重要的保证作用。图6.2.7为前车身与前悬架间的装配及受力关系分析图。

从图6.2.7可以看出车轮除承载外,启动、制动、加速和行驶过程中,还要承受前后两个方向的附加载荷。而当转弯时车轮还会受到横向力的作用。这些力从不同角度通过前悬架摆

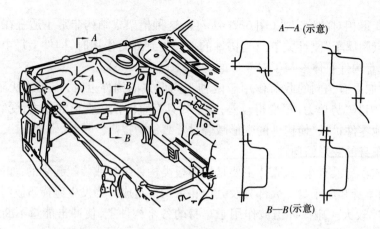

图6.2.6 轿车前车身

叉、纵向拉杆、减振器、悬架弹簧等,将来自各方面的冲击和振动载荷通过前车身传递、分解。

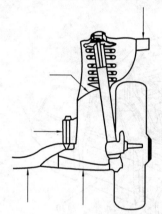

图6.2.7 悬架与车身的装配及受力情况   图6.2.8 前段纵梁截面的变化情况

通过图中的受力分析表明:独立悬架系统中车轮传递了三个方向的力并作用于前车身。但是,由此形成的载荷并未集中在一点上,而是分散到三处分别作用于前车身的三个支点上,以实现力的分散与平衡。这样不仅可以防止载荷过于集中,达到简化结构、减轻质量的目的,而且还能有效地吸收来自车轮对车身的冲击能量。

为满足承载和对前悬架、转向系统等支撑的受力要求并使载荷分布均匀,前段纵梁前细后粗形成不等的截面。为了提高汽车受冲撞时对冲击能量的吸收效率,纵梁的截面变化也较为明显,使之适应不同断面上的载荷变化(图6.2.8)。尤其是当汽车受到冲击时,令A,B处的断面变形具有优先权。由此形成对室内乘客的安全保护。

由于大多数轿车的前车身还兼作发动机室,故纵梁还钻有许多不同直径的小孔,用于装配发动机总成及其他汽车附件等。前车身上部的发动机罩,用于发动机室封闭并起对风的导流作用。要求发动机罩既轻薄又有足够的刚度,同时还要具备隔音、减振和避免与发动机运转声共鸣的功能。

发动机罩多用高强度钢板冲压成的网状骨架和蒙皮组焊而成。多数轿车还在夹层之间使用了耐热点焊胶,使之确保刚度并在其间形成良好的消音夹胶层。车身维修中应有针对性实施解体方案,也不要轻易采用火焰法修理,以免破坏夹胶的减振与隔音作用。不得已而将胶粘层破坏后,应使用环氧树脂液体聚硫橡胶先灌注再点焊。

　　前车身的另一个重要构件是发动机罩支撑架和中隔板(图6.2.9)。它位于乘客室前部,与前围板连接形成发动机室与乘客室的屏蔽。两端与壳体前立柱和前段纵梁组焊成一体,使整体刚性更好。发动机罩是通过支撑铰链与其装配在一起的。

　　由于前车身的后部构造还起着横向加固壳体的作用,除选材上需要考虑外,一般还采用如图6.2.9(b)所示的双重式结构。其中靠发动机室一侧主要起辅助加强作用,靠乘客室一侧则用高强度钢板冲压成型,并在两侧涂有沥青、毛毡、胶棉等绝缘材料,以求室内振动小、噪声低、热影响小。

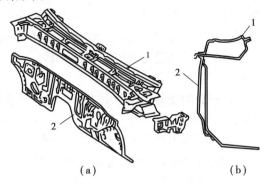

(a)　　　　　　　　　　　　(b)

图6.2.9　发动机罩支承架与中隔板
(a)结构图;(b)结构示意图
1—支撑架;2—中隔板

　　较为轻度的正面碰撞,一般会使车前的保险杠及其支架受到直接损伤,并首先波及散热器边框、翼子板、发动机罩锁支架等;由此还会诱发前轮定位失准等。较大一点的碰撞力,会使直接损伤的范围进一步扩大,翼子板与车门挤到一块使车门启闭困难;发动机罩的铰链翘起并触及前围板;前段纵梁发生弯曲并引起前梁的变形,使前轮定位严重失准。更严重的碰撞则会使保险杠、翼子板、散热器、纵梁等严重损坏,冲击力波及的结果使窗柱、车门前柱弯曲,前横梁、发动机支架等错位,并诱发车门下垂、车身底板和前围板拱曲等。

　　(2)后车身的变形倾向

　　轿车后车身是指乘客室后侧用于放置行李、物品的部分(图6.2.10)。三厢式车有与乘客室分开的行李箱(图6.2.10(a)),而两厢式车的行李箱则与乘客室合为一体成为相通的(图6.2.10(b))。无论属于哪一种形式,后车身都装有开口较大的行李箱盖,这是后车身的薄弱环节。构造上的对策措施是,将开口周围框架制成刚性封闭式断面。

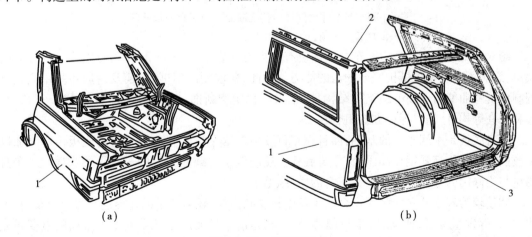

(a)　　　　　　　　　　　　　　　　(b)

图6.2.10　轿车后车身
(a)三厢式轿车后车身;(b)两厢式轿车后车身
1—后翼子板;2—窗柱;3—后门槛

后车身的主要载荷来自于汽车后悬架,尤其是对于后轮驱动的车辆,驱动力通过车桥、悬架直接作用于后车身上。为确保后车身的强度,车身纵梁由中间车身径直向后延伸,大致到后桥部位再形成弯曲。这样,既保证了后车身的刚度,又不至于使后桥与车身发生干涉。而且,当车身后部受到追尾碰撞时,还能瞬时吸收部分冲击能量,以其变形来实现对乘客室的有效保护。

后车身的变形主要是由于倒车或追尾事故造成的,其变形规律和损伤倾向与前车身大致相同。

追尾碰撞不仅会使后保险杠、行李箱等发生严重损坏,也会使拱形梁弯曲、后悬架失准。当然,更大的冲击力及其波及作用,同样也会导致车身壁板、底板、后围板乃至车顶、窗柱、门柱等变形。需要在诊断过程中对损伤的性质、严重程度等认真加以鉴别。

(3)车身侧向碰撞的变形倾向

车身侧向碰撞多作用于中间车身上,即使是前或后车身受到侧向冲击时,也会使中间车身受到折叠损伤。此外,车身下部的冲击与振动也通过车身底板向上部扩散,车辆发生碰撞事故时也需要由中间车身来抵抗变形。中间车身的构造如图6.2.11所示。

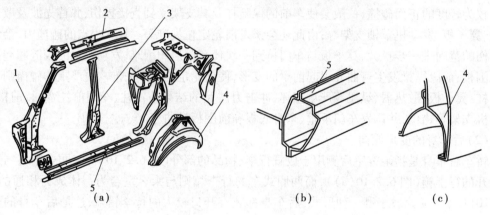

图 6.2.11 中间车身构造

(a)中间车身侧体构件;(b)门槛断面;(c)后翼子板断面

1—前柱;2—车顶边梁;3—中柱;4—后挡泥板;5—门槛

图6.2.11可以看出:中间车身侧体设有为方便乘客上下的车门,使车身侧面形成较大的缺口,影响了车身整体抵抗侧向冲击的能力。为此,要求侧体门框、门槛及沿周边采用高强度钢制成抗弯曲能力较高的边梁等结构件,也采用封闭型断面结构(图6.2.11(b))。车顶、车底和立柱等构件,均以焊接方式组合在一起。

车身底板是中间车身的基础,而且汽车行驶中加给车身的载荷都可通过底板传递并加以扩散。除选用高强钢板冲压外,车身底板上还配置了抗载能力强的车身纵梁和横梁。车身测量与维修用的基准孔也反映在车身的横、纵梁上。

即使较为轻度的侧向碰撞也会使车身壁板受到损伤,较为严重的碰撞还有可能使车门、中柱、车顶等发生变形,使前、后车身偏移等,尤其是前车身或后车身受到垂直方向的重度碰撞时,所产生的冲击波还会转移到车身的另一侧。而且,如果前车身的中部受到冲击时,将使车轮推向内侧并诱发悬架横移,轮距、轴距、前轮定位参数等也随之改变,造成的危害会更大。侧向碰撞有时还会影响到发动机、转向系部件的正确装配。

中间车身部分发生的碰撞,其冲击力的转移也会殃及车顶,路径主要是中柱和前后窗柱。然而,对车顶伤害最大的还是倾翻或落体的砸击。这种冲击不仅使顶盖、顶梁和边梁弯曲,而且还会使前后窗柱、中柱变形。

6.3　汽车车身整体变形的矫正

矫正作业必须以测量和诊断为基础,才能在修复过程中体现"有的放矢";矫正作业所遵循的基本原则是,利用力的合成、分解、位移的原理,向与变形相反的方向牵引受到碰撞的车身构件,并根据金属材料的弹性适度"矫枉过正"。

6.3.1　车身的固定与矫正方式

矫正将使车身构件承受很大的牵引力或压缩力,因此对车身可靠地进行固定就成了矫正变形的前提条件,否则不可能使修理、矫正到位,同时还给测量工作带来许多困难和麻烦。

首先是对车身固定位置的选择,应在满足矫正作用力方向上,选择车身上强度较高的封闭式或半封闭式构件,作为优选固定点装配夹具,如:底板梁、车架、门槛、侧梁等。这样,不仅使固定有效、可靠,而且还能避免因矫正所引起的固定点构件的二次损伤。

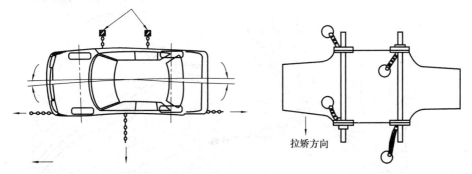

图 6.3.1　在对称和辅助方向上加以固定　　　　图 6.3.2　实行多点固定

另外,仅在一处固定车身容易造成构件的局部损伤。为此,根据力的合成与分解法则,增加固定点可使车身实现多方位固定,可有效地分解车身固定力和避免受力过于集中。并且多点固定,也有利于分解车身固定力,避免受力过于集中。有利于作业过程中实现任意方向的矫正。同时在几个不同的方向进行矫正操作,可以收到事半功倍的效果。如图 6.3.1 所示,为了实现对车身内侧变形的矫正,在前、后及另一侧三个方向、四个部位进行可靠地固定,就可以将这类"香蕉形损伤"矫正过来。对于承载式车身发生的某些损伤,当牵引拉钩的安装方式受到限制时,可以采用如图 6.3.2 所示的方法进行多点固定。

1. 插桩方式的固定与矫正

传统的车身维修作业中,是以大树等结实物体来固定车身的。在以往的一些教科书中,推荐的也是这类固定方法。然而,在汽车保有量和车身维修作业量猛增的今天,人们的环保意识不断提高,利用大树将会破坏生态环境。

插桩方式实际上也是由传统方法演变而来的。如图 6.3.3 所示,将牵引用拉链的一端通过夹具或其他连接装置与车身固定,另一端则插入(或预先埋入)地面的插桩连接。为了便于调整拉链的松紧度,其间还装有图6.3.3中所示的紧链器。

用拉链与车身固定时,应根据车身的实际损伤状况和所发生的部位来确定牵引方案。其中,需要纵向牵引车身时,可通过夹具与车身前后部的纵梁或车架固定;需要横向牵引车身时,客车、货车可直从侧面固定底梁或车架;轿车可通过专用夹具固定门槛的下边缘,但要注意卡钳的正确安装(图6.3.4);强度不足时也可在门槛板或纵梁中部,焊接如图6.3.5所示的附加固定拉铁,以解决装卡不便的困难或损伤原车身构件。

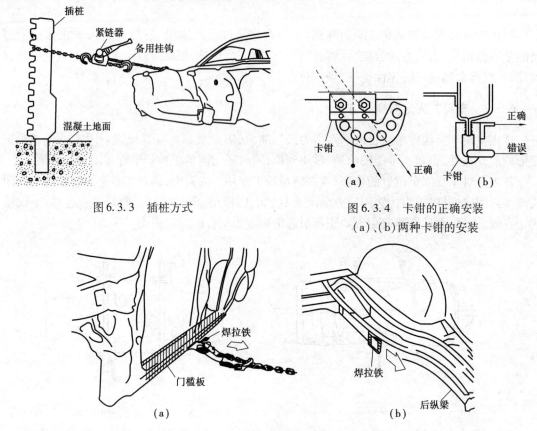

图6.3.3 插桩方式

图6.3.4 卡钳的正确安装
(a)、(b)两种卡钳的安装

图6.3.5 加焊固定拉铁
(a)门槛;(b)后纵梁

插桩方式一方面用于固定车身,另一方面还要承担对变形构件的牵引。但无论是牵引还是对车身的固定,都需要视情况选择不同的位置和方向。为此,只好将插桩沿车身矫正场地的四周布置,以供不同方向固定车身或牵引变形时选择。当固定或牵引的水平高度需要调整时,则可通过上、下移动拉链的位置来实现。

这种固定车身的方式,只能解决整体水平移动问题,而且仅适合矫正车架以上部分水平方向上变形的固定,对于垂直方向或其他方向变形的矫正,就难以选择固定点并实现可靠地固定,其应用范围因此受到诸多方面因素的制约。

2. 地锚方式的固定与矫正

对车身的固定总是要考虑选择最牢靠的构件,这是为防止因矫正而造成二次损伤。承载式车身的底板纵梁和非承载式车身的车架,是车身的重要基础构件,一般都符合固定的优选条件。采用如图6.3.6所示的地锚方式,有利于在车身底部实施固定,而且对方向性的选择余地

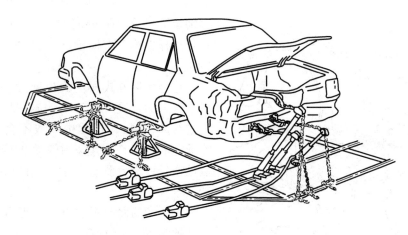

图 6.3.6　用地锚方式

大,定位的可靠性也好。

　　地锚与地面的固定方式有两种:一种是与地面位置相对固定的埋入式地锚,另一种是能与地面位置相对移动的滑动式地锚。前者施工简便、易行,但灵活性较差;后者虽然施工复杂些,但车身固定点的可选范围较大,使用起来比较得心应手。

　　地锚拉链与车身的固定方法,比起插桩方式来就显得灵活得多。其中,需要对车身进行水平方向的牵引时,仍可采用如前所示的那几种牵引与连接方案。而对于垂直方向上的牵引与矫正,也可以借助液压千斤顶轻而易举地实现。

　　此外,以地锚方式固定车身,不仅可以满足水平方向上矫正的需要,对于垂直方向上的矫正也能实现可靠地固定,但要求车身摆放位置需要与地锚挂具的分布大致对应。尤其是埋入式地锚,由于挂环的位置不可调整,更需要预先计划好车身的摆放位置。

3. 台架方式

　　以台架方式固定车身,是迄今为止最优秀也是最流行的方案。由于车身是通过夹紧支撑装置与台架呈多点刚性连接,故具有固定可靠、支撑的稳定性好等优点。尤其是当对变形同时进行任意方向的矫正作业时,可以有效地使变形及其关联损伤一并得到矫正,这就更加显示出其无可比拟的优越性。

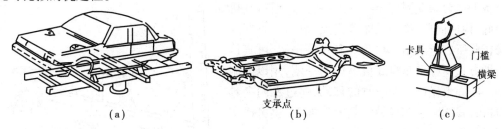

　　　　　　(a)　　　　　　　　　　　(b)　　　　　　　　　　(c)

图 6.3.7　台架方式

(a)整车放置;(b)支撑点;(c)卡装

　　典型的连接与使用方式如图 6.3.7 所示。夹具的下部与台架横梁固定,上端则通过夹板、螺栓与车身门槛下边缘牢固地连接在一起。为了适应不同的车身宽度,一般固定架还可以沿车身的宽度方向水平滑动。如果车身的宽度与台架的差距较大,也可以借助贯通的中间轴和拉臂将车身固定在台架上。这种台架方式可以实现多方位的牵引与矫正。如图 6.3.8 所示,

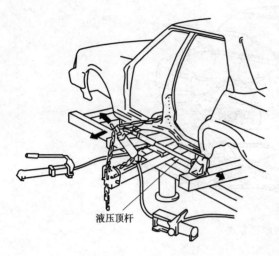

液压顶杆

图 6.3.8　用台架矫正车身变形

借助拉链与千斤顶可将门柱牵引复位。同时用液压顶杆支撑台架横梁,门槛的弯曲也很容易矫正。

这种台架方式固定的车身,为测量工作提供了很大的方便。矫正与定位都是在同一台架上进行的,故操作过程中一般不会发生位移。作业前的检测、矫正过程中参数的校核、竣工验收的质量评价等测量工作,都可以在台式固定架上依次完成。

可移动的回转牵引桩式整形台,能够更加灵活地运用于车身和车架的矫正与修理(图6.3.9)。这种整形台可整体移动,牵引桩也可方便地变换牵引方向,可实现车身高度方向上的测量。

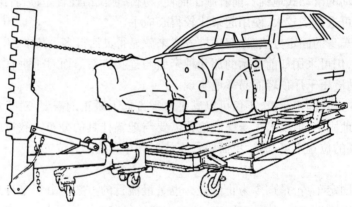

图 6.3.9　回转牵引桩式整形台

还有一种移动式车身矫正架(图6.3.10),虽不具备上述台架式固定车身的那些特点,但以其机动性好、构造简单、价格低廉等优点,也为汽车车身维修行业所广泛采用。移动式车身矫正架,可直接以刚性方式支撑于车身底板纵梁的一侧,用以限制在同一断面上做侧向牵引时的移动;通过专门夹具以拉链方式固定于车身另一侧的门槛上,也可以实现车身的侧向固定和牵引;纵向牵引时的车身固定方案,则可参照如图6.3.11所示的方法进行。

如果需要安装卡钳用于牵引矫正时,可以参照如图6.3.12所示的方案对变形部位进行固定。

图 6.3.10　移动式牵引架

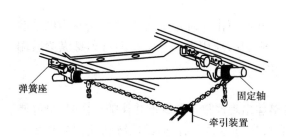

弹簧座 固定轴 牵引装置

图 6.3.11 纵向牵引时的固定方案

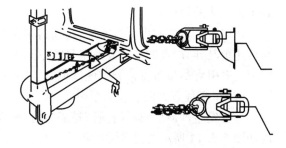

图 6.3.12 正确使用卡钳夹紧和牵引

6.3.2 车身变形的矫正

对于现代汽车车身来说,精确的整体定位参数和消除构件的内应力,对使用性和安全性有着深刻的意义。但手工操作或传统的作业方法,难以保证矫正的精度和质量。这里在介绍对车身变形的矫正时,以专用机械和设备的应用方法为主。

车身变形虽然很复杂,却可以从上述分析中得出这样的结论:正确的矫正方法在于选择合理的牵引方向,并准确控制矫正力的大小。

(1)水平方向上的牵引

当车身受到较严重的正面碰撞、追尾碰撞或侧向冲击时,都需要从水平方向上对变形构件进行牵引。

图 6.3.13 为轿车前车身正面碰撞损伤的实例。矫正前应先测量变形状况,并将一些关键参数记录下来,如对角线 A、B 和左右的垂直弯曲等。如图 6.3.13(a)所示的情形时,可斜向牵引变形最大的左梁端部,左端的变形和右梁的弯曲自然会同时得以矫正。所设定的牵引方向适当向外倾斜一定的角度;如果纵梁变形向外倾,应将牵引方向适当向外倾斜一定的角度;如果变形是向内倾的,只需向前牵引即可,待弯曲的构件展开后再确定是否需要调整牵引方向(图 6.3.13(b))。

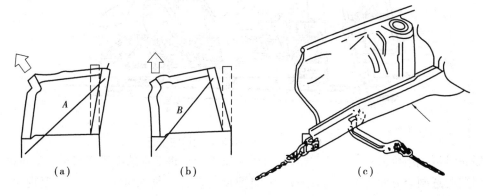

图 6.3.13 水平方向上的牵引
(a)斜向牵引;(b)下身牵引;(c)水平方向牵引时可视情况附加横向矫正力

牵引过程中应不断测量那些关键参数。循序渐进地施加牵引力,不要急于求成以免造成二次损伤。如:弯曲较为严重的纵梁,纵向牵引不能使其完全复位时,还要于侧面附加水平方向上的牵引力(图 6.3.13(c)),通过更大的附加矫正力的作用,来实现单方面强行牵引难以达到矫正弯曲的目标。

追尾碰撞造成的后车身变形,比起前车身来也并不简化。因为,后车身受冲击时力的分散与传递更歧异,严重的还会波及车身的中间支柱。牵引时应用夹具等将拉链与车身纵梁后端固定。牵引点尽量布置得分散些以免发生局部变形。

(2)车身任意方向折叠的牵引

车身发生冲撞事故后的损伤是复杂的,车身整体出现严重折叠变形并伴随损伤时,最好使用如图6.3.14所示的台式矫正系统,利用车身底梁做整体固定后,借助拉链和挂钩分步骤牵引、矫正。牵引和矫正时应从强度较大构件开始,并首先修复对车身控制点影响较大的部位。

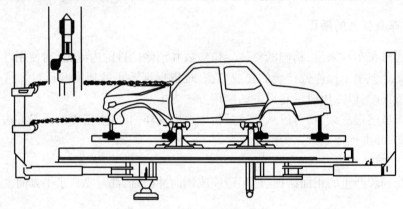

图6.3.14 车身折叠的矫正

图6.3.15和图6.3.16也是矫正车身多处折叠变形并伴随下垂损伤时的修复方案。

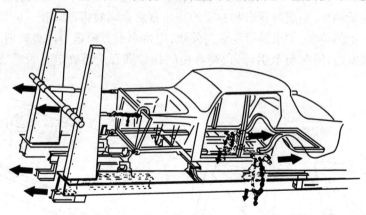

图6.3.15 车身多处折叠变形的矫正

矫正时可先用拉链将变形部位拉紧,再用液压千斤顶将下垂的纵梁适当顶起至正确高度。操作时要注意两个方向的牵引同时进行,并且要反复矫正反复测量避免发生过度现象。并在受力部位垫以木块或金属衬垫(图6.3.17)。

当中间车身受到冲撞损伤时,可采用如图6.3.18所示的牵引方案予以矫正。矫正时应注意选择合适的挂钩,因为中央门柱为封闭式断面并且强度有限,矫正过度或因矫正造成变形损伤都会十分棘手。

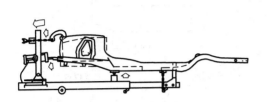
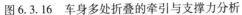

图 6.3.16　车身多处折叠的牵引与支撑力分析

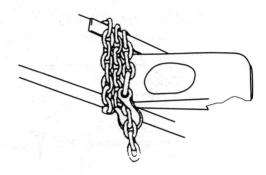

图 6.3.17　加衬垫予以保护

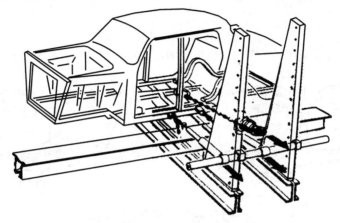

图 6.3.18　侧向冲击损伤的矫正

（3）车架变形的矫正

对车架变形的矫正方案有就车法矫正和解体法矫正两种。前者的车架与车身及底盘的大部分总成,仍然处于原有状态;后者则将车架从车上拆下,矫正作业在工作台上单独进行。

就车矫正车架的变形,完全可以参照如前所述的垂直方向和水平方向的牵引方法。但要注意几个方面的问题:

1)矫正变形前后应将与车架装配在一起的有关总成连接螺栓松开,以免矫正过程中形成的相互位移将其损坏;

2)由于车架强度较高,固定点、牵引点以及支撑点的布置应尽量合理,以防止构件受力的应力过于集中;

3)对不适宜就车矫正的变形,应及时改变修复工艺,不要强行牵引以免造成不可收拾的被动局面;

4)矫正竣工后,还应检查车架各部的铆钉有无松动,发现时应予以拆除并更换。

车架的变形主要有弯曲和扭曲。其中,弯曲分为垂直方向和水平方向两种,扭曲则分为扭转和对角扭曲(菱形)。对于垂直方向上的弯曲变形,可参照如图 6.3.19(a)所示的方案予以矫正;对于水平方向上的弯曲变形,可参照如图 6.3.19(c)所示的方案予以矫正;对车架的扭曲变形,则可参照如图 6.3.19(b)所示的方案予以矫正。无论哪一种矫正方式,都要使力的作用点避开车架翼面的边缘或腹板的中部。对支撑点的选择也应兼顾支撑力与矫正力的合理分布。如图 6.3.19(a)所示,若使支撑点远离弯曲变形的部位,矫正时则非但达不到修复的目

115

的,而且势必使车架发生二次损伤。

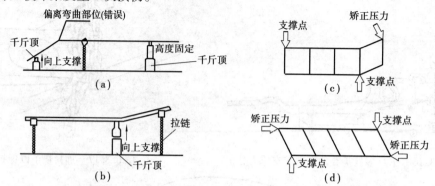

图 6.3.19　车架弯曲变形的矫正
(a)垂直向下弯曲;(b)垂直向上的弯曲;(c)水平弯曲;(d)菱形变形

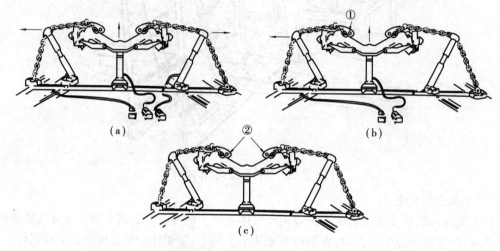

图 6.3.20　矫正车架横梁的弯曲
(a)链钩挂住横梁的两边;(b)链钩挂住一边,另一边采用刚性支撑;
(c)不断测量控制点的尺寸(注:①接能点垫片;②测量规的测量点)

　　车架的变形不仅集中体现在纵梁上,横梁的弯曲变形也是常见的。如图 6.3.20 所示的变形,可以使用三个液压千斤顶和两条锁链,按如图 6.3.20(a)所示的方法将链钩挂在两边使横梁固定,然后按箭头所示的方向逐渐增加矫正力。如图 6.3.20(b)所示,将链钩挂在弯曲横梁的一侧,而另一侧的链条处则采用刚性支撑。矫正过程中应注意观察横梁的变形情况,并且使用专用量具不断测量控制点尺寸参数的变化(图 6.3.20(c))。

　　将车架拆下解体后矫正尽管能够满足质量需要,但拆装作业量大,只有在就车法修理难以完成时方可采用。

6.4　汽车车身构件的更换

　　车身维修中更换构件的作业,不仅需要满足构件之间的装配关系及其相互吻合,作业方法和要求与传统方式也有一定区别。

6.4.1 车身构件的拆解

拆解已经确定更换的车身构件,同样也是一项不容忽视的作业。应用合理的拆解方法,按操作要领拆解,以达到关联构件变形最小和易于装配调校的目的。

拆解作业应在关联件变形得到基本矫正后进行。否则,将使新件丧失装配基准,从而给车身构件的定位带来困难。

1. 拆解部位的选择

由于车身构件的连接与装配方法是多种多样的,拆解时应选择好合适的部位。对于螺栓连接或铆接的构件,可能不会存在这类选位的问题。因为,以这种方式装配起来的车身,构件之间的划分都比较明确,一般按组合单元去除紧固件的连接即可拆解。但是,对于以组焊形式装配起来的车身,构件之间就没有明显的界线特征。而且,连接形式的多样化,也必然会给构件的拆解造成一定的困难。

无论是对接还是搭接方式的组焊,都需要以一定手段去除焊点或焊缝;必要时还须以切割方式将构件割断,车身维修中将其称为切换作业。

构件的切换在车身维修作业中比较实用,但对切割部位、切口走向、切换范围等都有一定要求,应视车身构件的结构强度、组焊方式、断面形状等因素而定。如果切口的位置选择不当,不仅会影响到切换作业的效率和质量,而且对车身构件的强度也将产生不良的影响。

为此,在进行车身构件的切换作业时,一定要按汽车维修手册中规定的方案选定切割位置;或在弄清具体构造的基础上,按以下原则选位:

1)避重就轻。就是要求切口位置一定要避开构件的强度支撑点,而选择那些不起重要支撑作业的位置切割。同一构件上强度大小的区别在于,是否加强板等结构在起辅助增强作用。

2)易于修整。构件割换后还需要对接口、焊缝等进行修整,如果按修整工作量大的大小选择切口,就可以简化构件更换后的作业。

3)便于施工。选位应兼顾到切换作业的难易程度。

4)无应力集中。应力集中会使构件发生意想不到的损坏,切口的选位应避开车身构件的应力集中区。否则,将影响构件的连接强度并诱发应力集中现象。

2. 车身构件的拆解方法

尽管车身构件的拆解方法因车型、部位和焊接形式而异,但只要掌握车身的构造并掌握拆解的一般损伤要领,就会从中找出规律性。

(1)车身构件的割断

以组焊方式连接的车身构件,即使已经去除了焊点或焊缝,有时也不能将构件作为一个整体拆下。如果用"粗割法"沿接缝把构件割断,就可以很容易地将形状复杂的构件拿下,方便清除焊点或焊缝。

粗割作业所使用的工具应与切割部位相适应。用风动锯切割可以获得整齐的切痕,适于断面尺寸不大的中板类构件,如:窗柱、门柱、门槛板等(图6.4.1);用风动錾配切割錾刀的割断效率高,适用于切割薄板类构件,如:车身壁板、底板、翼子板等(图6.4.2);氧—乙炔割具虽然具有切割能力强、切断效率高的优点,但热影响较大且殃及面广,适用于对较厚钢板制成件的割断,如:底板横纵梁、车架、骨架等。

(2)构件焊点的拆解

117

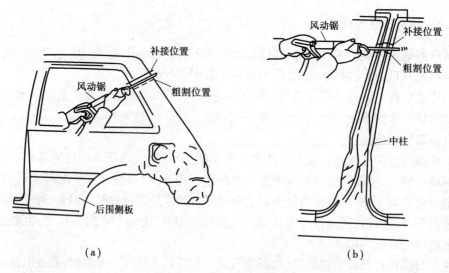

图 6.4.1　用风动锯粗切割
(a)切割后围侧面板；(b)切割中间门柱

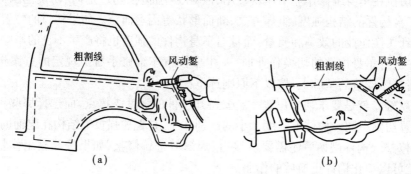

图 6.4.2　用风动錾粗切割
(a)后围侧面板的錾割；(b)车身底板的錾割

对于组焊而成的车身构件的拆解，其关键作业是剥离焊点或焊缝。剥离方法则主要取决于焊接方式及其于车身构件上的分布状况等，如：是焊点还是焊缝、在边缘还是在中间、朝上面还是向下面等。但都以切割、钻削、磨削等方式为主，只不过是具体操作方法不同。

万能夹钳改装成的专用风钻，可便利地切除塞焊或点焊的焊点(图 6.4.3(a))。夹钳能自锁在焊点拆解部位并形成一定的预紧力，使钻削焊点时刀具不会发生跑偏现象(图 6.4.3(b))。

车身构件如果是以点焊方式连接的，由于腻子和涂料的覆盖作用，使焊点的准确位置不易辨认，剥离焊点的作业也无从下手。对此，可用焊枪沿接缝的边缘加热，待表层涂料被火焰烧焦时，用钢丝刷或气动钢丝磨轮将涂层去掉。加热过程中应严格控制温度，以避免热影响对金属材料及周边构件的损坏；如果仍然找不到焊点时，可按如图 6.4.3(c)所示的方法，将扁錾沿构件的接缝处冲入，隐含的焊点即可显现出来。

点焊或塞焊的焊点剥离后，可配合使用手锤及滑锤构件拆下(图 6.4.3(d))。

3. 构件拆解后的处理

车身构件拆除后，还要对接口部位进行认真的处理，才能装配新换的车身构件。这些作业

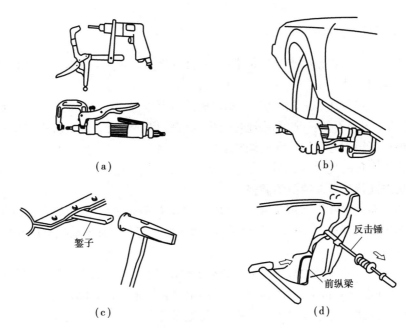

图6.4.3　焊点的剥离与焊件的拆解

(a)将万能夹钳改装在风动钻上;(b)钻切应用实例;

(c)用錾子剥离;(d)用双锤配合解板

内容包括:端口的修整、位置度的矫正和防锈密封处理。

(1)端口的修整

拟更换的车身构件拆除后,车身一侧的构件端口,必然会留下切割、钻削、磨削的痕迹,以及撬动接缝造成的局部变形等。端口修整作业就是为消除这些缺陷而进行的,以使车身一侧的构件达到清、齐、平的良好程度。车身构件端口应无弯曲、翘曲、波折等变形现象,有碍于新件的安装、定位和焊接,严重时还会导致新换构件也随之变形的后果。使用钣金锤、垫铁等工具,由内向外、由大到小地将其敲平(如图6.4.4所示),使之恢复到原来的正常形状。

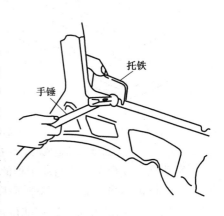

图6.4.4　局部调平作业

(2)位置度的矫正

车身一侧变形的矫正,对新件定位及最后的调整,将产生关键性影响。而且这一矫正作业也必须在新件的装配与焊接前进行。

由于车身上的切换部位,往往并无明确的定位标准可循,可采取对比法测取有关的位置参数。通过与相同车身或同一车身上与之对称的部位进行对比,来确定切换部位上有关坐标点的位置。先测量切口各点沿纵向(行驶方向)至某一基准点距离,然后分别以这一长度值为准,在与之对比的车身上测得各点的空间位置,即垂直方向、水平方向以及任意方向上与车身某一基准点的相对位置(尺寸)。

6.4.2　新构件的更换

更换新车身构件的损伤要点是定位准确,新件的准备与定位是更换作业中的关键一环,也是一项不容忽视的作业。

无论是参数法定位还是适配法定位,要在更换后再进行一次最后的调整。一些安装问题、修理缺陷、运动干涉等不良状况,都将通过合理的调整得到解决。这里所指的调整,包括对车门、发动机罩、行李箱盖等装配位置的调整。

换件后容易出现的变形及其调整方法如下:

1. 发动机罩或行李箱盖缝隙的调整

新换装的发动机罩或行李箱盖,容易出现如图 6.4.5(a)所示的边缘弯曲现象。对此,仅仅通过对铰链等简单调整,并不能将构件的变形消除,而需要调整发动机机罩或行李箱盖的边缘曲线。

参照如图 6.4.5(b)所示的方法,用手搬动拱曲部位使其复位;也可以参照如图 6.4.5(c)所示的方法,在前端垫上布团、棉丝等物,然后用手掌轻轻下压拱曲部位,使其达到与翼子板边缘等高的程度。注意矫正过程中应均匀用力,要绝对避免发生因矫正过度而造成的二次变形损伤。

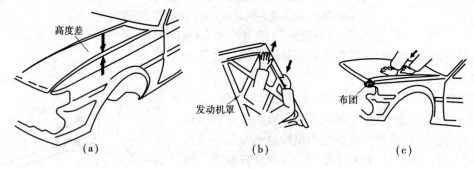

图 6.4.5　发动机罩高度差的调平

(a)边缘弯曲造成的高度差;(b)用手力将弯曲调平;(c)垫上布团往下按压

发动机罩或行李箱盖与翼子板的间隙不当、缝隙不均等,有可能是因为如图 6.4.6 所示的翼子板弯折角不当造成的。属于翼子板折角向内倾斜变形时,应先将连接螺栓拧紧并参照如图 6.4.7(a)所示的方法于矫正部位垫上木块,通过敲击使变形复位;属于翼子板折角向外倾斜时,应先将连接螺栓旋松并参照如图 6.4.7(b)所示的方法,借助手锤、扁口錾沿弯角将其踩成直角,再将固定螺栓拧紧。

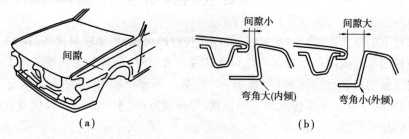

图 6.4.6　翼子板形状对配合间隙的影响

(a)翼子板与发动机罩间隙;(b)翼子板弯角不当

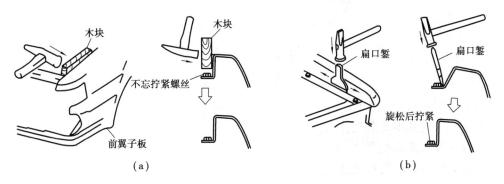

图 6.4.7　翼子板变形的矫正及间隙的调整
(a)内倾及间隙过小的调整；(b)外倾及间隙过大的调整

2. 车门扭曲和高度差的调整

车门板边缘与翼子板边缘的曲率不一,就会出现如图 6.4.8(a)所示的高度差。对此,应先通过诊断确定属于哪一方构件的变形,然后再有针对性地将其矫正过来。如图 6.4.8(b)所示的翼子板边缘向内弯曲时,可采用有包布的撬板向外将变形撬出。

如图 6.4.9(a)所示的车门扭曲变形,可在适当部位垫上木块再用手推车门的另一侧,或直接向扭曲变形相反的方向扭转车门(图 6.4.9(b)),使扭曲变形得以恢复。

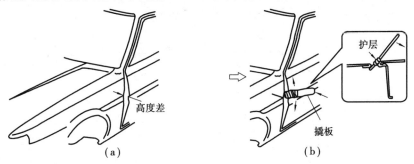

图 6.4.8　覆盖件表面高度不一的调整
(a)翼子板后边缘与车门外板的高度差；(b)用撬板矫正

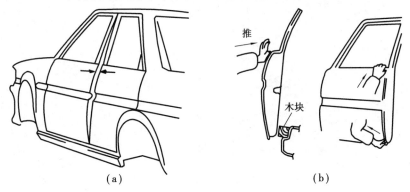

图 6.4.9　车门扭曲变形的矫正
(a)车门扭曲现象；(b)车门扭曲的矫正

注意:使用撬板或木块的部位应防护有效,否则破坏车身构件的表面涂层;矫正过程中也应均匀用力,以免造成车身构件的局部损伤。

121

复习思考题

1. 对车身测量有何意义？
2. 车身测量的基本要素是什么？
3. 车身测量采用哪些方法？
4. 碰撞力的基本三要素是什么？
5. 损伤的形式有哪些？
6. 车身矫正的方式有哪些？
7. 切换作业的选位有哪些要求？如何进行选位？

第二篇　汽车车身涂装技术

采用各种涂装材料覆盖车身的内外表面,是维修作业中的最后一道程序,并直接影响着车身维修品质的优劣。此外,涂装与车身维修的其他作业联系密切。一方面,涂装可以弥补其他作业遗留下来的缺陷;另一方面,如果焊接、钣金、维修等项作业的基础不好,也会直接影响车身的涂装品质。

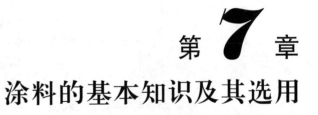

第7章
涂料的基本知识及其选用

随着科学技术的进步和石油化学工业的发展,涂料工业日新月异,涂料品种、数量都不断增加,涂料的品质也不断提高,涂料在许多领域起着越来越重要的作用。

7.1　涂料的分类及使用

涂料是一种含颜料或不含颜料的有机高分子胶体的混合物溶液或粉末。涂料涂装在物体表面上,能结成较牢固的膜层,起着防水、防腐、保护、装饰等作用,被人们通常称之为"油漆"

的这种涂料,有其独到的作用及性能。

7.1.1 涂料的组成

涂料产品种类繁多,用途也各有不同。就其组成成分而言,是由油料、树脂、颜料(填充料)、溶剂、催干剂和其他辅助材料等组成。

按物质类型大致可分为主要成膜物质、次要成膜物质和辅助成膜物质三部分。

1. 主要成膜物质

主要成膜物质用油料和树脂在涂料中做黏合剂,可以单独成膜,也可以粘结颜料等共同成膜。以油为主要成膜物质制成的涂料称为油基漆,以树脂为主要成膜物质制成的涂料为树脂漆。

2. 次要成膜物质

颜料是构成漆膜的主要成分之一,但它离开主要成膜物质,便不能单独成膜。涂膜中有了颜料可提高漆膜的致密度、耐水性、耐候性和机械强度(硬度、抗磨性)并且能延长漆膜的使用寿命。颜料可分为无机颜料和有机颜料两大类。按用途可分为着色颜料、防锈颜料和体质颜料。

3. 辅助成膜物质

辅助成膜物质分为溶剂和辅助材料两类,也不能单独成膜。但在涂料生产、贮存和涂装过程中,是不可缺少的材料。溶剂可分为真溶剂、助溶剂、稀释剂三类,溶剂在涂料形成涂膜过程中逐渐挥发掉。溶剂对涂料的性能和品质有很大影响。

辅助材料有催干剂、增韧剂、抗结皮剂、消泡剂、分散剂、防霉剂、杀虫剂等,这些材料在涂料中的比例虽小,但起着非常重要的作用。

综上所述,涂料的构成如下所示:

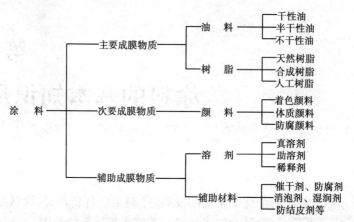

7.1.2 涂料的主要作用

涂料涂装在物体表面上经干燥后,结成薄薄的膜层。这种覆盖在物体表面的涂膜,有很强的附着力,起着隔离水分、烟雾以及外来腐蚀物质的侵蚀,通过增强封闭性使物体表面受到保护。

涂料的主要作用可以归纳为以下三个方面:

1. 涂料防腐作用

涂料防腐在经济建设和人们生活中发挥着重要的作用。现实中,有 70% 以上的钢铁暴露在易于腐蚀的环境中,如桥梁、交通工具、各种机械设备等,长期受到风吹雨淋,酸、盐和一些微生物的腐蚀,使设备的机械性能下降,使用价值降低,甚至造成提前报废。如此看来,涂料防腐保护作用就显得更加重要。

涂料用作金属的防腐保护是目前最广泛的应用方法,已成为国民经济、科学技术、人民生活中不可缺少的材料。随着化学工业的发展,各种高保护、低污染的新产品不断问世。如:耐酸、耐碱、阻燃、绝缘等涂料的诞生,为金属防腐保护的发展提供了极其广阔的前景。

2. 美化、装饰作用

随着人们生活水平的提高,创造一个良好的生活、学习、工作环境是急不可待的。在我们生活中,周围环境的好坏,对人们的健康起着重要的作用。涂料与美化、装饰紧密相连。当你走在城市的大街上,那些高楼大厦、奇特的建筑、家具、商品机械设备及环境都离不开色彩的美化。生活需要作色彩的装饰,产品也要用涂料来装饰,目的在于提高它的使用和商品价值。

汽车作为一种交通工具,也需要利用涂料色彩。根据汽车的种类、用途、档次,选用不同性能的和不同色彩的涂料,使它有光亮美丽的外观、舒适协调或对比强烈的色调。

3. 标志作用

涂料可以改变物体表面的颜色,不同的颜色对人们的视觉、精神、心理将产生种种不同的反应。因此,可以利用涂料不同的颜色作为标记加以区别和刺激,例如在公路、铁路、机场等交通行业中,涂料的这种标志作用应用得尤为广泛。

常用涂料的不同颜色表示危险、警告、前进、停止等信号。此外,化学工厂、仓库等场所用涂料的颜色表示易燃、有毒等标志;种种管道、容器、电器等涂上各种颜色作标志,使操作人员容易识别;一些工程车、救护车、消防车等用涂料的不同颜色作标记,以引起人们注意等。这些都是涂料所起的标志作用。

4. 涂料的特殊作用

是指涂料经涂装后,在特定的环境条件下,发挥的特殊作用。因此,又称有特殊作用的涂料为专用涂料。

特殊用途的涂料,使用较为广泛,特别是在国防建设中,更为突出。如机电产品涂上绝缘涂料起到绝缘的作用,汽车上一些特殊部位涂装防振、消声、隔热等涂料使性能会更好。船舶长年累月在江河湖海中航行,海水浸泡、巨浪的冲刷,以及海底微生物的侵蚀等都要用性能良好的特殊涂料。还有用于军事装备上的涂料,如飞机、卫星用的抗辐射高温涂料,用于伪装的战车、军舰、潜艇涂料等。

综上所述,涂料在国民经济、科学技术、人民生活等各领域起着重大而特殊的作用。

7.1.3　涂料的分类、命名及型号

涂料的分类方法很多,按用途可分为木器涂料、建筑涂料、工业涂料等;按使用工序可分为底漆、腻子、二道漆、面漆;按涂料专用效果则分为绝缘漆、防腐漆。

1. 涂料的分类

国家标准对涂料的分类方法做了统一规定,标明涂料产品的分类以涂料基料中主要成膜物质为基础。若成膜物质中有两种以上的混合树脂,则按在漆膜中起主要作用的一种树脂为

基础进行分类。

涂料共分十八大类,具体分类情况见表7.1.1。

表7.1.1　涂料产品分类表

序号	代号	涂料产品类别	主要成膜物质
1	Y	油脂涂料	天然动植物油、清油(熟油)、合成干性油
2	T	天然树脂涂料	松香及衍生物、虫胶、乳酪胶、动物胶、大漆及衍生物
3	F	酚醛树脂涂料	改性酚醛树脂、纯酚醛树脂
4	L	沥青树脂涂料	天然沥青、石油沥青、煤焦沥青
5	C	醇酸树脂涂料	甘油醇酸树脂、季戊四醇醇酸树脂、各种改性醇酸树脂
6	A	氨基树脂涂料	脲(或三聚氰胺)甲醛树脂、各种改性氨基树脂
7	Q	硝基涂料	硝基纤维素和改性硝基纤维素
8	M	纤维素涂料	乙基纤维、苄基纤维、羟甲基纤维、醋酸丁酸纤维、其他纤维及醚类
9	G	过氯乙烯树脂涂料	过氯乙烯树脂、改性过氯乙烯树脂
10	X	乙烯树脂涂料	氯乙烯树脂、改性过氯乙烯树脂
11	B	丙烯酸树脂涂料	氯乙烯共聚树脂、聚二乙烯基树脂、聚乙烯醇缩醛树脂、聚苯乙烯树脂、氯化聚丙烯酸树脂等
12	Z	聚脂树脂涂料	饱合聚脂树脂、不饱合聚脂树脂
13	H	环氧树脂涂料	环氧树脂、改性环氧树脂
14	S	聚氨酯树脂涂料	聚氨甲酸酯
15	W	元素有机聚合物涂料	有机硅、有机钛、有机铝等元素有机聚合物
16	J	橡胶涂料	天然橡胶及其衍生物、合成橡胶及其衍生物
17	E	其他涂料	以上16类没包括的其他成膜物质
18		辅助材料	溶剂、稀释剂、催干剂、固化剂等

各种辅助材料按用途不同,可分为如表7.1.2所示的几种类型。

表7.1.2　辅助材料分类表

代　号	名　称	代　号	名　称
X	稀释剂	T	胶漆剂
F	防潮剂	H	固化剂
G	催干剂		

2. 涂料的命名

涂料命名规则用下列公式表示:

涂料的命名 = 颜色或颜料名称 + 成膜物名称 + 基本名称

例如:铁红醇酸底漆,白丙烯酸磁漆等。

如果涂料中不含颜色和颜料的,称为清漆。对于有某些专业用途和特殊性能的涂料,应在成膜物质和基本名称之间表明,如:白醇酸画线磁漆,灰过氯乙烯机床磁漆。

如果基料中含两个或两个以上成膜物质,则选一种或两种成膜物质,主要成膜物质在前,次要成膜物质在后,例如:氨基醇酸烘干磁漆。为方便起见,对成膜物质名称可作适当简化,如:聚氨基甲酯简称为聚氨酯。

3. 涂料的型号

涂料的型号由三个部分组成,即:

型号 = 主要成膜物质代号 + 基本名称代号 + 序号

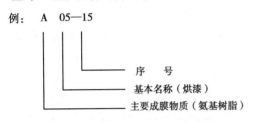

例: A 05—15
序 号
基本名称(烘漆)
主要成膜物质(氨基树脂)

从左边的例子中可以看出,A 是主要成膜物质,即氨基树脂;05 为基本名称的代号(烘漆);15 是序号,表示这类涂料中的一个品种。

辅助材料的型号,由两部分组成,即:辅助材料种类代号 + 序号,例如稀释剂 X—2。

涂料的基本名称是根据用途、性能等方面的不同,用分类代号的方法加以区别的(表7.1.3),并规定用 00~99 两位数字来表示基本名称。其中,00~13 表示涂料的基础品种;14~19 为美术漆;20~29 为轻工用漆;30~39 为绝缘漆;40~49 为船舶漆;50~59 为防腐漆;60~69 为特种漆;80~89 为其他备用漆。

表7.1.3 涂料产品基本名称代号

代号	基本名称	代号	基本名称	代号	基本名称	代号	基本名称
00	清油	17	皱纹漆	38	半导体漆	62	示湿漆
02	清漆	18	裂纹漆	40	防污漆、防蛆漆	63	涂布漆
03	调和漆	19	晶纹漆	41	水线漆、甲板漆	64	可剥漆
04	磁漆	20	铅笔漆	42	甲板防滑漆	66	感光漆
05	粉末涂料	22	木器漆	43	船壳漆	67	隔热漆
06	底漆	23	罐头漆	44	船底漆	80	地板漆
07	腻子	30	绝缘漆(浸漆)	50	耐酸漆	81	鱼网淋漆
09	大漆	31	绝缘漆(覆盖)	51	耐碱漆	82	锅炉漆
11	电泳漆	32	磁漆(覆盖)	52	防腐漆	83	烟囱漆
12	乳胶漆	33	绝缘黏合剂	53	防锈漆	84	黑板漆
13	其他不溶性漆	34	漆包线漆	54	耐油漆	85	调色漆
14	透明漆	35	硅钢片漆	55	耐水漆	86	标志漆、马路划线漆
15	斑纹漆	36	电容器漆	60	耐热漆	98	胶漆
16	锤纹漆	37	电阻漆、电位器漆	61	耐热漆	99	其他

7.1.4　油脂涂料

以干性植物油或部分半干性植物油,加入颜料、溶剂、催干剂等炼制而成。其优点:漆膜柔韧、附着力好、不易粉化龟裂、耐大气性良好、对木材渗透性好、施工方便、价格低廉。缺点:干燥慢、遮盖力差、漆膜软、耐化学性差、涂膜干后光泽低、不易打磨抛光、漆膜稍厚易起皱等。

主要用于室内外金属、木制品、建筑维修、调制腻子作基料以及要求不高的工程使用。它的主要品种有:清油、各色油性调和漆、厚漆、防锈漆等。

7.1.5　天然树脂涂料

主要以干性植物油、天然树脂为主要成膜物质,并加入颜料、催干剂、溶剂制成。根据树脂和油的比例为长油度(1∶3以上)、中油度(1∶2至1∶3)、短油度(1∶2以下)。

油和树脂的比例不同,产品的性能也有所区别。如短油度的涂料,干燥快、硬度高、光泽、耐磨等都比长油度涂料优良,显示出树脂的优点。常用于木器家具、建筑门面、楼梯、栏杆、金属制品以及工程机械、车辆的不重要部位。主要品种为:脂胶磁漆、脂胶调和漆、脂胶腻子、钙脂漆、虫胶清漆、大漆等。

7.1.6　酚醛树脂涂料

酚醛树脂涂料是以酚醛树脂、改性酚醛树脂与干性植物油作主要基料,根据使用原料不同加入不同种类的催干剂、颜料和辅助材料调制而成的涂料。该涂料可分为醇溶性酚醛树脂涂料、油深性纯酚醛树脂涂料、改性酚醛树脂涂料和水溶性酚醛树脂涂料。

涂料的类别不同,性能用途各异。如醇溶性酚醛树脂涂料,又分为热塑型和热固型两种。热塑型醇溶性酚醛树脂涂料自然干燥快、漆膜较硬、耐酸性和耐化学腐蚀性较强,但是存在漆膜较脆,附着力不强,在阳光下容易变深等缺点,适用于作防腐涂料。热固醇溶性酚醛树脂涂料经烘干后,有较好的耐水、耐油、耐酸、耐热、绝缘等性能。但漆膜柔韧性差,不耐碱,多用于防潮、绝缘、胶泥等用。

由于酚醛树脂涂料有良好的耐水、防潮、绝缘等优点,多用于交通工具、机械、仪表、电表、电器、建筑、木制品等做底漆、罩光和室内用漆。

7.1.7　沥青涂料

以天然沥青或人造沥青,加油料或不加油料为主要成膜物质涂料。沥青是一种热塑材料,是历史悠久的涂料品种。由于其具有材料来源丰富、价格低廉、施工方便的特点,得到广泛应用。主要品种有纯沥青漆、加油沥青涂料、加树脂沥青涂料。其主要特点:优异的耐水性,良好的耐化学性能和绝缘耐热性,是一种很好的保护、防腐装饰的涂料。常用于化工、机械、船舶、地下管道、轻工制品、小五金等。

7.1.8　醇酸树脂涂料

醇酸树脂涂料是以醇酸树脂为主要成膜物质的一类涂料。醇酸树脂原料来源有三种:多元醇类、多元酸类和植物油类。采用多元醇、多元酸和植物油脂肪酸通过脂化、缩合制成的树脂是合成树脂中最重要的一类树脂,在涂料工业中用途极为广泛并起着主导的地位。

由于醇酸涂料用途范围广、适应性强,得到普遍欢迎,是我国大力发展的一类涂料品种。其主要性能有:漆膜干燥后耐候性好、不易老化、保光性能持久、耐摩擦、柔韧性强,可采用喷、刷、浸等施工方法,经烘干后耐油、耐水、绝缘性都大大提高。其缺点是漆膜表面干燥较快,但彻底干燥时间较长、耐水性差、不耐碱、涂膜时每次不能涂装过厚、温度过高容易起皱。

7.1.9　氨基树脂涂料

以氨基树脂和醇酸树脂为主要成膜物质的一类涂料,氨基树脂是热固性合成树脂主要的品种之一。用来制备涂料的氨基树脂有三种:一种是三聚氰氨甲醛树脂,另外两种是脲醛树脂和苯代三聚氰氨甲醛树脂。但是若单纯用氨基树脂制备涂料,经过加热固化后的漆膜硬而脆,附着力也差。因此,必须和其他树脂配合使用。

目前氨基树脂和醇酸树脂配合使用最普遍,在氨基树脂中加入不同比例的醇酸树脂制成的涂料,既改善了氨基树脂硬度和附着力,又使醇酸树脂的硬度、光泽、耐水、耐碱等性能大大提高。

氨基树脂涂料可分为四大类即氨基树脂涂料、酸固化氨基树脂涂料、氨基树脂改性有硝化纤维素涂料、水溶性氨基树脂涂料。这四大类氨基树脂涂料中用途最广的是氨基醇酸树脂涂料。

一般来说氨基树脂含量愈高,涂膜的光泽、硬度、耐水、耐油、绝缘性能方面越好,但漆膜的脆性增大,附着力变差。

氨基醇酸涂料的特点是:漆膜外观光亮平滑,色彩鲜艳,漆膜坚硬,附着力强,机构强度高,保光保色性能好,清漆色浅不易变黄,耐候性强不易粉化、龟裂,具有良好的耐水、耐油、耐溶剂、耐化学品性能,施工性能好,湿碰湿喷涂不易起皱,具有良好的电气绝缘性。缺点是由于该涂膜需要烘烤,固化湿度较高,不适用于木器家具、橡胶制品、有机玻璃、汽车补漆和某些不能烘烤的物件上使用。

由于该涂料有许多优良的性能,已被广泛地用于各种交通车辆、仪器、仪表、家用电器、钢铁家具、轻工产品等适应烘烤条件的制品。

7.1.10　硝基涂料

硝基涂料是以硝化棉为主要成膜物质的一类涂料,通常称之为喷漆。硝基涂料虽然品种很多,但从性能和用途上讲,可分为外用硝基涂料和内用硝基涂料两大类。由于涂料中硝化棉的比例不同,改性树脂不同,以及增塑剂的品种不同,所以性能、用途也不尽一样。硝基涂料的优点:涂膜干燥快、坚硬、耐磨,有良好的耐化学药品性能,耐水耐弱和耐汽油、酒精的侵蚀且柔韧性好。调配合适的增塑剂,可制成柔韧性很好的软性硝基涂料,如硝基皮革漆。施工性能优越,可以在较差的环境下施工(如室外涂装),可湿碰湿喷涂,膜层干后可抛光上蜡。

硝基涂料的缺点:固体含量低,一次喷涂成膜较薄,施工时需多次喷涂,消耗溶剂较多。在潮湿的环境下施工,漆膜容易泛白,由于硝基涂料干燥很快,因此不适合刷涂。涂料刺激味大,施工环境需要良好的通风条件,否则操作人员容易发生中毒现象。

硝基涂料品种繁多、用途广泛。外用硝基涂料可用于各种金属表面、交通车辆、机械设备、木器家具、机电产品。内用硝基涂料多用于户内小型机械、各种仪表、家具以及装甲车、坦克内壁、光学仪器内部等。

7.1.11　过氯乙烯树脂涂料

是以过氯乙烯树脂为基础的涂料,还包括其他树脂、增塑剂、稳定剂、颜料(不含颜料是清漆)及有机溶剂。过氯乙烯树脂涂料是一种挥发性涂料,目前大致可分为三种类型:即一般用涂料、耐化学涂料、航空涂料。每种类型涂料都分有底漆、磁漆、清漆,自成体系。

该涂料的优点:自然干燥较快,次于硝基涂料,适合多种施工方法。有优良的耐化学稳定性,能在常温下耐25%的硫酸、硝酸及40%烧碱达几个月之久。有良好的耐候性、耐水、耐湿热以及很好的防火性能。其缺点有:固体含量低,附着力较差,表面干燥较快,但实干较慢,膜层表面硬度较硝基涂料差。

过氯乙烯树脂涂料广泛用于化工设备、混凝土建筑、地下管道、车辆、机械、机床、飞机、木器等表面涂装。

7.1.12　丙烯酸树脂涂料

丙烯酸树脂涂料是由甲基丙烯酸酯和丙烯酸酯共聚树酯酿成的涂料。为降低成本和改进性能,也常用其他不饱和的烯类单体与共聚,配制成各种不同性能的丙烯酸涂料。该涂料一般分为热固性和热塑性两类,由于它具有清漆色浅、漆膜干燥后坚硬光亮持久、耐水耐酸碱、耐腐蚀、耐热性强,又能和其他多种合成树脂并用,可配制成多种、多性能、多用途的系列化丙烯酸树脂涂料,是近几年来发展很快的一种涂料。

由于丙烯酸涂料品种多,用途广泛,是室内外十分优良的保护和装饰涂料,主要用于飞机、交通车辆、机床设备、桥梁、建筑、高级木器、仪器仪表、家用电器和轻工产品等高级装饰的涂装。

7.1.13　环氧树脂涂料

环氧树脂涂料是以环氧树脂为主要成膜物质制成的。尽管环氧树脂涂料的品种很多,一般可分为烘烤型和常温固化型两类。环氧树脂涂料综合了酚醛树脂涂料、醇酸树脂涂料、过氯乙烯树脂涂料的优点,补充了酚醛树脂涂料抗化学性差,醇酸树脂涂料不耐碱,过氯乙烯树脂涂料附着力差的缺点,被广泛用于钢铁表面防腐或铝镁合金及轻金属表面作底漆和机电产品绝缘漆涂装。它的缺点是户外耐候性差,漆膜易粉化,不适合作户外高质量涂装。

7.1.14　聚氨酯涂料

聚氨酯涂料是以聚氨基甲酸树脂为基料的涂料简称,可分为聚氨酯改性油、温固化聚氨酯、封闭型聚氨酯、催固化型聚氨酯、多羟基组分固化型聚氨酯五类;从使用上来讲可分为单组分和双组分两类。

由于这类涂料有多方面的使用性能,品种、数量都发展很快,是一种很有发展前景的新型涂料,它具有漆膜坚硬耐磨,优异的耐化学腐蚀性,良好的耐油、耐溶剂性能等,广泛用于木器、地板、飞机、汽车、机械机床、电器仪表、皮革、塑料、纸张、石油化工、地下设施的涂装等。不足之处是涂料价格较贵,施工条件苛刻。

7.2　常用颜料的性能及用途

颜料是一种微细末状的物质,是构成涂料的次要成膜物质,它在涂料中能改善涂料的物理和化学性能,提高涂膜的耐水性、耐碱性、防腐性等。颜料按化学成分可分为有机和无机颜料,按来源可分为天然和合成颜料,按所起的作用又可分为着色、防锈和体质颜料三大类。

7.2.1　颜料的通用性

1. 遮盖力
颜料的遮盖力是指色漆涂膜中的颜料,能起到遮盖承受涂膜的表面,使它能透过涂膜而显露出来的能力,颜料本身的遮盖能力受到很多因素的影响,如颜料的颗粒大小、颗粒形状、折光率以及对光的吸收能力等。

2. 着色力
是指某一种颜料与另一种颜料混合后形成颜色强弱的能力。这影响着混合颜料的配制,也决定颜料的经济价值。决定着色力的主要因素是颜料的分散度。颜料的分散度越大,着色力越强。

3. 渗色性
一种颜色涂覆在另一种底色上后,底颜色被溶解,将其带入面层上来,使面层改变颜色称为渗色。这种渗色一般出现在红颜色上,如底色是红颜色,上部覆盖一层白颜色,使白颜色变成粉红颜色。

4. 粉化
某些颜料形成涂膜以后,经过一段时间的暴晒,黏结剂被破坏,颜料变成松散的粉末,逐渐脱落下来,称之粉化。

5. 吸油量
将 100 g 颜料调成浆状所需要的规定精制亚麻油的质量克数。颜料吸油量的大小,跟颜料的颗粒大小和分散程度、颗粒表面性能因素有关。一般来说颜料的颗粒愈小,分散度愈大,孔隙愈多,相应的吸油量愈大,反之则小。

另外,影响吸油量的还有颜料的颜色、折光率、分散性能、耐热性、耐溶剂性、耐酸碱性等。

7.2.2　着色颜料

着色颜料是涂料中用途数量最多的颜料,它能使涂料具有丰富的色彩和良好的遮盖力。另外,还能使涂料提高耐久性、耐碱性、耐磨性等性能。

1. 颜料的分类
颜料的分类及构成如下:

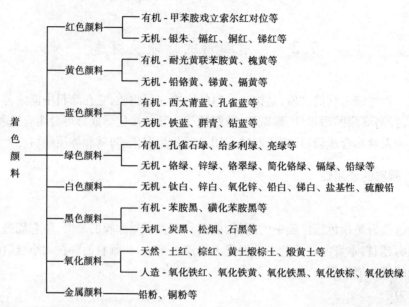

红色颜料 ┬─ 有机 - 甲苯胺戏立索尔红对位等
        └─ 无机 - 银朱、镉红、铜红、锑红等

黄色颜料 ┬─ 有机 - 耐光黄联苯胺黄、槐黄等
        └─ 无机 - 铅铬黄、锑黄、镉黄等

蓝色颜料 ┬─ 有机 - 西太莆蓝、孔雀蓝等
        └─ 无机 - 铁蓝、群青、钴蓝等

着色颜料 ─── 绿色颜料 ┬─ 有机 - 孔雀石绿、给多利绿、亮绿等
              └─ 无机 - 铬绿、锌绿、铬翠绿、简化铬绿、镉绿、铅绿等

白色颜料 ─── 无机 - 钛白、锌白、氧化锌、铅白、锑白、盐基性、硫酸铅

黑色颜料 ┬─ 有机 - 苯胺黑、磺化苯胺黑等
        └─ 无机 - 炭黑、松烟、石黑等

氧化颜料 ┬─ 天然 - 土红、棕红、黄土煅棕土、煅黄土等
        └─ 人造 - 氧化铁红、氧化铁黄、氧化铁黑、氧化铁棕、氧化铁绿

金属颜料 ─── 铅粉、铜粉等

2. 常用着色颜料的名称、性能及用途

常用着色颜料的名称、性能及用途如表 7.2.1 所示。

表 7.2.1　常用着色颜料的名称、性能及用途

颜料颜色名称	别名	主要成分和性能	用途
镉红	硒硫化镉大红色素	由镉和硒与碳酸或草酸镉煅烧分解而成。颜色鲜艳而饱和,着色力强,耐光、耐热、耐碱等,性能良好,但价格较贵。	常用于涂料、搪瓷、玻璃等工业。
氧化铁红	铁红铁丹铁氧红锈红	是由硫酸亚铁或硫铁矿经高温煅烧而成,具有优良的化学稳定性、耐光性、耐候性良好,着色力和遮盖力(仅次于炭黑)也很强。	用于橡胶、塑料、电磁、人造大理石、水泥等。
甲苯胺红	猩红	是一种有机颜料,色泽鲜艳,着色力强,遮盖力好,耐光、耐热、耐水、耐酸碱性优秀,是一种优良的红色颜料。	用于涂料油彩油墨等。
大红粉		也是一种有机颜料,质软,粉末鲜红,着色力好,遮盖力强,耐热、耐酸、耐碱等。	广泛用于深涂料和油墨等。
铅铬黄	铬黄巴黎黄	是铬酸铅或铬酸与硫酸铅的混合物。它有良好的遮盖力,在大气中不易粉化,但耐光性差,色相易变成绿,甚至棕黑,不耐酸碱,有毒性。	用在涂料和油墨、着色油彩、塑料等。
铁黄	氧化铁黄	赫棕黄色粉末,具有很强的遮盖力、着色力、耐光性、耐大气性、耐碱性能良好。	涂料工业、建筑、工业、油彩、颜料等。
锶黄	铬酸锶	呈柠檬色,色彩艳丽,有较高的耐光性和耐热性,质地松软,遮盖力、着色力较低,价格较贵。	高级防锈颜料及绘画色料。

续表

颜料颜色名称	别名	主要成分和性能	用途
镉黄		色泽鲜艳、着色力、遮盖力强,耐湿性优良,能耐酸,但不耐碱,价格贵。	绘画、陶瓷、搪瓷等,特殊性耐湿涂料用。
铁蓝	普鲁士蓝	呈深蓝色粉末,着色力强,耐酸耐光,耐候性良好,不耐碱且遇碱分解,遮盖力差。	用于涂料油墨等工业中。
群青	深蓝 洋蓝 云菁	是由高岭土、纯碱硫黄、硅藻土或石英粉经熔烧而成,耐光、耐热性好,能耐碱,但不耐酸,着色力、遮盖力差,在涂料中分散度不好,易沉淀。	涂料、橡胶、造纸、印染、塑料工业等。
酞菁蓝		蓝色粉末性能优良,光泽鲜艳,遮盖力、色力很强,耐光、耐温、耐酸碱性良好。	涂料、油墨、橡胶、印染等工业。
酞菁绿		是由铜酞菁蓝的氯代衍生物,是一种优良的绿色颜料,色泽鲜明,着色力、遮盖力、耐光性、耐热性良好,对酸碱作用稳定,价格较贵。	涂料油墨工业等。
铅铬绿		用铁蓝铅铬黄生成的颜料,有良好的遮盖力、着色力、耐光性、耐候性,遇酸碱而分解易燃。	涂料、油墨绘画等。
酞菁铬绿	铁丹 铁氧红 锈红	是由重铬酸盐煅炼与碳、硫等还原剂反应制成,具有橄榄绿、灰绿、茶绿、草绿等不同色调,是含绿的无机颜料,遮盖力强、耐光、耐候性良,且极耐高湿,但颜色不鲜艳。	涂料、陶瓷、搪瓷、印染等。
炭黑	墨黑 乌烟	炭黑是由有机物质经不完全燃烧或经热分解等各种方法制成,其主要成分是碳。有高的遮盖力、着色力、耐候性、耐光、耐温优良,化学性能稳定,酸碱对它不起作用。	黑色涂料、橡胶工业。
铁黑	氧化铁黑	由氧化亚铁与三氧化二铁配制成的粉有很强的遮盖力、着色力,耐光、耐大气性好,但不耐酸。	建筑工业,防锈、涂料底漆等。
钛白	二氧化钛 大红色素	是白色颜料中最好的一种。分金红石型和锐钛型两种,白度纯,着色力很强,对大气中氧、三氧化硫、硫化氢和氨等都很稳定,具有耐光、耐热、耐稀酸、耐碱、不变色、无毒性的性能。	用于涂料、油墨、造纸、橡胶、塑料、化妆品等。
锌白	氧化锌 铁丹 铁氧红 锈红	是以锌矿或含锌的废渣为原料,经过高温熔烧等处理制成。颜色纯白,遮盖力不如钛白和锌钡白,耐光、耐热、耐候、不易粉化,不变色,性能良好。	主要用于橡胶工业、涂料工业。

续表

颜料颜色名称	别 名	主要成分和性能	用 途
锌钡白	立德粉	是由硫化钡和硫酸锌溶液作用而成的产物,颜色洁白,遮盖力强,着色力优,耐热性好,耐碱不耐酸,耐光性差,遇光易变暗,耐候性差。	常用于室内涂料、橡胶造纸、油墨等。
锑白		外观洁白,遮盖力、着色力强,耐光、耐热性均佳,不易粉化,无毒性。	用于防火涂料中。
铝粉		是由铝熔化后喷成细雾再经球磨机研细或将铝片用机械制成名箔,再用球磨经球磨机冲击成细小的鳞片状。可分为漂浮型、不漂浮型两种。有极强的遮盖力、耐热性和耐光性,良好的防锈性和对紫外线的反射能力。	多用于涂料工业等。
铜粉	金粉	是铜、锌合金的细粉,呈美丽的金黄色,遮盖力强,漂浮性能好,易氧化变色。	涂料工业中、塑料、彩色贴花丝网印花胶印等。

3.防锈颜料

在涂料中有特殊的防锈能力,它虽然没有鲜艳夺目的颜色,但用在防锈涂料中作底漆用,是不可缺少的组成部分。防锈颜料由于性质作用不同,可分为两类:一类是化学性防护型,另一类是物理性防护型,其具体分类如下:

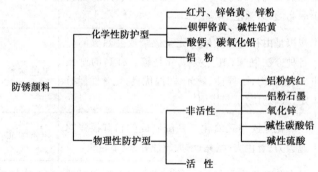

(1)常用的化学性防锈颜料

1)红丹是一种橘红色的粉末,对钢铁表面防锈能力强。但是有毒性,易沉淀,遮盖力强,吸油量小。

2)锌铬黄为柠檬黄色粉末,是轻金属优良的防锈颜料,在漆中有很强的缓蚀能力。在海洋气候条件下,对金属有良好的保护性能,遮盖力、着色力低于铅铬黄,但耐光性较强。

3)铝粉主要成分为氧化亚铅,灰绿或灰黄色鳞片状细末,漂浮性很强,可浮在漆膜表面形成均匀的膜,能阻隔水气和其他腐蚀气体渗入,减少漆膜透水性。是钢铁表面很好的防锈颜料。

4)锌粉主要用在富锌底漆中,常用于锌金属或镀锌金属表面的防锈漆。

5)锶钙黄外观黄色,常用于铝合金电泳漆中。

6）铅酸钙,防锈能力不如红丹,主要用于镀锌表面,防锈效果好。

7）铬酸钾钡颜色浅黄,主要用于铝镁合金表面、铝金属防护漆。

（2）常用的物理性防锈颜料

云母氧化铁是一种天然矿物,也可由亚铁盐与苛性钠反应后经过处理而得,它的特性类似铁红,具有很好的机械强度,附着力强,弹性好,抗紫外线,耐高温,不褪色,不粉化,不渗透,是钢铁表面优秀的防锈颜料。

4. 体质颜料

体质颜料(也称填充料)绝大多数为白色或无色,它不具备遮盖力和着色力,折射率也很低,大多数来自天然产品,价廉易得。它的主要作用是能增加漆的体积,降低成本,调整漆膜的光泽,改善施工性能和增强漆膜各种性能,如硬度、耐磨性、悬浮性等。其品种和分类如下所示：

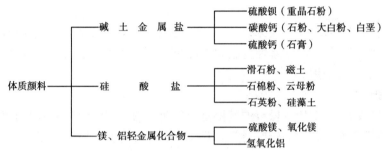

常用的体质颜料品种、性能、用途如表 7.2.2 所示。

表 7.2.2　常用体质颜料的品种、性能及用途

序号	名　称	性能用途
1	重晶石粉(硫酸钡)	耐酸碱、耐红外线、密度大、吸油量低,能使漆膜坚硬耐磨,但易沉底,常用于调和漆、底漆、防锈漆、腻子等。
2	重体碳酸钙(石粉、白垩)	质地粗糙,不深于水,易吸潮呈微碱性,多用于调和漆、底漆、腻子中。
3	轻体碳酸钙	性能与重体碳酸钙相似,体质轻,颗粒细,遮盖力比石粉高,用于底漆、腻子、平光漆、调和漆中。
4	沉淀碳酸钙	性能与重体碳酸钙相似,质地较软,粒度很细,吸油量较大;广泛用于调和漆、底漆、腻子中。
5	石膏(硫酸钙)	质地较粗,吸水量大、主要用于调配腻子。
6	云母粉	耐酸碱、耐热、耐化学药品、用在漆中能提高漆膜弹性和韧性,防龟裂,延迟粉化,常用于防火漆中。
7	石棉粉	质轻而松、吸油量大,耐酸、耐碱、耐热稳定性极高。常作为耐酸漆、耐热漆、耐火漆的加强特殊性能颜料使用。
8	石英粉	质地坚硬、耐磨、吸油量小,不溶于酸,用作腻必败底漆、地板漆等。
9	滑石粉(硅酸镁)	在涂料中具有消光、防止漆膜流挂、防止颜料沉淀、漆膜开裂,啬涂膜防水、耐磨性能,用于底漆腻子和耐磨漆中。
10	硅藻土	耐化学性能好,悬浮性强,吸油量较大,制造防火漆用。
11	高岭土(磁土、陶土、白土)	质地细腻洁白,耐光、耐稀酸和稀碱,用于底漆、水粉漆等,提高漆膜硬度,防止颜料沉淀。

7.3　涂料溶剂和常用助剂

溶剂是一种能溶解树脂油类等物质,易挥发的有机溶液,是涂料(不包括粉末涂料)生产制备和涂装中不可缺少的成分之一。可降低涂料中的主要成膜物质的黏度(或稠度)以便达到施工的要求。溶剂是易挥发的液体,涂料经涂装干结成膜后应完全挥发掉,所以又称为挥发部分。

7.3.1　溶剂的种类及性能

溶剂的种类很多,按其来源、化学组成可分为下列几大类:

1. 水

水作为溶剂价廉易得,无毒无味,不燃不曝,是乳胶漆的主要成份。它可以单独的与醇类或与醚醇类溶剂一起,作为溶解水性树脂和水性颜料的溶剂。但是,能与水混溶的有机溶剂是有限的,因此不能广泛使用。

2. 烯类溶剂

常用的有松节油、双戊烯。松节油是松树的分馏产物。它们的溶解力大于松香水,低于苯类溶剂,是油性漆和油基磁漆的较好溶剂。双戊烯的挥发速度比松节油慢,可做油性漆的防结皮剂。

3. 烃类溶剂

是涂料工业中用量最多的一类溶剂,分为两大系统。

1)脂肪烃:如200号汽车溶剂(松香水)、煤油、汽油等,是脂胶漆类,酚醛漆类,中长油度醇酸树脂漆类的很好的溶剂。

2)芳香烃:如苯、甲苯、二甲苯等和其他有机溶剂混溶后,可做硝基醇酸树脂漆氨基烘漆等稀释剂。

4. 醇类溶剂

包括甲醇、乙醇、丁醇、丙醇。乙醇又称酒精,工业酒精能溶解虫胶和许多合成树脂如环己酮树脂、缩丁醛树脂,但对一般涂料溶解力很差。甲醇能溶解硝化棉,它与脂类、酮类溶剂配合使用增加溶解力。常作为硝基漆助溶剂的丁醇与常用于氨基、环氧等漆中相似,常作为乙醇的代用品。

5. 酯类溶剂

有醋酸乙酯、醋酸丁酯、醋酸戊酯等。它是由醇类和有机酸反应而形成的产物,也可由石油气直接合成而得。它们的溶解力强,性质相似,搭配其他溶剂使用可做硝基漆、丙烯酸漆、过氯乙烯漆、乙烯漆等的稀释剂。

6. 酮类溶剂

溶解性强,是合成树脂的优良溶剂。常用的有丙酮、甲乙酮、环乙酮、甲基异丁酮等。丙酮是脱漆剂的主要成分之一;甲乙酮挥发速度较慢,是合成树脂的优良溶剂。环乙酮溶解力强,挥发速度慢,在硝基漆中起防白作用,并使漆膜表面流平效果好;甲基异丁酮挥发速度快,溶解力强,常用于烘漆中。

7. 醚类和醇类溶剂

如乙二醇乙醚、乙二醇单丁醚、乙二醇单乙醚乙酯,多用于硝基漆、乙烯漆、环氧漆、聚酯漆和乳胶漆的溶剂。由于价格较贵,很少在普通漆中使用。

8. 氯化烷烃类溶剂

这类溶剂的特性是溶解力强,不易燃烧,毒性较大,多用于特种漆和脱漆剂中,如:二氯甲烷、二氯乙烷。

9. 硝基化烷烃溶剂

能溶解硝化棉、醋酸纤维素等,挥发速度快,如:硝基甲烷、硝基乙烷等。

涂料溶剂按其作用可分为以下三类:

1)真溶剂。能溶解涂料中的有机高聚物的溶剂。

2)助溶剂。此种溶剂不能溶解有机高聚物,在一定程度上与真溶剂混合使用,具有一定的溶解能力,并可影响涂料的性能,这种溶剂为助溶剂。

3)稀释剂。它不能溶解有机高聚物,也无助溶作用,但在一定程度上,可以和真溶剂、助溶剂混合使用,价格比真溶剂、助溶剂低,可降低成本。

溶剂的分类是相对的,一种溶剂在这种涂料中是真溶剂,在另一种涂料中可能是助溶剂或是稀释剂。如乙醇在溶解虫胶树脂中为真溶剂,可是在硝基漆中只是助溶剂或稀释剂。因此在选择溶剂时要根据主要成膜性质和种类性能等进行全面合理的考虑。选择溶剂时应注意以下几点:

①溶解能力;②颜色及杂质;③挥发速度和释放性;④闪点和惚燃性;⑤气味和毒性;⑥货源和价格。

7.3.2　常用溶剂的性能和指标

常用溶剂的性能和指标(溶解度、挥发率、闪点、自燃点)如表 7.3.1 所示。

表 7.3.1　常用溶剂几种常数表

名　称	溶解度参数	挥发率/(ml·min⁻¹)25 ℃时	沸点/℃	闪点/℃	自燃点/℃
松节油	8.1	450	140~200	35	253
松香水	6.9	440~450	150~240	27~38	260
汽　油		15	80~150	−10	253
苯	9.2	12~15	80.1	−11	580~650
二甲苯	8.8	81	135~154	17.1	490~550
丙　酮	10	5	56.2	−17	600~650
环己酮	9.9		156.7	47	520~580
乙酸乙酯	9.1	10.5	77.1	−5	480~550
乙酸戊酯		90	142.1	24.4	560~600
乙　醇	12.7	32	78.32	14	390~430
甲　醇	14.5		65	12~14	
正丙醇	11.9		97	15	
异丙醇	11.5		82	12	460
正丁醇	11.4		118	35	
异丁醇			108	25	
仲丁醇	10.8		100	24	

续表

名　称	溶解度参数	挥发率/(ml·min⁻¹)25℃时	沸点/℃	闪点/℃	自燃点/℃
醋酸乙酯			77.15	-5	480~550
醋酸丁酯			126.5	23	420~450
醋酸戊酯			142.1		560~600

7.3.3　常用稀释剂的种类和用途

稀释剂是由溶剂、助溶剂、冲淡剂三个部分组成,是涂料的重要组成部分,是挥发性液体。在涂料配制和施工中,常用稀释剂选择的正确与否,对涂膜的性能和品质都有很大的影响,如果稀释剂用得不合理或用错,品质好的涂料与工艺也会造成低劣的品质,常用稀释剂品种见表7.3.2。

表 7.3.2　常用稀释剂的名称与用途

型号名称	曾用名称	用　途
X-1 硝基漆稀释剂	喷漆稀料 甲级香蕉水 甲级信那水 甲级天那水	稀释能力高于X-2,用于硝基清漆、硝基底漆,也可用于稀释各种热塑型丙烯酸漆。
X-2 硝基漆稀释剂	乙级香蕉水 乙级天那水 乙级信那水	一般用途的硝基漆料,也可用于洗涤喷漆工具。
X-3 过氯乙烯漆	甲级过氯乙烯稀释剂	稀释各种过氯乙烯底漆、磁漆、清漆腻子等。
X-4 氨基乙烯漆	氨基稀料	用于氨基漆、氨基锤纹漆、短油度醇酸漆、环氧酯类漆等。
X-5 丙烯酸漆稀释剂	648丙烯酸稀释剂	用来稀释各种丙烯涂料,也要用来作硝基漆稀料。
X-6 醇酸漆稀释剂	醇酸漆稀料磁漆稀料	用于稀释中、长油度的醇酸磁漆、底漆、清漆,也可用于酯胶漆和酚醛漆。
X-7 环氧漆稀释剂	环氧稀料	稀释用环氧树脂制成的清漆、磁漆、底漆、防腐漆、腻子等。
X-8 沥青漆酯稀释剂		供稀释沥青漆用,不能用于常温干燥的沥青漆。
X-10 聚氨酯漆稀释剂	聚氨甲酸酯稀释剂	用于稀释聚氨酯涂料。
X-15 硝基漆稀释剂	铅笔漆稀料	专供Q20-30、Q20-80硝基漆用,也可繁其他铅笔漆。
X-20 硝基漆稀释剂	特级香蕉水基丙烯酸稀料	用于要求高的硝基漆,热塑性丙烯酸漆,环氧酚醛、罐头色装漆。

催干剂又称干料,是一种加速漆干燥的液体或固体材料,其作用是促进涂料干燥成膜。主要用于油性涂料和醇酸酯涂料,常用催干剂的主要种类有:

1. 钴催干剂

是一种催干效果很强的金属皂,它的氧化作用是从漆膜表面开始的,使漆膜表面干燥加速,如单独使用或使用不当,会使漆膜表面干燥过快,产生皱皮。造成底层不干,长期发软等毛病。常和钙、锌等助剂配合使用,效果较好。

2. 铅催干剂

是使漆膜从里到外聚合,干燥比较均匀,漆膜干后坚韧而硬,提高漆膜的附着力和耐候性,但其氧化催干性低。单独使用,容易造成漆膜表面发粘,必须与钴、锰催干剂配合使用。铅皂有毒性,在食品和儿童用品的涂料中严禁使用。

3. 锰催干剂

催干特性在铅与钴之间,是氧化和聚合同时进行的一种催干剂。氧化作用稍强于聚合作用。它在热固型涂料中使用可提高漆膜的坚韧性和硬度,其效果比钴好,但色深并易发黄,不宜用于浅色漆中。锰催干剂虽有效地促进底干,须与其他催干剂混合使用。

4. 锌与钙催干剂

环烷锌和烷钙都是辅助性的催干剂,与主催干剂配合使用,可改善漆膜的性能,消除起皱发霜等毛病。在不能使用铅催干剂的产品中,如玩具、食品用的涂料中,可用钙催干剂代替铅催干剂。

5. 铁催干剂

环烷酸铁是一种表面催干剂,在高温下则具有较强催干作用,主要用于热固型涂料中。铁催干剂颜色深,因而适用于沥青烘漆、黑氨基烘漆等,并能增加漆膜的硬度和柔韧性。

6. 锆催干剂

是一种新型的催干剂,有独特的催干性,对其他催干剂有强型的促催干作用,有效地提高钴锰皂的催干作用。常在烘干型涂料中应用,可提高漆膜的硬度和光泽。

涂料催干剂的用量,是按照涂料中所含干性油或半干性油的数量计算的。醇酸树脂漆,可按树脂的含量或按干性油、半干性油的含量为基础,计算催干剂的需要量。

7. 固化剂和增韧剂

固化剂是一种具有催化作用的化合物,在双组分涂料中,能与合成树脂发生交联反应成膜的物质。固化剂主要应用于不能自然干燥和烘烤成膜的涂料中,如:环氧涂漆、聚氨酯漆、聚酯漆等。

常用的固化剂品种有:环氧漆固化剂、聚氨酯漆固化剂、聚酯漆固化剂。

增韧剂也叫增塑剂,它与成膜物质的高聚物混合以增加漆膜的弹性和附着力。增韧剂可分为两大类:一类是溶剂型,采用挥发速度很低的高聚物溶剂,用来增加高聚物的弹性,并可以任何比例互溶,也叫化学增韧剂。另一类叫非溶剂型,是高聚物的一种不挥发的冲淡剂,用来增加离聚物的弹性,但互溶性有一定限制,也叫软化剂。

常用的增韧剂有苯二甲酸二乙酯、苯二甲酸二丁酯、苯二甲酸二戊酯、磷酸三乙酯、樟脑、蓖麻油等。

8. 防潮剂和脱漆剂

防潮剂又名防白剂,是由高沸点和挥发速度较慢的酯类、醇类、铜类等有机溶剂混合物而成的液体。在潮湿的条件下(相对湿度70%以上),空气中的水蒸气就会凝聚在漆膜表面。因水与溶剂不相溶,使漆膜变成白色雾状,明显无光,这种现象叫泛白。加入适量的防潮剂,提高溶剂沸点,使挥发速度减慢,可防止泛白现象。

脱漆剂又叫去漆剂,主要是利用有机溶剂对漆层表面溶解、溶胀作用,将旧涂层清除掉。脱漆剂一般分为两类,一类是由酮类醇类苯类酯类加石蜡混合制成的,有很好的溶胀漆膜性能,主要清除油脂、酚醛、硝基等旧漆层。另一类脱漆剂是由二氯甲烷、纤维素醚、石蜡等配合而成,毒性较小,脱溶速度快,主要用于环氧漆、聚氨酯漆等。

复习思考题

1. 涂料分哪几类?
2. 涂料的作用包括哪些方面?
3. 颜料的性能包括哪些方面?
4. 溶剂的种类有哪些?
5. 简述催干剂的种类及其功用。

第8章
涂装工具、设备及使用

涂料的选择对汽车车身涂漆品质起着举足轻重的作用。然而,车身表面涂装质量的优劣,最终还是要通过维修作业者的努力来实现。其中,车身涂漆所使用的工具、设备、操作环境以及涂装前的准备等,都是影响车身涂漆品质的关键性因素。

8.1 常用工具的正确使用

刷涂是一个较古老的传统操作方法,由于它操作简便、适用性强,适用于没有喷涂条件及其他涂装方法的场合或品质要求不高的物件表面涂装,刷涂的涂料最好是油性漆类或一些表面不容易结膜的磁漆类,对挥发性、干燥性的涂料不适合用刷涂的方法。

8.1.1 常用的刮涂工具

为使汽车表面平整光亮,需要使用刮涂和打磨工具,刮涂工序的主要作业是刮腻子;打磨工序则包括打磨底层、除锈、磨腻子等。

1. 刮涂工具

刮涂腻子所使用的工具主要是刮具(俗称刮板),其中分为硬刮具和软刮具两类,应根据不同的情况灵活选用。

硬刮具是指那些有一定弹性和硬度的刮具,如图8.1.1(a)、(b)、(c)中所示的牛角刮板、硬聚氯乙烯刮板、环氧酚醛玻璃(胶木)刮板以及钢片刮板等。硬刮具中的大中型刮板,刮口较宽、易于将较大平面刮补平整。硬刮子刃口较薄、易于对刮涂过的表面进行修整。钢片刮子规格分为25 mm、50 mm、75 mm三种,对市场销售的刮涂工具要求弹性好、不易变形。

软刮具则专指端口较软的橡胶刮具,如图8.1.1(d)、(e)、(f)所示的胶板大刮板和木柄橡胶小刮板等。软刮具中,胶板大刮板的厚度为6~8 mm;木柄橡胶小刮板的厚度为3~4 mm。端口两边均磨成对称的斜面,端口中间的直线度好并且光滑。这种类型的软刮具,用起来即省力又快捷,很适合于往垂直平面上刮涂腻子和最后找细用。

此外,腻子手托板和保管橡胶类软刮具的夹具等,也是刮涂腻子作业所必不可少的辅助工具(图8.1.1(g)、(h)、(i))。

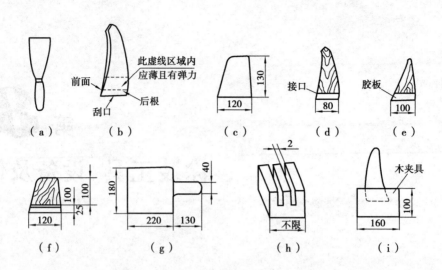

图 8.1.1　刮具的类型

(a)油灰刀;(b)牛角刮子或聚氯乙烯板刮子;(c)聚氯乙烯板块状刮子或薄钢片刮子;(d)中型木柄橡胶刮子;
(e)木柄橡胶斜口刮子;(f)木柄橡胶大刮子;(g)腻子手托板;(h)旋转橡胶软刮子的夹具;(i)放置方法

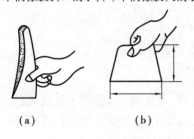

图 8.1.2　刮子的握法

(a)三指法;(b)五指法

正确握持刮具的方法如图 8.1.2 所示,三指法适于握持小型刮具;五指法适于握持大中型刮具;拳握法则适于握持刮平刀。

2. 打磨工具

打磨已由过去的手工打磨转入到半机械打磨方法,所使用的主要工具有:

(1)风动打磨工具

风动打磨工具主要有风动磨腻子机、风动砂轮、钢丝轮、抛光轮等,主要作用是清除钢铁表面上的铁锈、旧涂层、旧漆、打磨腻子、抛光、上蜡等。

(2)电动打磨工具

电动打磨工具有电动砂轮、布轮、磨腻子机等。主要作用和风动工具一样,只是比风动工具使用更方便。

3. 打磨材料

打磨材料是汽车涂装中不可缺少的材料。打磨材料包括:砂轮、砂布、砂纸、抛光膏等。

(1)砂轮

主要是指废砂轮用来打磨腻子用,但质量较为粗糙。为了节省砂布、砂纸,在打磨头道和二道腻子时可先用砂轮片粗磨一下,这样既可提高效率又能节约材料。

(2)抛光膏(又叫砂蜡)

抛光膏是一种乳膏状物质,它是由硅藻土矿物油、蜡、乳化剂、溶剂、水等组成。使用抛光膏操作是要等漆膜完全干燥后,将抛光膏涂在棉纱表面或涂膜表面用手掌压住棉纱用力在漆表面往返按擦,待漆膜表面平滑光亮后,可用于棉纱把余膏擦净。

使用机械抛光时,可将抛光膏擦在软布轮表面,应注意用机械抛光时动作要灵活,不可用力过大,尤其是物件的棱角处要严格注意,防止抛光过度磨漏。在使用砂蜡的过程中,如抛光膏太粘,可用煤油调稀便于使用。

(3)砂布、砂纸

是处理底层除锈、打磨腻子的主要材料。砂布一般用布、胶、砂子制成。砂纸分水砂纸和木砂纸两种,是将磨料粘结在纸上制成的。木砂纸主要用于磨光木制品表面;水砂纸由于涂有耐水涂料所以不怕浸水,可以水磨。

砂布、砂纸的磨料主要有氧化铝粉(如刚玉、人造金刚砂等)。根据磨料的粒度大小分为多种规格(表8.1.1)。砂布、砂纸的粒度(目)是指砂粒通过筛子时的单位长度(1in)的孔数,它已表明砂粒的细度。如砂粒大小为100目,能通过每英寸为100个方孔的筛子(1in = 0.025 4 m)。

表 8.1.1 常用砂布、水砂纸的规格和用途

名称	规格代号	粒度/目	规格代号	粒度/目	用 途
砂 布	4/0	200			用于钢铁表面除锈,打磨木器家具表面,打磨底漆腻子、旧涂层等。
	1/0	180	2.5	46	
	2/0	160	3	36	
	0	140			
	0.5	120	4	30	
	1	100	5	24	
	1.5	80	6	18	
	2	60			
水 砂 布	150	100	360	240	用于底漆,腻子面漆或旧涂层进行湿打磨。
	180	120	400	260	
	200	140	500	320	
	220	150	600	400	
	240	160	700	500	
	260	170	800	600	
	280	180	900	700	
	300	200	1 000	800	
	320	220			
木 砂 布	000	180	1.5	80	主要用于木器家具、木制门窗等打磨用。
	00	160	2	60	
	0	140	2.5	56	
	0.5	120	3	46	
		100	4	36	

水砂纸规格代号是号数越大,粒度越细。砂布和木砂纸则与水砂纸相反,即号数越大,砂粒越粗。

8.1.2 刷涂工具及正确使用

1. 刷涂工具

主要是漆刷,它有很多种类。从制作材料上可分为硬毛刷和软毛刷两种。硬毛刷主要是用猪鬃、马鬃等原料制成。软毛刷用羊毛、狗毛、马毛等制成,毛刷从形状上可分为圆形、扁形、

薄板形、歪把形等多种,从制作尺寸可分为 12 mm、19 mm、25 mm、38 mm、50 mm、65 mm、75 mm等。

2. 常用涂刷的正确使用

新刷在使用前要在 1 号砂布上来回摩擦毛头部,把刷毛磨顺使其柔软,然后再用手除去残毛和粉尘。用手的腕力和臂力移动漆刷,漆刷蘸漆时一次不要太多,刷毛深入油漆部分最好不超过1/2。蘸漆后漆刷应在漆桶内壁轻轻的来回各刮一次,以便将多余的漆液留在桶内。操作时一般从物面的左上侧开始,本着先里后外、先难后易、先上后下的程序进行。

8.1.3 喷涂工具

喷涂工具是车身涂装作业中所不可缺少的重要工具,车身涂漆主要采用空气喷涂的方法,喷漆枪起着将漆液喷成细雾的作用。

1. 喷漆枪的类型与结构

喷漆枪(简称喷枪)是喷漆操作的主要工具,可分为普通喷枪、高压喷枪、无空气喷枪、静电喷枪四种类型。

(1)普通喷枪的类型

普通喷枪可通过压缩空气以很高的速度从喷枪喷流嘴流过,使喷嘴周围形成局部真空。当涂料进入该真空空间时,被高速气流雾化,喷向工件表面形成漆膜。按涂料供给方式分为重力式、下吸式两种。

重力式喷枪的涂料杯安装在喷枪顶部,靠涂料自身的压力流到喷嘴,并与空气气流混合喷出。重力式喷枪的口径为 0.5~2.5 mm。

下吸式喷枪的涂料在喷枪下部,又分为对嘴式和扁平嘴式,对嘴式喷枪喷出的圆形漆雾涂量小,适合涂小型物件和局部补漆、喷涂图案等,口径为 0.5~2.5 mm(图 8.1.3)。

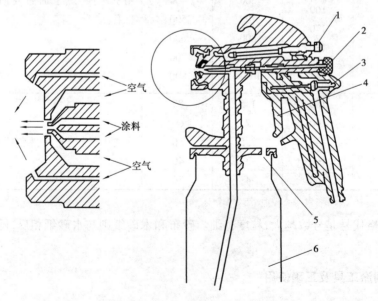

图 8.1.3 下吸式喷漆枪的构造
1—辅助空气调节螺钉;2—主喷漆量调节螺钉;3—阀杆;4—扳机;5—空气补充孔;6—漆罐

扁平式喷枪多为较大型喷枪,出漆图样可调成圆柱形、纵向扇面形、横向扇面形,适合大面积喷漆。喷枪口径为 1.3~2.5 mm。

(2)喷枪的结构

下吸式喷枪结构如图8.1.3所示。使用时用手扣动扳机,阀杆即被推开使压缩空气道开放,继而出漆孔的针阀也相应打开,压缩空气的高速流动也使漆液随之喷出。调整喷漆量控制螺钉,可改变其混合比的大小;调整辅助空气调节螺钉,可获得不同程度的雾化形状或漆流。

按喷枪的结构可分为涂料流出部分、空气输入和输出部分、控制调节部分和贮漆部分。

1)涂料流出部分。主要包括出漆管、出漆管螺栓、密封垫、涂料喷嘴。

2)空气输入输出部分。主要包括枪身、空气体通道、螺栓、空气螺母。

3)控制调节部分。主要包括空气调节阀、图样调节螺栓、针塞、涂料调节螺栓、扳机、空气控制阀、密封垫。

4)贮漆部分。主要包括漆罐、密封垫。

2. 喷枪选择和正确使用

(1)喷枪的选择

选择喷枪时要根据喷涂物件的大小、涂料的品种以及喷涂的品质等级标准来考虑。

被涂装的物件大,要选用口径较大的喷枪,这样出漆量大、速度快。喷涂品质要求高时,要选择出漆嘴雾化好的喷枪。

喷枪口径越大,所需用的空气压力越大,喷出的漆料越多,需用漆的稠度越高。喷漆枪的口径大小与喷枪嘴的空气帽的风孔是互相配合的,空气帽分为多孔型和少孔型。多孔型的空气帽,空气用量大,雾化性能好,涂膜品质也好。少孔型的空气帽,空气用量小,但雾化性能差,适用喷涂品质要求不太高的物件。喷涂涂料的雾化程度与喷枪的口径大小、涂料的黏度、出风孔的排风量多少及排列角度等有很大关系。因此,要根据不同品种的涂料选择喷枪嘴的口径和出风孔的多少,调好涂料的黏度。

(2)喷枪的正确使用

使用前应检查并调整喷涂枪是否工作正常,发现故障时要预先加以排除。其中较为常见的故障有:调整成扁形射流时仍喷出圆形漆雾,多属于喷嘴两侧的辅助出气孔堵塞所致;喷射密度不均匀或自侧孔喷出漆雾,一般是因嘴的环状空气通道不畅或出漆孔的针阀不正;喷涂过程中漆雾时断时续,则主要由于出漆通道不畅的缘故。

除此之外,使用喷枪时还应注意掌握好以下操作要点:

1)涂料的种类;

2)枪的口径;

3)涂料稠度;

4)空气的压力;

5)枪嘴与物面的距离;

6)运行速度;

7)重叠面的多少。

以上操作要点是相辅相成的,要全面灵活地掌握好,不能仅强调哪一个环节。在同一种条件下,对喷涂距离、运行速度、重叠面的多少是喷涂操作的三要素。如果改变了条件(如:涂料的种类)。即使喷枪的口径一样,涂料的黏度、喷涂距离、运行速度、重叠面都需要相应进行改变。也就是说,在同一条件下三要素的掌握是比较严格的。如果改变了某种条件,操作的三要素需灵活地相应调整。

(3)喷涂方法

根据涂料品种不同和物件几何形状的差异,实际选喷枪时常采用以下几种方法:

1)横向喷涂法。喷涂图样呈直状,右手掌握喷枪,从操作者左上侧开始,扳动扳手,从左向右进行。当行至一个接面的距离时,迅速向下向左往返进行。接面一般为 1/2、1/3、1/4,可根据涂料品种自行掌握。当喷完一个面积时再顺序喷另一个面。

2)纵向喷涂法。其方法和横向喷涂法相似,只是喷枪嘴图样改为水平方向,喷枪从左上方或右上方往下往返运行。也可以从右下方或左下方往上往返运行。

3)纵横交叉法。喷涂时第一遍纵向往返喷涂,第二遍时横向往返喷涂,每遍都要改变图样的方向。

4)横向双重法和纵向双重法。喷涂方向不变,第一遍喷完后,再按原来的方法喷涂。以上各种操作方法应根据涂料的品种而定。

3. 喷枪常见故障及排除方法

喷枪常见故障及排除方法如表 8.1.2 所示。

表 8.1.2　喷枪常见故障和排除办法

常见故障	故障原因	排除方法
涂料时断时续	漆壶涂料不足,涂料过稠,空气进入涂料通道,漆壶上盖进气孔不畅,漆壶连接螺栓松动,针阀密封垫不严。	补加涂料,调节涂料稠度,检查空气通道是否正常,通顺壶盖进气孔,紧固螺栓,更换密封垫。
出漆量不足	出漆嘴风帽松动,漆液粘度过高,涂料通道不畅,进气孔堵塞,气压过低。	检查紧固出漆嘴风帽,调节漆液稠度,清除涂料通道杂物,通顺进气孔调整气压。
漏漆、漏气	漆壶口变形,漆壶盖垫老化,涂料通道管螺母松,垫圈破损,风道钩栓松动,空气控制阀不严。	检修漆壶口,更换垫圈,紧固螺母。
喷雾图样过小,不出扇面	风压过低,漆液黏度大,空气控制阀没有打开或螺栓内弹簧折断,空气帽、风孔堵塞或空气帽中间孔与喷嘴间隙过大。	检查喷嘴与空气帽的间隙,检查空气控制阀螺栓弹簧,通顺空气帽风孔,更换喷嘴或空气帽。
图样扇面或下重上轻	空气帽与喷嘴间隙不均,上大下小或下大上小,空气帽风孔角度不对,喷嘴变形破损。	检查喷嘴与空气帽的间隙,检查空气帽风孔角度是否变形,喷嘴是否破损。
图样扇面两头浓,中间轻。	空气帽与喷嘴中间孔间隙过小,风帽两侧角孔过大。	检查喷嘴空气帽中间孔是否有杂物,喷嘴是否变形,风帽角孔是否风压过大。
初搬扳机时风和漆雾同时出现	喷针塞调节过长,空气控制阀阀杆行程小。	调节针塞杆与扳机间隙,检查空气控制阀阀杆调节行程,检查控制阀内弹簧压力。

4. 喷枪的维护

1）喷枪用完后应立即用溶剂洗净，为使漆液通道不残留漆液，可先用溶剂喷洗一次，在喷洗时可用手指堵住喷嘴和风孔，让溶剂回流，然后将溶剂倒出，再换干净溶剂按上述方法重洗，最后切断风源，用棉纱将外部擦洗干净。

2）喷嘴、风帽、扳机等不容易擦净的地方，可用毛刷仔细刷洗。风帽孔如有堵塞，应将风帽拆下浸泡在溶剂中，然后用风吹掉杂物。切记不要用钢丝等坚硬细针去捅风孔，以免风孔损坏、变形，影响喷涂图样造成喷枪使用不良。

3）喷枪暂时停用，应将风帽拆下浸入溶剂中；各螺栓活动部位涂上黄油，保证下次使用时操作灵活。

4）喷枪不能拆卸，也不能因表面有漆或脏物就全部泡在溶剂中，这样会使胶垫破损变形，造成喷枪漏气或管道堵塞影响正常使用。

8.2 常用的车身喷涂设备和设施

车身维修企业的喷涂设备和设施，主要指供气系统和喷漆、烘漆设施等。供气系统和喷涂环境是车身喷涂作业的主要设备，它们对车身涂装品质有至关重要的影响。

8.2.1 喷涂供气系统

1. 供气系统的组成

供气系统主要由空气压缩机、调压阀、油水分离器、储备罐、送风软管等组成。喷涂系统主要有喷枪、过滤网调漆桶、工作台等。

空气压缩机俗称气泵，分固定式和移动式两种。固定式气泵功率较大适合大规模范围使用，汽车维修中多使用移动式气泵，因其移动灵活，使用方便。移动式气泵分单缸和双缸两种。

气泵在使用期间要检查安全阀是否正常，气压调节器是否准确及自动停车是否正常。气压调节器是否准确和起动可靠，应在气泵使用 250 h 左右定期检查清洗一次。此外，应根据气候温度情况及时放水。

调压阀的功能是，调整空压机输送的空气压力并使其衡定在规定的范围以内。其构造与工作原理如图 8.2.1 所示，压力

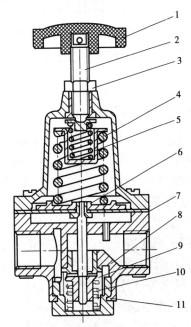

图 8.2.1 QTY 型调压阀
1—调整手柄；2—调整杆；3—锁紧螺母；4—工作弹簧；
5—管道弹簧；6—溢流阀座；7—膜片；8—下壳体；
9—阀杆座；10—弹簧；11—"O"型圈

正常时压缩空气经输入口、进气阀后输出；此时，由于有旁通孔而使平衡气室的压力与之相等。

当输入、输出压力增大时，平衡气室的压力也随之提高；在膜片的作用下平衡弹簧被压缩，

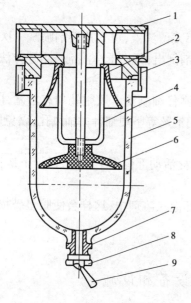

图 8.2.2　QSL 型分水滤气器
1—壳体；2—铝杯；3—"O"形圈；4—多孔过滤杯；
5—存水杯；6—挡水板；7—放水阀座；
8—放水接头 ；9—放水手柄

进气阀座连同阀杆一起被底簧推至关闭位置，输出端的压力量因此而降低。

当输入端气压提高时，平衡气室的压力也会相应提高；在膜片上移，并带动阀杆及进气阀上移、关闭。超过一定压力时溢流阀还会起作用，以避免输出端压力过高并消除输出端气压的脉动幅度。

供气系统的另一个装置是油水分离器。它主要起水气分离和过滤空气的作用，为喷漆枪提供纯净而干燥的空气。其构造如图 8.2.2 所示，叶片旋风式油水分离器能有效地将微小水滴从压缩空气中分离出去；铜珠烧结的多孔过滤杯，能够滤掉空气中的污垢。

2. 供气系统的检查

喷漆时使用供气系统前应着重检查调压阀和油水分离器的工作状况。不同型号的喷漆枪，对供气压力均有不同的要求，在喷漆前应按说明书的规定预先调好。

使用油水分离器之前，要打开排水阀将存水杯中的污物放掉。使用一段时间后，还应将多孔过滤杯和存水杯拆下，用汽油洗净、晾干。油水分离器失效，将会使喷漆后形成的漆膜产生水泡或麻点。

8.2.2　喷漆、烘干室

喷漆室和烘干室是汽车涂装中主要的设备，它对净化环境、保证施工者的健康和提高涂装品质都有帮助，对缩短工期更是起到了极重要的作用。喷漆室和烘干室种类很多，这里仅介绍常见的几种。

1. 普通喷漆室

根据使用不同分为大、中、小三种。在喷涂过程中，漆雾在抽风机的作用下经过滤器，使漆雾被粘住留在过滤器中，空气经过风道排出室外。这种喷漆室结构简单，成本较低，涂料消耗量小，涂覆效率高。缺点是漆雾不能很快排出，容易粘在室内壁上，过滤网耗量大，需经常更换。风机、风速等部件容易被污染且易燃性较大，因此仅适用于小件或小批量喷涂。

2. 汽车喷漆烘房

最可靠的方法是在图 8.2.3 所示的封闭式喷漆、烘漆房内施工。这种类型的喷漆房不仅密封良好，而且还附加了带有过滤系统的强制换风装置。使用时开动引风机，可以将过滤的新鲜空气不断送至喷漆室，随即再通过设在地板上的滤网过滤后排入大气。清净的通风效果既有利于操作又改善了操作者的作业环境。

喷漆烘房总结了国外同类产品的优点，设计合理结构先进。在电控方面，应用电子技术进行温度自动控制，而且还可根据需要显示出烘烤过程中温度、时间。在结构上采用过压原理，室内风压高于室外 4～12 Pa，使灰尘不能进入室内。外部空气进入室内则已经多次过滤，因而空气净化程度较高。

如果启动热交换器使其工作，不仅可以改善喷漆室内的温度，还可将其调整到所需的烘干温度，对车身涂层进行烘干。升温过程中打开二次循环阀门，可使新吸入的冷空气得到预热，从而提高了喷漆烘房的温升效果(图 8.2.4)。

在烘烤过程中，空气循环加热每次仅需补充 10% 的新空气，这样热量利用率高节约能源；废气经过滤后排出室外，排放深度符合环保标准要求；使用操作简单，温控均匀、适度且保温性能好；美观大方并使喷漆工作环境舒适。

喷漆烘房基本结构如图 8.2.5 所示。由锌铁板压制的框架构成，全体框架内均有加强筋并用螺栓连接。室体壁板用聚氨泡沫夹心板制成，保温性能好。喷漆烘房的进出由三扇小门组成，供车辆进出并且门上安有门栓和可调节的安全弹簧锁。当房内压力过大时，安全防压门便会自动打开，避免房内压

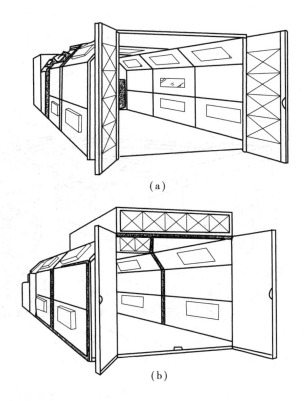

(a)

(b)

图 8.2.3　喷漆烘房的基本形式
(a)通过式喷漆房；(b)尽头式喷漆房

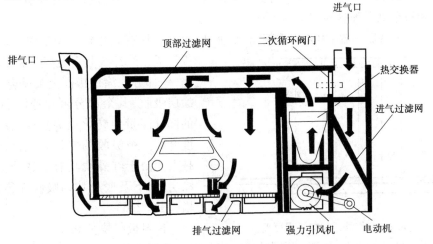

图 8.2.4　喷漆烘房的通风与循环

力过大而发生意外。门的夹层装有隔热保温层，过滤层网均采用钢丝网，过滤棉层用 W2-OP-1 型滤布，其净化效率高、阻力低、容尘量大。

照明灯管安装在侧壁板上面，两个面上共八组，每组由四支 40 W 日光灯管组成，室内光线明亮，工作环境可达无影效果。

室内温度可以实现自动控制，喷涂时 20 ~ 25 ℃ (环境温度 ≤ 25 ℃)，烘烤温度最高为

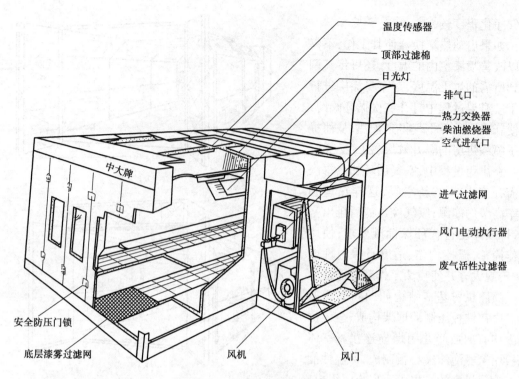

图 8.2.5　喷漆烘房的基本构造

80 ℃。升温速度,室温从 20 ℃升到 60 ℃的时间不超过 20 min(环境温度为 20 ℃时)。

3. 远红外线汽车喷漆烘干室

远红外线烘干室采用红外线辐射板或辐射管进行烘干。根据设计要求确定尺寸大小,分小件烘干和整车烘干等多种。

板式远红外线辐射器,由金属框架、石棉板、电阻丝和涂有硫化物和碳化物等涂层的辐射板组成。红外线与可见光一样都是直线传播,一部分在涂层板面上被反射,一部分被涂层吸收,其余部分可穿透涂层。被吸收的部分能量便转化成为热能,使物体的温度升高。被吸收的能量越大,温度升高也越大。由于红外线具有穿透能力,可以使涂层上、下及底材均匀吸收而得到加热效果(图 8.2.6)。

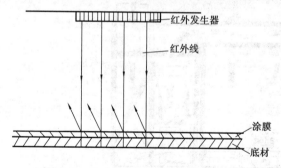

图 8.2.6　红外线加热干燥原理

辐射板每块分 0.8 ~ 1.5 kW 等规格,可根据烘干室的体积和尺寸安装不同数量的辐射板。使用远红外线烘干(图 8.2.7),具有升温快、干燥时间缩短、方法简便、投资费用低、节约能源等优点。此外涂料干燥过程中,内外可同时吸收辐射线,便于加热均匀且内外温室一致。

需要特别指出的是,正式喷漆前一定要将车身清洗干净、烘干并用压缩空气吹净。否则,喷涂作业时会使车身上的粉尘飞起而影响室内空气质量使净化工作前功尽弃。

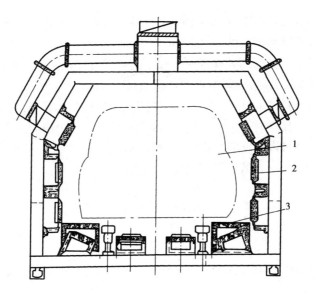

图 8.2.7　红外线辐射式烘漆房
1—工件;2—碳化硅板;3—运输线

8.3　涂装前工件的表面处理

汽车涂装前进行表面处理是为了获得优质的涂层,充分发挥涂料的保护和装饰作用。表面处理是涂装的基础工序,它关系到涂层的附着力、耐久性和表面质量。

涂装前表面处理是去掉被涂物表面的氧化层、铁锈、焊渣、油污、旧涂层、蜡质和其他杂物等,增加涂料与物面的接合力,延长使用寿命。

对于金属表面处理的内容已在前面讲述过了,这里重点介绍除金属以外的其他工件表面的处理。

8.3.1　非金属表面的处理

汽车工业使用的非金属材料较多,如塑料、玻璃钢、木材、皮革等,在涂装前都要进行合理的处理,才能获得优质的涂层。

1. 塑料件的表面处理

对于塑料制品,由于加工和成型的原因,使脱膜剂残留在表面,同时在运输、组装及使用过程中,也容易使表面粘有油污、脏物等。此外,许多塑料表面光滑、湿润性差,因此造成涂装后产生漆膜缩孔和附着力差等缺陷。因此,也需在涂装前进行表面处理,以提高涂膜的附着力及耐久性。常用的表面处理方法有以下几种:

(1)化学氧化处理

常用的氧化处理是使用铬酸处理液,其配方如下:

重铬酸钾	4.5%
水	8.0%
浓硫酸(90%以上)	87.5%

以聚乙烯为例,先用汽油或二甲苯擦去表面油脂、污物等,再将物件放在铬酸处理液中,浸蚀(50 ℃/10 min)后用清水彻底洗净,晾干或在 50 ℃下烘干。对其他聚乙烯烃的处理方法,可稍加调整以便使其得到良好的处理效果。如聚丙烯,用铬酸处理浸蚀时,温度应达 100 ℃并持续 5 min 为宜。温度较低时,则影响表面处理效果。

用铬酸溶液浸蚀塑料件的优点:不管塑料件的几何形状多么复杂,其表面的处理都十分均匀并且很彻底。但是在操作时有一定危险性,因此要穿戴好保护用品。

有的塑料制品虽然可以在铬酸处理液中浸蚀,但工艺不易控制。当浸蚀时间过长或深度过高时,会使零件产生细裂,就适宜使用皂化处理液,其配方如下:

对甲苯磺酸	0.3%
硅藻土	0.5%
二氧杂环己烷	3.0%
四氧乙烯	96.2%

将工件浸蚀在皂化液中 38~40 ℃(10~30 s),在 40~42 ℃活化 1 min,用 71~80 ℃热水清洗干净,晾干或 50 ℃下烘干。

(2)喷砂处理

用高压空气或将细砂喷打在塑料制品表面,可除去油脂得到粗糙的表面,但应将砂粒和高压风控制好,以免使塑料制品损坏变形。

(3)溶剂清洗

聚丙烯塑料可用热三氯乙烯甲苯、丙酮溶液清洗,其除去油污、杂物的效果也很好。

(4)溶剂或乳液

用溶剂或乳液(煤油、肥皂水)清洗,清洗后用砂纸打磨,使表面粗糙,以增强涂料的附着力。

2. 玻璃钢的表面处理

玻璃钢制品强度大、质量轻、抗腐蚀,因此在汽车工业中常代替金属使用。由于玻璃钢制品在成形时表面常带有脱膜剂(如蜡脂、硅等),表面比较光滑坚硬。如果涂料直接涂装在表面上,将因附着力不强而影响涂膜质量。因此,需对零件进行表面处理。

最常用的方法:用热浸煮,去掉表面蜡质油污,然后用砂纸打磨晾干或低温烘干;也可用松香水、二甲苯混合溶液除去表面的油脂,再用热水擦洗,最后用砂纸打毛晾干或低温烘干。

3. 皮革的表面处理

汽车内装饰部分用皮革材料较多(如仪表盘、内装饰板等),在涂漆前也要进行表面处理,使用的清洁剂配方如下:

醋酸乙酯	200 mL
丙酮	250 mL
氨水	50 mL
乳酸	50 mL
水	1 000 mL

混合后擦拭皮革表面,可去掉油脂、污物及其他物质,擦拭后应立即进行下道工序。

另外还可用 3% 的防霉剂(五氯酚钠等)溶解于 97% 的松节油中,配制成防霉剂溶液,均匀地涂刷在皮革制品表面,亮干后可涂刷软性硝基清漆或皮革漆。

8.3.2　旧涂层的处理

在汽车维修涂装过程中,处理旧涂层是必不可少的作业。应根据涂层的损坏程度和作业条件采取合理的处理方法。车身维修中对旧涂层的处理常用有以下几种方法:

1. 手工处理法

手工除漆法主要依赖于铲刀、刮刀、钢丝刷、砂布等工具,清除车身构件表面上的旧漆层。操作时用刮刀、铲刀、钢丝刷、砂布等,将破损的涂层全部或局部清除掉。这种方法简单方便,不用过多的设备,但这种方法劳动强度高、工作效率低、质量差,仅适合于对较小面积旧漆的清除。

使用电动或风动工具,如:钢丝轮、钢丝打磨机等,可使清除旧漆的作业效率提高并降低了劳动强度,是目前车身维修作业中,应用最为广泛的一种除漆方法。

用喷射的方法清除旧涂层,在一些具有一定规模的汽车维修企业中也有采用。它是利用压缩空气、高压水流、机械离心等作业方式,将磨料、砂子、钢丸等投射到车身构件表面,借冲击和摩擦的作用来清除旧漆的。这种清除方法不仅效率高,而且能获得比较理想的干净表面。但不适合于构件的局部除漆,并且投资大、运转成本也高,是一般小企业所望尘莫及的。

2. 化学除漆法

化学除漆包括碱性脱漆和有机溶剂脱漆两种方法。碱性脱漆成本较低,使用安全,但要有一定设备,如:脱漆槽、清洗槽、蒸汽加热装置等。

最好的化学除漆法是使用脱漆剂。用这种方法清除旧漆层,具有方便、高效、干净等优点。进口脱漆剂的上述优点更加突出,使用时只要用软毛刷将脱漆剂涂于金属表面,数分钟后旧漆膜即开始起皱、卷曲并与之脱离,再用钢丝刷、铲刀等将漆皮清理干净即可。

国产脱漆剂的使用效果稍差一些,使用前需用水浴加热使之溶化,然后趁热用软毛刷涂于旧漆表面。经一段时间后漆皮即开始变软、膨胀,用铲刀、钢丝刷将旧漆除去再用稀释剂擦拭干净。

有机溶剂脱漆施工简单、使用方便,但成本较高、对人体有危害、溶解蒸发快、易于燃烧。在操作时应戴好防护用品,如口罩、手套、眼镜等并备有防火设备。

用碱液也可代替脱漆剂。将一定浓度的碱液有间隔地分多次涂刷于旧漆表面(一般为3~4遍),经过数十分钟的渗透以后,漆皮也会发生软化、膨胀现象,再用同样方法将表面清除干净即可。

用刃具将旧涂层除掉。此方法较为简便、经济实用、清除效果较好,但是,只适用于金属表面旧漆层,对于易燃不耐热的零件表面的旧漆层,或较精制的缺口表面的旧涂层,便不能使用火焰处理方法。

复习思考题

1. 涂装的常用工具有哪些?
2. 简述喷枪的组成及功用。
3. 简述如何正确使用喷枪?
4. 简述如何正确维护喷枪?
5. 简述工件涂装前对其表面如何处理?

第9章

车身涂装材料的正确使用

汽车车身的涂装材料如果按化学成分进行分类,并以此为基础讨论它们的品种、性能、用途的话,那就不免有些过于专业化了。更实用的方法是将汽车常用的腻子、底漆、面漆、罩光漆的品种、特性适当做些介绍,然后将它们的正确使用方法作为介绍的重点。

9.1 涂层的划分及选择

汽车涂装主要是为了提高其保护性和装饰性,达到持久耐用和提高商品价值的目地,又避免了材料的浪费。

9.1.1 汽车涂料层的分组和等级

涂料涂层的划分根据 JB/Z111—74《汽车油漆涂层》的规定,汽车涂料涂层适用于载货汽车、自卸汽车、牵引汽车、公共汽车及轿车等车型,不适用于汽车电器和仪表产品的涂料涂层。根据汽车各零件的使用条件和涂漆质量要求,汽车涂料涂层共分为 10 个组和若干等级(表9.1.1)。

涂装的不同等级又有不同的标准和技术要求,一般可将装饰性涂层和保护性涂层分成下列五种类型:

1. 高级装饰性涂层

高级装饰性涂层又称一级涂层,质量要求:外观极其美丽,涂膜坚硬平整,颜色鲜艳一致,没有用肉眼能见的杂质、裂纹、皱皮、小泡、麻点、划伤等缺陷。在户外使用时应具有足够的耐候性、耐潮湿性,并有足够的机械强度。这一涂层一般是由底漆、中间涂层和 2~6 层面漆配套组成的复合涂层,并且具有一定的厚度。有时还采用抛光、打蜡等工序来提高装饰性。

2. 装饰性涂层

装饰性涂层又称二级涂层,有中等的光泽、平滑的表面、一定的机械强度,颜色鲜艳一致,允许有细小的缺陷、轻度的擦伤和滴痕。供户外使用时,也应具有优良的耐候性、耐潮湿性。这一涂层由头道底漆、局部涂刮腻子及涂 2~3 层面漆组成。

3. 保护装饰性涂层

保护装饰性涂层又称三级涂层,这一涂层主要以保护性为主,装饰性为辅,也具有一定的装饰性。表面颜色一致,不应有起泡、皱纹、严重流淌和露底现象,应具有较好的耐腐蚀性、耐潮湿性,在户外使用应具有良好的耐候性。这一涂层一般由一道底漆和1~2道面漆配套组成。在个别情况下,根据涂料品种和使用条件,涂层数还可增加。

表9.1.1 汽车油漆涂层的分组和等级

涂层代号	分组名称	级 别	油漆涂层名称	备 注
TQ1	车身组	甲	优质装饰、保护性涂层	适用于湿热带地区
		乙	一般装饰、保护性涂层	
		丙	低级装饰、保护性涂层	
TQ2	轿车车身组	甲	高级装饰性涂层	适用于高级轿车
		乙	防蚀、装饰性涂层	适用于中级轿车
TQ3	车箱组	甲	防腐、装饰性涂层	适用于木车箱
		乙	防蚀、装饰性涂层	适用于金属车箱
TQ4	车架、车轮、挡泥板组	甲	优质防蚀性涂层	适用于使用条件苛刻,耐蚀性要求高的零件
		乙	一般防蚀性涂层	
TQ5	发动机组		保护性涂层(快干)	
TQ6	底盘组		保护性涂层(快干)	
TQ7	毛坯、冲压件半成品组	甲	防锈底漆涂层	
		乙	防腐涂层	
TQ8	特种涂层组	甲	耐酸涂层	适用于蓄电池箱及其托架
		乙	耐汽油涂层	适用于汽油箱内表面
		丙	耐热涂层	适用于消声器、排气管
		丁	防声、绝热、碉磨涂层	
TQ9	散热器、管子、弹簧组		耐水防锈涂层	
TQ10	车内装饰件组	甲	车内高级装饰性涂层	适用于高级轿车内饰件
		乙	车内装饰性涂层	适用于中级轿车和公共汽车内饰件

4. 一般保护性涂层

一般保护性涂层主要用以保护物体在各种环境下对腐蚀性介质的抗腐作用,以延长使用寿命,外观无要求,涂层一般1~2道,无漏涂现象。

5. 特种保护性涂层

这一涂层对物体起着特种保护作用,主要功能是保护底材耐某种介质或隔绝等。如耐盐、耐碱、耐化学药品、耐汽油、耐热、防污、防霉、绝缘等。一肌底漆、面漆、清漆多层涂装,厚度可达数百微米。为了达到涂层的强度、厚度和防腐效果,有时还进行外表包装,如地下输油管道等。

由于汽车涂料涂层分组情况和等级的不同,各涂层涂料的特性和用途也有所区别,见表9.1.2。

表 9.1.2　汽车油漆涂层的特性和用途

涂层代号	等级	涂层特性	用途举例	推荐配套油漆材料名称牌号及标准
TQ1	甲	属于优质装饰、保护性涂层,具有优良的耐水性、装饰性和机械强度,适用于湿热带气候地区,可作为出口载货汽车的油漆涂层	载货汽车驾驶室,公共汽车、轻型越野汽车车身,工程车车箱覆盖件及与上述总成使用条件和外观、耐候性、装饰性要求相同的中小零件(如前、小灯外壳,风窗框,门手柄,大灯支架及护网,仪表板,各种盖板)等	H06—2 铁红环氧底漆;(HG2—605—74);H06—5 环氧电泳底漆;F06—10 酚醛电泳底漆;F06—9 铁红纯酚醛底漆(HG2—580—74);轿车用高氨基醇酸面漆;A05—11 军用氨基无光烘漆(HG2—601—67)C04—51 军用无光醇酸面漆
	乙	属于装饰、保护性漆层,它的耐候性、装饰性和机械强度与 TQ1 甲相仿,仅耐水性差,适用于温带和北方气候	载货汽车驾驶室,公共汽车、轻型越野汽车车身,工程车车箱覆盖件及与上述总成使用和外观、耐候性、装饰性要求相同的中小零件(如前、小灯外壳,风窗框,门手柄,大灯支架及护网,仪表板,各种盖板)等	除上述底漆外,还可采用 C06—1 铁红醇酸底漆(HG2—113—74);C04—49 各色醇酸磁漆;C04—51 各色无光醇酸磁漆;氨基醇酸水性面漆
	丙	属于一般装饰、保护性漆层,除它的装饰性与上述相仿外,其耐候性、机械强度较差。本涂层适用于小批生产或无烘干条件的施工场合	载货汽车驾驶室,公共汽车、轻型越野汽车车身,工程车车箱覆盖件及与上述总成使用条件和外观、耐候性、装饰性要求相同的中小零件(如前、小灯外壳,风窗框,门手柄,大灯支架及护网,仪表板,各种盖板)等	C06—1 铁红醇酸底漆(HG2—113—74);F06—9 锌黄铁红纯酚醛底改性醇酸底漆;Q04—31、34 各色硝基磁漆;C04—9 各色过氯乙烯外用磁漆(HG2—621—74);B04—11 各色丙烯酸磁漆
TQ2	甲	属于高级装饰性涂层,具有极优良的装饰性、耐候性、耐水性,适用于各种气候条件	高、中级轿车车身及覆盖件	X06—1 磷化底漆(HG2—27—64);H06—2 铁红环氧脂底漆(HG2—605—74);铁红铝粉环氧聚铣胺底漆;H07 环氧脂腻子(HG2—607—74);A07—1 氨基腻子;Q04—31、34 高级轿车用特黑硝基磁漆;丙烯酸树脂磁漆
	乙	属于中级装饰性涂层,具有极优良的装饰性、耐候性、耐水性和机械强度。装饰性仅次于 TQ2 甲,优于 TQ1 甲,机械强度优于 TQ2 甲,适用于各种气候条件	中级轿车车身覆盖件及车内门窗框	底漆及腻子同 TQ2 甲轿车用高氨醇酸树脂磁漆;B04—10 各色丙烯酸磁漆;A05 各色氨基磁漆

续表

涂层代号	等级	涂层特性	用途举例	推荐配套油漆材料名称牌号及标准
TQ3	甲	属于防腐、装饰性涂层，具有较好的耐候性、机械强度和防腐作用，可作为木制品涂层	木车箱各部件和铁木混合车箱的木质件	C04—50 各色醇酸树脂磁漆；C04—2 各色醇酸磁漆（HG2—590—74）；C04—51 各色无光醇酸漆；水性醇酸磁漆；防霉漆（即在上述漆中加1%八羟基喹啉铜盐）
	乙	属于防蚀装饰性涂层，具有较好的耐候性、防蚀性和机械强度，装饰性次于TQ1	铁车箱各部件和铁木混合车箱的金属件、翻斗、油罐和汽油箱外表面	参见 TQ1
TQ4	甲	属于优质防蚀性涂层，具有优良的耐盐雾性、耐水性和机械强度。适用于使用条件苛刻、防蚀性要求高的零部件，如经常与泥水接触的车下零件	车轮各部件，踏脚板、挡泥板、风扇、汽油箱托架及箍带、翼子板托架、车身底板上各种检查孔盖板等	L06—3 沥青烘干底漆（HG2—586—74）；L01—12 沥青清烘漆（HG2—585—74）
	乙	属于一般的防蚀性涂层，具有较好的机械强度，其耐盐雾和耐水必次于TQ4甲	除TQ4甲所述零件外，还适用于底盘小件（如U形螺栓、钢板弹簧吊耳和吊环、制动系统零件等），装在车身内的小件（如压条、门玻璃夹框及滑槽等），水箱固定架，备胎托架，贮气筒，车架等	L06—3 沥青烘干底漆（HG2—586—74）；L05—2 车架用沥青烘漆；F06—8 锌黄铁红灰酚醛底漆（HG2—579—74）；L04—1 沥青磁漆（HG2—111—74）
TQ5		属于保护性漆层，具有较好的耐机油、汽油性和快干的特点，一般适用于常与机油、汽油接触的或不宜过高温烘干的工件	发动机总成和变速器总成	Q06—4 各色硝基底漆（HG2614—74）；G06—4 锌黄、铁红过氯乙烯底漆（HG2—623—74）；Q04—2 各色硝基面漆（HG2—610—74）；G04—9 各色过氯乙烯面漆（HG2—621—74）
TQ6		属于一般防护性漆层，具较好的耐蚀性耐机油性	前、后、中车桥总成，传动轴，转向部件，制动系统零件，分动器绞盘，减振器，千斤顶总成	除与TQ5用漆相同外还可用：F06—8 铁红酚醛底漆；L04—1 沥青磁漆（HG2—111—74）

续表

涂层代号	等级	涂层特性	用途举例	推荐配套油漆材料名称牌号及标准
TQ7	甲	属于防锈底漆涂层,它对金属表面有良好的附着力,具有良好的防锈性能和机械强度,适用于工序间防锈和零件底漆	各种铸件毛坯,木车箱用的各种金属连接件,发动机、变速器、分动器、车桥总成上用的冲压件(如底壳盖板、离合器盖等)	H06—5 环氧电泳底漆;F06—10 铁红纯酚醛防腐漆;H06—2 铁红环氧脂底漆(HG2—605—74);F06—9 铁红纯酚醛底漆(HG2—580—74);L06—3 沥青烘干底漆(HG2—586—74);C06—1 铁红醇酸底漆(HG2—113—74)
	乙	属于防腐涂层,对木材具有较好的渗透性、防腐作用和耐酸性能	各种木制垫板	L04—1 沥青磁漆(HG2—111—74);L50—1 沥青耐酸漆(HG2—587—74)
TQ8	甲	属于耐酸涂层	蓄电池托架及常与硫酸接触的工作件	L05—1 沥青耐酸漆(HG2—587—74);L06—3 沥青底漆;G06—4 锌黄、铁红过氯乙烯底漆(HG2—623—74);G04—9 各色过氯乙烯面漆(HG2—621—74);H52—6 环氧酚醛防腐漆
	乙	属于耐汽油涂层	汽油箱盛油槽的内表面,与汽油经常接触的零件	五氧树脂耐汽油漆;H06—5 白色环氧电泳底漆
	丙	属于耐热涂层	消声器、排气管、气缸盖密封垫圈	W61—25 铝粉有机硅耐高温漆;有机硅耐高温清漆
	丁	属于防声、绝热、耐磨涂层,它具有抗震防声、绝热降温、耐磨和密封的作用	驾驶室和车身的顶盖内表面和底板下表面、车身的焊接缝、门板内表面、翼子板内表面	G98—2 醇酸隔热胶;6731 阻尼涂料;L99—1 沥青石棉膏;泡沫塑料(喷或粘)
TQ9		属于耐水防锈涂层,具有较好的耐水性和机械强度	水箱,机油散热器,各种钢板弹簧、螺旋弹簧、座垫靠背弹簧及各种弹簧等	L04—1 沥青磁漆(HG2—111—74);F04—1 色酚醛磁漆(HG2—575—74);黑色电泳水性漆
TQ10	甲	属于车内的高级装饰性涂层	轿车车内装饰件(如仪表板、风窗、护条等)木制件或仿木纹的金属件	B01—12 丙烯酸清漆;B22—4 丙烯酸木器漆
	乙	属于车内装饰性涂层,具有皱纹、锤纹、冰花纹等花样	轿车和公共汽车内装饰件	

9.1.2 车身涂料的选择

为满足汽车涂料涂层的装饰性和保护性的要求,就要从汽车的特点出发来合理选择底漆、中间涂层和面漆的配套品种。由于汽车在制造和维修过程中所用的材料种类很多,部位也不一样,其本身的防腐性能也有较大的差别,故所需用的涂料品种、性能也各有不同。为此,选择车身涂料时应着重考虑以下几点。

1) 极好的耐候性和耐腐蚀性。要求适用各种环境气候条件,经风吹、日晒、雨淋,保光保色性好,不开裂、不脱落、不粉化、不起泡、无锈蚀现象。

2) 极好的机械强度。适应汽车行驶中振动和应变,漆膜坚硬耐磨,各部位涂层达到设计要求。

3) 耐汽油、机油、公路用沥青等。在上述介质中浸泡一定时间不产生变色、失光、软化或留下痕迹。在和肥皂、清洗剂、鸟和昆虫排泄物接触时,不留下斑印。

4) 极好的施工性和配套性。既要能适合大生产型流水作业,又可以作维修涂装。涂膜干燥时间短,适合烘干或自然干燥。在配套方面,底漆对底材要有优良的附着力,对中间层和面层要有良好的结合力,并且注意底漆对底材不能产生副作用。各层次之间应配套,不发生咬起、渗色、开裂等涂膜弊病。

5) 颜色外观应达到标准。汽车涂料不仅应色彩多种多样,且要色泽鲜艳。

6) 货源广泛,价格低廉,低污染,毒性小。在选用涂料时要全面考虑,既要了解涂料品种来源是否充足,购买是否方便,又要考虑优质价廉以及低毒或无毒低公害的产品。

为了合理选择汽车涂装涂料,使涂装质量达到工艺要求和用户满意,实际选择车身涂料时请参阅下列各表所推荐的技术参数和性能。

① 各种涂料与被涂材质适应情况见表9.1.3。

表9.1.3　各种涂料与被涂材质适应情况

被涂材质 ／ 涂料品种	钢铁	轻金属	塑料	木材	皮革	玻璃	织物纤维
油脂漆	5	4	3	3	3	2	3
醇酸树脂漆	5	4	4	4	5	4	5
氨基树脂漆	5	4	4	4	2	4	4
硝基漆	5	4	4	4	5	4	5
酚醛漆	5	5	4	4	2	4	4
环氧树脂漆	5	5	4	4	3	5	-
氯化橡胶漆	5	3	3	5	4	1	4
丙烯酸漆	4	5	4	4	4	1	4
氯醋共聚漆	5	4	4	4	5	4	5
过氯乙烯漆	4	4	5	4	5	-	5
有机硅漆	5	5	4	4	5	5	5
聚氨酯漆	5	5	5	5	5	5	5
呋喃树脂漆	5	3	5	5	3	3	3
聚醋酸乙烯漆	4	4	5	5	4	4	5
醋丁纤维漆	4	4	4	4	1	2	3
乙基纤维漆	4	4	5	3	5	3	5

(表中数字5表示最好,1表示最差)

②溶剂型有机涂层的主要性能见表9.1.4。

表9.1.4　溶剂型有机涂层的主要性能

性能		酚醛	沥青	醇酸	氨基醇酸	硝基纤维	乙基纤维	乙烯基	丙烯酸	聚酯	胺固化环氧	环氧酯	环氧呋喃	环氧酚醛	聚氨酯	有机硅	氯化橡胶
抗化学品性能	盐水喷雾	5	5	5	4	5	5	5	5	5	4	5	5	5	5	5	5
	汽油	5	1	3	5	3	1	3	3	5	5	5	5	5	5	2	3
	盐类	5	3	4	5	3	3	5	4	3	5	5	5	5	5	3	5
	氯气	1	–	1	1	1	3	5	1	3	1	3	1	1	2	2	3
	碱类(20%;浓)	1;1	5;5	4;1	4;3	1;1	3;3	5;5	3;2	1;1	3;5	5;5	5;5	5;5	5;3	5;2	5;5
	酸类(矿物质10%;浓)	3;1	3;0	3;1	3;1	5;2	3;1	5;3	3;1	5;5	5;3	3;1	3;3	5;5	5;2	3;1	5;5
	油酸、硬脂酸	5	1	2	3	2	—	5	2	2	3	5	5	5	5	3	2
	磷酸	2	5	1	1	2	—	5	1	2	5	5	5	5	5	1	3
	水(盐水、淡水)	5	5	2	3	2	3	5	3	3	4	5	5	5	5	5	5
物理性能	柔韧性	3	5	5	4	5	5	5	5	3	2	5	5	5	5	5	5
	抗磨失性	4	—	3	4	2								4	5	2	4
	搞冲击性	3	5	4	5	5	5	5		3	4	5	5				
	铁基从属上的附着力	5	5	5	5	5	3	4	5	5	5	5	5	5	2	2	2
	非铁基金属上的附着力	5	5	2	5	5	4	4	5	5	5	5	5	5	5	5	4
	旧涂层上	3	–	4	3	1	1	—	1	1	3	4	5	1	—	5	

(表中数字5表示最好,1表示最差)

③各种环境条件下选用面漆见表9.1.5。

表9.1.5　各种环境条件下选用面漆

环境条件 ＼ 涂料品种	油性漆	脂胶漆	沥青漆	酚醛漆	醇酸漆	氨基漆	环氧漆	有机硅漆	过氯乙烯漆	丙烯酸漆	聚氨酯漆	硝基漆	乙烯漆
在一般大气条件下使用,对防腐和装饰性要求不高	▽	▽		▽									
在一般大气条件下使用,但要求耐候性好装饰性好	▽				▽							▽	
在湿热条件下使用(要求有三防性能)				▽		▽	▽		▽	▽	▽		

续表

环境条件＼涂料品种	油性漆	脂胶漆	沥青漆	酚醛漆	醇酸漆	氨基漆	环氧漆	有机硅漆	过氯乙烯漆	丙烯酸漆	聚氨酯漆	硝基漆	乙烯漆
在一般大气条件下使用,但要求防潮、耐水性好			▽	▽			▽				▽		
在化工大气条件下使用,或要求耐化学腐蚀性较好			▽	▽			▽		▽		▽		▽
在高温条件下使用								▽					

注:"▽"符号表示可选用

④维修时原来面漆与重涂面漆的配套性见表9.1.6。

表9.1.6　维修时原来面漆与重涂面漆的配套性

原有面漆＼重涂面漆	醇酸	硅改性醇酸	醇酸酯醛	乙烯	丙烯酸酯	催化的环氧	环氧酯	环氧沥青	氯化橡胶	油/酚醛	乙烯/醇酸	乙烯/丙烯酸酯	聚氨酯	聚酯/玻璃片
醇酸	√	√	√	×	×	×	×	×	×	√	×	×	×	×
醇酸/酯醛	√	√	√	×			×	×	×	√	×	×	×	×
乙烯/醇酸	√	√	√	√	√		×	×	√	√	×	×	×	×
乙烯	√	×	√	√	√		×	×	√	√	×	×	×	×
乙烯/丙烯酸酯		×		√	√		×	×	√	√	×	×	×	×
丙烯酸酯	×	×		√	√		×	×			×	×	×	×
催化的环氧	×	×	×	△	△	△	△	×	×	×	×	△	△	△
环氧酯	√	√	√		×	√	√	×	√	√	×	×	×	×
环氧沥青	×	×	×	×	√	△	×	△	×	×	×	×	×	×
氯化橡胶	√	√	√	×	×	×	×	×	√	△	×	×	×	×
油/酚醛	√	√	√	×	×	×	×	×	×	√	×	×	×	×
聚氨酯	×	×	×	×	×	△	×	×	×	×	×	×	△	△
聚酯/玻璃片	×	×	×	×	×	×	×	×	×	×	×	×	△	△
硅改性醇酸	√	√	√	×	×	×	×	×	×	√	×	×	×	×

注:√——正常可配套的;△——需经认真表面处理则可配套;×——一般情况下不推荐;空格为不配套。

⑤各种金属与常用底漆、面漆的配套性见表9.1.7。

表9.1.7　各种金属与常用底漆、面漆的配套性

面漆类型	黑色金属	铝及其合金	铜及其合金	锌及其合金	镁及其合金	镉铜合金
油性漆	油性底漆 酚醛底漆 醇酸底漆	锌黄酚醛底漆 锌黄醇酸底漆	酚醛底漆	酚醛底漆	锌黄酚醛底漆	酚醛底漆
醇酸漆	油性底漆 酚醛底漆 醇酸底漆 环氧底漆	锌黄酚醛底漆 锌黄醇酸底漆	磷化底漆 酚醛底漆	醇酸底漆	锌黄酚醛底漆	环氧底漆
酚醛漆	油性底漆 酚醛底漆 醇酸底漆	油性底漆 磷化底漆 锌黄粉 锌黄酚醛底漆	酚醛底漆	锌黄环氧底漆	锌黄环氧底漆	磷化底漆
氨基漆	醇酸底漆 环氧底漆 氨基底漆	锌黄环氧底漆	环氧底漆	酚醛底漆 磷化底漆	酚醛底漆 醇酸底漆	酚醛底漆 醇酸底漆
沥青漆	沥青底漆	沥青底漆	沥青底漆	沥青底漆	沥青底漆	沥青底漆
过氯乙烯漆	酚醛底漆 醇酸底漆 丙烯酸底漆 过氯乙烯底漆 磷化底漆	锌黄酚醛底漆 锌黄醇酸底漆 丙烯酸底漆 环氧底漆 磷化底漆	酚醛底漆 磷化底漆 丙烯酸底漆 过氯乙烯底漆	酚醛底漆 磷化底漆 醇酸底漆 环氧底漆	锌黄环氧底漆 锌黄酚醛底漆 锌黄醇酸底漆 丙烯酸底漆	环氧底漆 醇酸底漆 磷化底漆 丙烯酸底漆
丙烯酸漆	环氧底漆 醇酸底漆 磷化底漆 酚醛底漆 丙烯酸底漆	锌黄酚醛底漆 丙烯酸底漆 环氧底漆	酚醛底漆 环氧底漆	酚醛底漆 环氧底漆	锌黄环氧底漆 锌黄酚醛底漆	锌黄环氧底漆 锌黄酚醛底漆
乙烯漆	磷化底漆	丙烯酸底漆 磷化底漆				
硝基漆	酚醛底漆 硝基底漆 醇酸底漆 环氧底漆	锌黄酚醛底漆 锌黄醇酸底漆 环氧底漆	酚醛底漆 环氧底漆	酚醛底漆 醇酸底漆 环氧底漆	锌黄环氧底漆 锌黄酚醛底漆 锌黄醇酸底漆	酚醛底漆 醇酸底漆 环氧底漆
环氧漆	环氧底漆	环氧底漆	环氧底漆	环氧底漆	环氧底漆	环氧底漆
有机硅漆	酚醛底漆 醇酸底漆 或不用底漆	锌黄环氧底漆 锌黄酚醛底漆 锌黄醇酸底漆	环氧底漆			

9.2　车身涂装用底漆

随着汽车工业的迅速发展,各种新的车型不断出现,汽车种类、车型、档次都有很大的改变,制造与维修所用的材料也不尽相同,在使用底漆品种时应予以综合考虑。

9.2.1　底漆的选择依据及品种

1. 底漆的选择依据

底漆的正确选择对涂层的品质有重要的影响,选用时应着重考虑以下几点:

1)汽车涂层一般采取复合型涂装,使涂料发挥应有的作用。底漆涂装在表面处理好的零件上(也称基础层处理),因此就要求对底层有很好的附着力和极好的强度。

2)要与中间涂层有良好的配套性,起着承上启下的作用,不会发生被中间层或面层咬起、渗色等弊病。

3)车身底漆应具备耐水(耐潮湿)、耐化学药品等与外界腐蚀介质隔绝的作用,而对底材没有腐蚀性。

4)底漆应具有良好的施工性能。既可在流水线生产中使用,又可在维修涂装中使用,能喷、能刷、能浸和电泳涂装等。

2. 底漆的品种

常用的底漆品种和适用范围见表9.2.1。

表9.2.1　汽车车身涂装常用的底漆

型号及名称	性　能	用　途	使用方法
T06—5 红、灰酯胶底漆	附着力强,干后无光,易打磨,货源广泛,价格便宜	多用于钢铁,木制品表面打底	使用前充分搅拌均匀,用200号溶剂汽油稀释。喷刷均可,自行干燥或120 ℃以下烘干
T06—6 各色酯胶二道底漆	含填充料较多,易打磨,干后无光	用于底漆和腻子上,填补针孔和细小的缺陷	使用时充分搅拌均匀,用200号溶剂汽油稀释,可喷涂,刷涂,与油性漆配套使用
F06—1 各色酚醛底漆	有一定的防锈能力,附着力良好。易于打磨,能与硝基漆配套	钢铁表面防锈打底,也可用于木制品表面打底	用200号溶剂汽油或松节油稀释,喷刷均可一般喷涂两道24 h干燥
F06—13 各色酚醛二道底漆	体质颜料多,干燥快,易打磨	填平腻子表面砂眼,道痕及细小缺陷	用200号溶剂汽油稀释后使用,能喷涂,刷涂
F53—9 偏硼酸钡酚醛防锈漆	干燥快,防锈性和附着力良好,有一定的防霉性,耐溶剂耐碱性差	用于钢铁和防腐设备的打底防锈,可代替红丹酚醛防锈漆使用	用200号溶剂汽油或松节油调稀,均匀。喷刷均可。与脂胶调和漆,酚醛磁漆,醇酸磁漆等面漆配套

续表

型号及名称	性 能	用 途	使用方法
L06—33 沥青烘干底漆	附着力好,防潮,耐水耐热性好,耐润滑油性能良好	用于汽车车架,车轮挡泥板等	用200号溶剂汽油稀释后,喷刷均可,涂在经磷化处理的金属表面最佳,烘烤干燥
L06—37 沥青烘干底漆	经高温烘干后,防潮耐水性良好,漆膜坚韧性、附着力和耐润滑油性比C06—3好	用于金属表面打底	用200号溶剂汽油或二甲苯稀释后喷涂
L44—1 铝粉沥青底漆	有优良的耐水性和防锈能力,涂膜坚韧,附着力强,可常温干燥	汽车底盘,水箱和其他金属表面,可用铝质物面防锈用	用重质苯,煤焦油溶剂或X—8沥青漆稀释剂以刷涂为主,与沥青防锈漆,氯化橡胶配套
L44—2 沥青船底漆	同L44—1	汽车底盘,水箱打底用	同L44—1
C06—1 铁红醇酸底漆	干燥快,有良好的附着力和防锈性,与硝,氨基等多种漆结合力好	用于各种车辆和机械设备等底漆用	用X—6稀释剂或松节油,二甲苯稀释,喷刷均可,可常温干燥或烘(105±2)℃干燥
C06—10 醇酸二道底漆	漆膜细腻,干后易打磨,对腻子或底漆有良好的结合力	主要用于腻子表面,填补针孔,砂眼和细小缺陷	用X—6稀释剂或松节油,二甲苯稀释后,喷涂为主,常温干燥或烘烤干燥
C06—11 铁红醇酸底漆	附着力好,防锈能力较好。与C04醇酸磁漆配套使用,结合力优良。一般气候条件下耐久性好,在湿热带较差	拖拉机用底漆	用二甲苯或松节油稀释,喷刷均可,靠常温干燥或烘干
C06—17 铁红醇酸底漆	干燥快,附着力好,耐硝基漆性能良好。干后不易互溶	汽车或小五金等表面打底,也可在钢铁表面防锈打底用	用二甲苯或二甲苯与松节油混合剂稀释,可喷涂,也可刷涂
Q06—4 各色硝基底漆	漆膜干燥快,易磨平	适用于汽车耐汽油和耐机油部件,铸件等金属表面打底	用X—2或X—1稀释剂调整稠度,适合喷涂,与硝基和醇酸面漆等配套
Q06—5 灰硝基二道底漆	喷涂在硝基底漆或腻子表面,干燥迅速,易打磨	主要用于腻子表面,填平砂眼,封闭底层	用X—1稀释剂调整稠度,以喷涂为主。与硝基磁漆等配套
G06—4 铁红,锌黄过氯乙烯底漆	干燥较快,耐油耐候性耐化学性防锈性比铁红醇酸底漆强,但附着力差	用于汽车和机床设备用各种金属机器表面打底	用X—3过氯乙烯稀释剂调至14~20 s,配合磷化处理或涂X06—1磷化底漆性能更好,在湿度超过70%时,加入F—2防潮剂以防发白。常温干燥2 h,经60~70℃烘干效果更好

续表

型号及名称	性　能	用　途	使用方法
G06—5 过氯乙烯二道底漆	干燥快,填孔性好,易打磨	用于腻子表面,填补细小针孔,道痕,封闭腻子层	用 X—3 过氯乙烯稀释剂,根据浓度配合 F—2 防潮用使用,可与过氯乙烯磁漆配套使用
H06—33 铁红锌黄环氧底漆	具有优良的附着力和耐水性,耐化学药品性	是轿车使用的环氧醇酸底漆铁红环氧底漆用于黑色金属表面,锌黄环氧底漆用于有色金属表面	二甲苯:丁醇 = 1:1 混合溶剂稀释,施工前充分搅拌均匀,可常温干燥或烘干。与 A05—9 氯基烘漆,Q04—2 硝基外用磁漆,G04—9 过氯乙烯外用磁漆等配套使用
H06—43 铁红,锌黄脂烘干环氧底漆	漆膜烘干后坚韧,耐久,附着力好若与 X06—1 磷化底漆配套使用,漆膜的防潮防盐雾和防锈性更好	用于汽车,机床等表面打底,铁红色多用于黑色金属表面锌红色多用于轻金属表面	同 H06—2 铁红,锌黄环氧底漆
H06—11 铁红,锌黄环氧醇酸底漆	漆膜坚韧,耐温性良好,附着力和防锈能力比酚醛底漆好,次于 H06—2 铁红锌黄环氧底漆	汽车,机械设备等打底用	基本与 H06—2 铁红锌黄环氧底漆相同
H06—5 铁红环氧脂电泳底漆	水溶性漆,无毒,不燃烧,其附着力,耐水防潮性与环氧底漆相同	主要用于汽车工业	自动流水线生产。与环氧,氯基等磁漆配套使用
H06—10 环氧脂富锌底漆	漆膜坚韧,附着力强,耐磨,耐潮,耐腐蚀性优良,有阴极保护作用	主要用于汽车底和零部件打底	用二甲苯溶剂稀释,可涂刷物件表面 2 道,每道间隔 24 ~ 48 h。与环氧沥青面漆配套
H06—12 环氧脂醇酸二道底漆	漆膜附着力强,易打磨,常温干燥	作腻子封闭底漆和填孔用	用二甲苯稀释后以喷涂为主,与环氧氨基磁漆等配套

9.2.2　车身涂装用带锈底漆

带锈底漆与一般的防锈底漆不同,它可以直接涂在有锈的表面上,起到除锈防锈的作用。因为这种涂料中的某些成分与铁锈发生化学反应,将铁锈转化成蓝色颜料,或者变成稳定的化合物,再调配一些树脂组分,可以形成连续的膜层,从而起到防锈、防腐的作用。

1. 带锈底漆的分类

带锈底漆按阻锈原理可分为转化型、稳定型、渗透型三大类。

(1)转化型

这种涂料是利用盐酸和黄血盐(亚铁氰化钾)作为转化液与铁锈发生反应,将铁锈转化成蓝色颜料——普蓝。由于反应在一定的酸值下才能进行,因而要有一定数量的磷酸。在铁锈较薄的地方磷酸与铁锈起反应,生成磷酸铁,对金属有阻蚀作用。但这种涂料干燥较慢,与碱性涂料配套易发生咬起等现象,增加施工困难。

（2）稳定型

这种涂料主要是以铬酸盐、磷酸盐等多种防锈颜料为主,加上一定的树脂成分组成的,这些化合物与铁锈发生反应,变成稳定的铁氧化物(四氧化三铁)。

（3）渗透型

以二聚脂肪酸为主要基料,采用渗透能力极强的溶液,通过物理的渗透作用进入铁锈层,把多孔的铁锈团团围住,使铁锈与外界隔绝,达到阻止锈蚀的目的。

目前常用的带锈底漆以前两类最为广泛。

2. 带锈底漆的使用方法

在钢铁表面使用 70 型带锈涂料时,应先用铲刀、钢丝刷、砂布等将工件表面的砂尘、翘起的氧化皮、油污除掉。物面上如有酸、碱、盐、化工粉尘,应用水洗净,对于厚锈还应先用漆液涂刷一次,让漆液先渗透到铁锈的空隙中去。待涂层半干时,可连续再涂刷一遍,使漆液和铁锈充分发生反应转化成膜。

在薄锈和氧化皮上涂刷施工时,应将漆液在物面上连续多涂几次。在无锈区和旧漆层上施工时用极少量漆液均匀地涂几次。

带锈底漆是表面处理的一种方法,它不能完全代替底漆的作用,因此在涂装时应按涂层的配套方法:底漆、中间层、面漆施工,但是必须要待这种涂料完全干燥后方能进行,否则会造成咬起、起泡等弊病。注意应用酚醛、环氧漆类配套。

3. 带锈底漆的品种

汽车车身涂装中使用的带锈底漆主要有以下几个品种:

（1）70 型带锈涂料

70 型带锈涂料(转化型带锈底漆)由磷酸亚铁、氰化钾等加环氧树脂用丁醇、乙醇、二甲苯作溶剂混合而成,用于薄锈和厚锈,可反复涂刷。

（2）H06—17 环氧缩醛底漆

H06—17 环氧缩醛底漆(即带锈涂料)由丹宁酸、磷酸和醇溶液加环氧树脂、缩丁醛树脂溶液和苯二甲酸二丁酯、蓖麻油、稳定颜料等制成,涂刷在锈蚀的表面上,起阻蚀作用。

（3）C06—18 铁红醇酸带锈底漆

C06—18 铁红醇酸带锈底漆(7108 型稳定型带锈底漆)主要是由醇酸树脂加化锈原料、稳锈原料和有机溶剂研制而成。其特点是干燥快,附着力强,有较好的耐热、耐低温、耐硝基性,可阻止锈蚀发展,并能逐渐将锈蚀转化成有益的保护性物质,可与硝基、酚醛、醇酸等底漆面漆配套。

转化型带锈底漆也可以自行调配,其基本配方如表 9.2.2 所示。

表 9.2.2 转化型带锈底漆配方

成分	磷酸	黄血盐	煤焦油	乙醇	丁醇	二甲苯	炭黑	6101 环氧树脂	其他树脂
%	44	2	8	20	6	6	1	12	1

9.3 车身涂装的中间层涂料

汽车车身涂装工艺的中间涂层是必不可少的工序,是为面漆打基础的重要涂层。中间涂层介于底层涂料与面漆之间,所使用的涂料主要是腻子和二道底漆。而车身涂装用面漆主要起对车身构件的防护和装饰作用,其中以颜色和光泽为品质追求的目标。

9.3.1 腻子的选用

腻子是在成膜物之中,加入适量的颜料、催干剂和溶剂调制而成的一种厚浆状物质,具有容易干燥、涂施简便、干后坚硬、能耐砂磨等特点。腻子的主要作用是改善车身构件表面的平整度,使涂层表面光滑和增加装饰效果。由于腻子的品种较多且功能各异,加之涂层材料所具有的配套性要求,使合理选用腻子成了车身涂装作业中一项非同小可的工作。

1. 配套性要求

腻子与底漆及面漆的配套性问题,实质上也就是极性的匹配问题。通常的解释说,极性大的材料其分子的结合力也越大;反之,极性小的材料其分子的结合力则越小。一般可以简单地将所用涂料,分为合成树脂涂料和油基涂料两大类。其中,合成树脂类涂料的极性就大,如:氨基和环氧系列底漆、腻子、面漆等;而油基类涂料的极性就小,如:脂胶、酚醛系列底漆、腻子、面漆等。还有一种类型涂料的极性介于前两种之间,如:醇酸系列底漆、腻子、面漆等。

腻子选用的原则之一是,要从涂料极性大小来考虑其配套性。一般,底漆、腻子、面漆三者之间的极性,应以相近或基本相近为宜。由此,可获得更可靠的附着力和层间结合力。

腻子选用的另一个原则是,根据填充层的厚度和用途等来考虑所选腻子的类型。一般,将腻子分为填充型、中间型和刮(喷)涂型三类。

2. 工艺性要求

工艺性要求是指车身涂装过程中,根据施工要求对腻子性能提出的质量要求。

(1)填充型腻子

顾名思义,填充型腻子适用于填补构件表面上的较大不平(平面度误差大于 3 mm)或车身构件的接缝等。这种类型的腻子强度高、堆积性好,并且一次可刮较厚的涂层。

(2)刮涂型腻子

刮(喷)涂型腻子则适用于覆盖道痕、砂眼及构件表面上的较小不平等。这种类型的腻子颗粒细腻、柔韧性好、易打磨和烘干后不变形等特点,但与填充型腻子相比堆积性差。

(3)中间型腻子

中间型腻子则介于前两者之间,既可有条件地替代填补型腻子,也可经仔细打磨后直接涂施面漆。

3. 腻子及中间层涂料应具备的特点

由于腻子和中间涂层是介于底层涂料和面漆之间的一层重要涂料,对其加工性、配套性、耐候性等都有要求。

1)应有与底漆、面漆很好的结合力和配套性,不易发生起泡、龟裂、脱落和被面漆溶剂咬起等弊病。

2）干燥时间短，能烘干、自然干或固化干燥，在用水浸泡一定时间不应有起泡或脱落现象。

3）良好的干打磨或湿打磨性能。打磨时间不沾砂纸，经过若干次填平后应有光滑、细腻、平整的表面。

此外，腻子的选择还要与施工方法相配套。不同的施工方法适应于不同的场合，并且也可以获得涂料过渡为涂层的不同效果。这些主要针对是烘干还是自然干燥，是连续刮涂还是有充足的间隔，是采用手工打磨还是使用专门的机械等。

最后需要特别指出的是：施工中应尽量不要使腻子层刮涂过厚，否则不仅对涂层起不到良好的保护性，相反还会破坏整个涂层的外部环境变化复杂，汽车本身的振动、颠簸等，使腻子层早期龟裂、脱落，造成涂层的早期损坏，使水分和其他有害物质渗透到底层，使底层遭到腐蚀。

为了发挥腻子的功用，除腻子本身的性能外，应该要求设计、制造、维修者采取技术和工艺措施，最大限度地消除物质表面的缺陷，增加车身构件的平整度，使腻子刮涂得越薄越少越好。

9.3.2　腻子选用

如果腻子选择得当，将会使构件表面达到平滑、匀顺、细致的目的，涂装面漆后才能漆面饱满、光泽突出等特性充分显示出来。

商品腻子。根据车身涂装的使用要求，可以直接选择品种繁多的商品腻子。这里将商品腻子的品种、性能等列于表9.3.1，可供选择时参考。

表9.3.1　腻子的品种及性能

型号名称	性能用途	使用方法
原子灰系列腻子	由树脂颜料填装乙烯类单体及硬化剂等组成，干燥迅速，体积收缩率小，涂层机械强度高，与底材附着力强，利于施工，多用于汽车维修时使用	分组包装，腻子与固化剂比例为100：1或100：3～4，混合均匀后即可使用。一次不能调配过多，防止固化
Q07—5各色硝基腻子	干燥快，易打磨，用于填补细小缺陷，或补找腻子上的小针孔	一次不能刮涂较厚，需要稀释时用X—1或X—2硝基稀料调整
C07—5各色醇酸腻子	腻子坚硬附着力好，易刮涂，用于车辆，机械，机床，木器等填平使用	一次刮涂厚度不超过0.5 m，可自干，烘干。与醇酸氯基，硝基等面漆配套
F07—1各色酚醛腻子	干燥快，刮涂性好，易打磨，用于金属和木制品表面填平	可自然干燥和烘干，可连续涂刮2～3道，每道厚度为0.3～0.5 mm，用200号溶剂汽油稀释
C07—6灰醇酸腻子	自然干燥较快，耐水耐潮，水磨性能好，不被硝基漆咬起，用于温热带交通车辆，机械设备及木制品表面填平	用X—6醇酸稀料或用200号溶剂汽油与二甲苯混合溶剂调整稠度，每道干后可连续刮涂2～3道，每道厚度不超过0.5 mm
C07—3各色过氯乙烯腻子	干燥快，耐候性，耐油，防潮，防霉性能好，用于汽车，机床表面填平	先用稠腻子填平较大缺陷处，干后全面填刮刮涂时往返1～2次，以防腻子卷起。可用X—3过氯乙烯稀料调节稠度

续表

型号名称	性能用途	使用方法
A07—1 各色氨基烘干腻子	附着力好,易打磨,刮涂不起卷,用于车辆和金属表面填平	每道刮涂厚度为 0.3～0.5 mm,用二甲苯调节稠度,烘烤 80～100 ℃,半小时干燥
H07—4 各色环氧脂烘干腻子	腻子烘干后坚硬,附着力强,耐水耐潮性好,用于各种车辆金属表面填平	每道刮涂厚度不超过 0.5 mm,用二甲苯调稀后涂刮在物件表面
H07—6 环氧腻子(分装)	附着力好,耐水耐化学腐蚀性能良好,涂层坚硬,不易打磨,用于金属表面填平	按比例将两罐混合均匀,用多少配多少,一次用完,一次可以涂刮较厚。用二甲苯稀释

在中间涂层的施工中,可根据条件和具体情况的不同,由施工者自行调制腻子,它的特点是可使腻子刮涂得较厚,并且具有干燥时间短、使用方便、容易打磨、经济性好等优点。自制腻子的缺点是化学成分不稳定,如果调制不当,腻子容易产生耐久性差和易产生起泡、龟裂、脱落等缺陷。

9.3.3 车身涂装用二道底漆和封闭漆

二道底漆和封闭底漆也可称为中间层涂料,主要用于腻子与面漆之间的涂层,同时也用于填补腻子上的细小缺陷、道痕。封闭漆用于中间涂层的最后一道工序,旨在避免喷涂面漆后发生与中间涂层咬起、渗色等缺陷。由于我国这种封闭漆品种较少,故应用并不十分广泛,通常是使用头道底漆来代替。

9.3.4 车身涂装用面漆

随着石油化学工业的发展,汽车面漆结构、品种、品质也随之不断改善。我国汽车面漆已摆脱了过去仅仅以油树脂为主要原料的格局,从而进入了合成树脂涂料时期。汽车面漆是汽车涂装中最后一道工序,它的各项性能指标直接影响到汽车涂层的使用寿命和汽车车身的价值。因此,科学合理选择汽车车身涂装面漆是非常重要的。

汽车常用面漆的特性及使用范围见表9.3.2。

表9.3.2 汽车常用面漆的特性及使用范围

序号	型号及名称	特 性	使用范围	用量/(mL·m⁻²)
1	Q01—1 硝基清漆	干燥快,有良好的光泽和硬度	与汽车外用硝基漆配套使用,调入色漆内罩光,也可用于木制品罩光	50～70
2	Q01—18 硝基皮革清漆	干燥快,光泽较好,柔韧性强	皮革,人造皮革表面罩光	120～150
3	Q01—23 硝基清烘漆	漆膜烘干后硬度高,光泽好,耐汽油和耐机油性能强,可抛光	空气滤清器,汽油滤清器等	50～100

续表

序号	型号及名称	特 性	使用范围	用量/(mL·m⁻²)
4	Q04—2 各色硝基外用磁漆	干燥快,漆膜较硬,光亮,可抛光上蜡	汽车车身和汽车总成大修时用漆	240~360
5	Q04—17 各色硝基醇酸磁漆	光泽好,耐大气性良好,三个月内不宜打蜡	车身用漆或其他机械设备用漆	120~240
6	Q04—31,Q04—34 各色硝基磁漆	涂膜光亮平滑,涂膜经烘烤100~110 ℃(2 h),机械强度更好,耐候性比 Q04—2 漆好,能抛光打蜡	中、高级轿车车身	160~200
7	Q04—32 各色硝基平光磁漆	涂膜反光性小,不刺眼,户外易粉化	用于军用车辆	180~270
8	Q04—35 硝基静电磁漆	涂膜干燥快,光泽好,硬度较高,适于抛光	汽车金属表面静电喷涂	120~200
9	G04—9 各色过氯乙烯磁漆	干燥快,涂膜光亮,色泽鲜艳,能打磨抛光。耐候性、抗老化性优于硝基涂料,耐汽油性差	适用于大客车车身,电车,机床医疗设备。用于湿热带地区	
10	G04—10 各色过氯乙烯半光磁漆	漆膜光亮平和,户外耐久性好,机械强度高,耐海洋气候和湿热带气候比硝基外用磁漆强,耐水耐汽油性比过氯乙烯外用磁漆好,干燥时间较长	适用于工程车和军用车辆	
11	G04—13 过氯乙烯静电磁漆	干燥快,涂膜硬度好,光亮。有良好的耐水性,耐油性。可用静电或手工喷涂	适用于大型货车,工程车,农业机械	
12	G01—7 过氯乙烯清漆	涂膜干燥快,光亮,饱满	用于过氯乙烯磁漆表面罩光,或与最后一道磁漆混合使用	
13	C04—2 各色醇酸磁漆	有较好的光亮度和机械强度,附着力良好,耐水性好,可自然干燥	常用于汽车驾驶室,车箱和大客车车身外表涂装	60~80
14	C04—18 各色醇酸磁漆	漆膜坚硬光亮,干燥快,有良好的机械强度,不易起皱。耐水性好于 C04—2	用于货车驾驶覆盖件和车箱,也可用于大客车内外涂装	50~80
15	C04—42 各色醇酸磁漆	比 C04—2 附着力,耐候性,耐久性强。实际干燥时间较长	同 C04—2	同 C04—2

续表

序号	型号及名称	特　性	使用范围	用量 /(mL·m⁻²)
16	C04—43 各色醇酸无光磁漆	漆膜无光,耐水性较好,耐晒性差	适用于国防设备,适用汽车,车箱内金属等	70~90
17	C04—44 各色醇酸半光磁漆	漆膜光度和谐,附着力好、坚硬,有良好的耐久性	适用军工机械,车辆内外涂装	60~90
18	C04—48 各色醇酸磁漆	漆膜坚韧光亮,颜色鲜艳,附着力好,耐汽油和机油性良好,耐候性强	常用于汽车,机床,设备,船舶或木制品表面	50~80
19	C04—49 各色醇酸磁漆	有较好的附着力,耐候性和耐油性,耐潮湿性稍差	汽车驾驶室叶子板等和其他零部件	同上
20	C04—50 各色醇酸磁漆	有较好的耐水性,耐油性,附着力好	用于货车驾驶室,车箱等	同上
21	C04—51 各色醇酸磁漆	同上	适用汽车车身等	同上
22	C01—1 醇酸清漆	漆膜光亮,有较好的耐久性,柔韧性和硬度。附着力良好	汽车外部罩光,可与各色醇酸磁漆混合使用,也可用于车内外表面罩光	40~60
23	C01—5 醇酸清漆	漆膜干燥迅速光亮不易起皱,耐水性较好,柔韧性稍差	汽车表面罩光	40~60
24	A01—1 氨基清烘漆	漆膜坚硬光亮,附着力,耐水性,耐油性,耐磨性优良	可与氯基烘漆,沥青烘漆,环氧烘漆配套使用	
25	A01—10 氯基清烘漆	漆膜坚硬,平滑,光亮,耐候性,耐潮湿,附着力良好	用于汽车,轿车和客车外部罩光	
26	A05—9 各色氨基烘漆	漆膜光亮饱满,色泽鲜艳,有良好的附着力,耐水耐油耐磨等性能。与磷化底漆,环氧底漆配套使用可达到三防性能	中级轿车车身	
27	A05—15 各色氨基烤漆	涂膜坚硬饱满光亮,与一般氨基漆比较,耐候性和附着力优良	轿车及其他车辆	
28	A05—22 各色氨基静电烘漆	涂膜光泽好,其他同 A05—9 各色氨基磁漆	同 A05—9	

续表

序号	型号及名称	特　性	使用范围	用量/(mL·m^{-2})
29	B01—10 丙烯酸清烘漆	漆膜烘干后硬度好,光亮,保光保色性强耐潮湿,耐盐雾,防毒等性能良好	用于小轿车,面包车,电冰箱等表面罩光	
30	B05—4 各色丙烯酸烘漆	属于热固性漆,漆膜光亮饱满,硬度较高有优良的保色保光三防性能	适用光泽要求较高的汽车表面	
31	B04—11 各色丙烯酸磁漆	常温干燥,漆膜光亮,耐候性,保光保色和三防性能较好	适用于小轿车车身	
32	B22—1 丙烯酸木器清漆 (分装)	常温固化,漆膜光亮丰满,机械性能好,保光性强,耐寒耐热耐温变性能好,可抛光	适用小轿车内,木器,钢琴,家具等	
33	C04—50 丙烯酸木器清漆	常温固化,色浅,硬度大,耐水耐温,不变色	大客车内木制品罩光,普通木器表面罩光	

9.4　车身涂装用色漆的调配

一般车身涂料都要经过适当的调配后才能使用。涂料的调配作业需要解决两个方面的问题,即:漆的颜色和黏稠度。若要掌握漆色的调配技巧,首先需要对色彩的基本常识有一个大致的了解。

9.4.1　色彩的基本常识

人们所看到的各种颜色是由于光的作用,色是离不开光的。没有光,也就什么颜色都看不见了,人们通常所称的光是电磁波谱中人们的眼睛能看的那一小段称为可见光。英国的科学家牛顿于1666年在暗室中将一线太阳光通过三棱镜投射到屏幕上,结果看到了并列着的从红到紫的色带。他又将各种颜色的光线通过三棱镜合在一起,结果又复原成接近太阳的白色光线从而找了有彩色光和无彩色光。得出了有光才有色,无光但无色的结论。

光是由眼睛去感受的,眼睛能看到直接光源或看到照射在物体上的反射光,它是靠物体来实现的,可见,如果是什么也没有的空间,光是不可能被看见的。然而色彩离不开光,也离不开物体,没有具体的物件,也就没有具体的色彩了。我们在日常生活中遇到的物体多是不发光的。但是由于光的作用,在人们的视觉上便会出现颜色,因为任凭物体对色光都有吸收和反射本能。光线射到特例上,一部分色光被吸入,一部分色光被反射。全部吸收色光的物质是黑色;全部反射的物质是白色;对所有的色光等量地吸收或部分吸收,部分反射的即称为灰色,而其他各种彩色物体,则是对不同色光选择的吸入与反射的结果。例如红色的布,是由于它吸收了光线中的橙、黄、绿、青、蓝、紫色而反射出红光,因此我们看到的是红色。绿叶是将其他颜色的光吸入而将绿色的光反射,所以便呈现出绿色。确切地说,物体呈现的颜色并不是物体本身所具有的颜色,而是根据各种比例入射光反射的结果。

1. 色的三属性

形成千变万化的色彩主要有三要素,即色相、明度、纯度,人们常称其为色的三属性。

（1）色相

指各种色彩的相貌,它是区别各种色彩的基本手段。如日光中存在红、橙、黄、绿、青、紫六种色相,再用这六种色相调和,便可以产生很多种色相。即使是同一种颜色也有不同的色相,如:红有大红、朱红等不同色相。色相应是光谱色的本色,色相是一定的,只是照射的光源与物体反射光的波长在一定范围内变化,才会有不同色相。将外表相似的颜色按顺序排列下去,即红、橙、黄、绿、青、青紫、紫、紫红,列到最后又回到红色,这说明有关色相的感觉变化是循环的(见图9.4.1)。不具有色相的无彩色也跟彩色一样,仍是色彩的同类,它与光的情况不同,是以白、灰、黑来区别的。

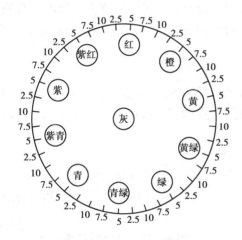

图 9.4.1　色相环　　　　　　　　　　图 9.4.2　色的三属性关系图

（2）明度

色的明亮程度,颜色的明暗度决定到光源的照射与物面的反射光强度。在一个表面,涂同样一种颜色由于光照射角度不同,颜色的明暗就有很大区别。明度与光有反射也有很大关系。同一种色相的颜色由于反射率不同,而呈现出很明显的明亮度差别,大红明度最高,紫红次之,深红最暗。

明度是以白为顶点沿浅灰、灰、深灰、黑的垂直方向延伸来表示,黑的最暗,理想的黑反射率为零。

（3）纯度

指色的饱和度,也称之为彩度色彩的鲜艳程度。明度与纯度并不完全一致。明度强的颜色,纯度不一定高,相反明度弱的,纯度就一定差。可用图9.4.2表示色相、明度、纯度三者关系。

2. 颜色的感觉

在成千上万的色彩中,由于人们年龄、性别和地位、环境和地区之间的差别,对颜色的要求也不一样,有的喜欢鲜明的,有的喜欢和谐的,也有的喜欢沉着、高雅的等。然而由于颜色的变化,可以对人们的生理和心理产生各种各样的反应,有的颜色使人感到厌烦、沉闷。

下面分别阐述一下人们对颜色的感觉规律。

(1)颜色的冷暖感

在寒冷的冬天,当一轮红日从东方升起,整个大地染上了一层橙红色暖调的时候,人们感到温暖,精神振奋。在炎热的夏天,当走到海边看到一望无际的蓝色海洋,就会感到无比凉爽。从火红的太阳到蓝色的大海,使人精神和心理上产生不同变化。色彩中的红、橙、黄色使人感到温暖、欢乐、活泼。看到红色时,会联想红旗、火与血,能够催人奋进;蓝色、绿色使人感到清晰、安静,引起人们美好的回忆;蔚蓝的天空,绿色的大地和原野都会使人感到心旷神怡,所以称之为冷色。

暖色和冷色是相对的,是比较而言。同一种颜色中就有冷暖的区别,如红颜色是暖色,把大红、朱红和玫瑰红进行比较则朱红比大红暖,玫瑰红又比大红冷。

(2)颜色的轻重感

蒸汽机车的颜色涂黑色,看上去感到很沉重。与之相比较,国际铁路上使用的集装箱,采用明亮的黄绿色,给人以轻松的感觉。由此,可以得出深的颜色感觉重,浅颜色感觉轻。在涂装工业产品中,一般小型产品都涂装较浅的颜色。

(3)颜色的远近感

纯度高的红、黄、橙使人感到距离近,明显;蓝、绿、青色使人感到距离远,有后退感。因此,画家在作画的时候巧妙地利用色彩的变化规律,把景色画的逼真,远、中、近分明,使人看到后感觉身临其境。

(4)颜色的疲劳感

在红、黄颜色环境下生活工作,人们会感到疲劳,刺激性强,又觉得时间过得慢;而在浅色天蓝、浅绿、水绿等冷色布置的环境中工作生活,会给人以淡雅、清静舒适的感觉,使精神舒展、愉快,时间亦显得快,使人不易疲劳。

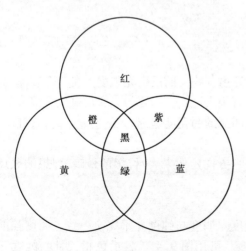

图9.4.3 三原色混合

3. 原色、间色、复色、补色

(1)三原色

在千变万化的色彩中,追根溯源,许许多多的色彩都是由红、黄、蓝三色相互混合变化而来的。而红、黄、蓝三色中任何一色都不能由另外两种原色混合产生,它是最基本的颜色,故称原色,也叫第一次色(图9.4.3)。

从三原色的原理来讲,任何颜色都可以由红、黄、蓝二色调出来。但实际上因为颜料成分的不同,有些特殊的颜色群如:青、玫瑰红等色,用三原色是配不出来的。

(2)间色

间色又叫第二次色,是由两种原色混合而成。间色也只有三个,如:红+黄=橙、红+蓝=紫、蓝+黄=绿。

（3）复色

复色又叫再间色或第三次色，是间色与间色混合所产生的色，如橙 + 紫 = 橙紫、橙 + 绿 = 橙绿、绿 + 紫 = 绿紫。

由此可见，每一种复色都包含着三原色，只不过有一种颜色成分较多，如橙紫中的红的成分较多，橙绿中的黄的成分较多，绿紫中的蓝的成分较多。

复色的混合有四种方法：一种是间色互相混合，第二种是相对色适量的混合，第三种是原色或间色与黑色混合，第四种是原色或间色与复色混合。

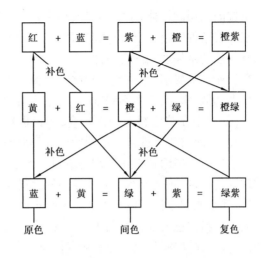

图9.4.4　原色、间色、复色、补色

（4）补色

两个原色混合配成一个间色，而另一个原色则称补色。两个间色相加调成一个复色，而与其对应的另一个间色也称为补色，见图9.4.4。

（5）消色

原色或间色、复色调对不等量的白，可以调配出许许多多的深浅不一的颜色。如果加入不同比例的黑，则可以调配出很多灰色、暗色，白和黑起到消减作用，因此称为消色。

（6）调和色

凡两种色相较接近，性质相差不远，放在一起使人们看起来较和谐称为调和色。如色环中相邻近的两色为调和色，同类色和类似色都是调和色。如：红与橙红、黄与黄绿；又如：大红、浅红、粉红等。

9.4.2　颜色调配

在车身维修涂装中，涂料调色是经常进行的作业。虽然涂料厂家生产的涂料颜色很多，但仍满足不了车身维修中涂装作业的需求，颜色品种对车身维修行业来说还远远不够。尤其是当需要对车身局部补漆时，必须按原车身颜色进行调配。

涂料调色和绘画调色从理论上讲是一致的，但在实际运用中却有一定的区别。绘画色彩讲的是色调，固有色、环境色、高光、反光等色彩的微妙变化是立体的画卷。涂料调色主要是色相、明度、纯度，以红紫、黄、蓝、白、黑、绿、银色、金色等涂料颜色为主，另外还要考虑到清漆和辅料的颜色（如：催干剂等），还有底层涂料的颜色和色漆颜色上浮下沉等问题，也需要在调色时一并予以考虑。因此，涂料调色是一项科学、复杂的技术，既需要有理论的知识又要有多年实践经验的积累。

1. 调色前的准备

车身维修涂装一般分为全车涂漆和补漆两大类。全车涂漆又分为用原来颜色涂装和改变原来颜色涂装。整车涂装调配颜色较容易；而补漆则要求颜色的误差性小，越接近越好，在没有先进仪器设备的情况下，调配时较为困难。

在调色前要对原色漆进行观察、分析、判断。首先观察色相是红色相、蓝色相还是绿色相；然后分析由哪些颜色组成，判断组成的颜色中主色、次色、再次色的大体比例。

掌握旧涂层的性能,了解旧涂层面漆是什么性质。如油基漆、挥发性漆、烘干漆、固化型漆等。在没有条件的情况下,可用打磨的方法做硬度试验,用溶剂润湿的方法作化学试验等,以便根据试验的结果选用配套色漆。

根据业户的要求,涂装不同档次的涂料颜色,这是在车身维修涂装中经常遇到的问题。由于车型多和低、中、高档次不同,所以对涂装面漆档次的颜色要求也不同。甚至有些档次不高的汽车,却要求涂装涂料的档次较高,颜色也较复杂,如:半金属色、金属色、本身带多种颜色等。因此,要求对底层进行一系列的处理及准备工作。

由于目前我国涂料工业特别是颜料工业还不够发达,另外存在着南方、北方、边远地区和开放地区等差别,还有流通领域的原因使涂料颜色品种不全,以及产品颜色的色度不准确、不稳定等,都给调配涂料颜色增加了一定的难度。

因此涂料颜色的准备不同于颜料配色,要求同类性能涂料颜色调配,不同性质的涂料颜色不能混合,如:醇酸漆颜色不能和硝基漆类颜色混合。

目前涂料工业使用的颜料有八大色系,见表9.4.1。

表9.4.1 八大色系颜料表

八大色系名称	各色系的颜料	八大色系名称	各色系的颜料
红色系	大红、铁红、酞青红	白色系	酞白、锌钡蓝
紫色系	甲苯胺紫、酞青紫	黑色系	色素炭黑、硬质炭黑、软质炭黑松烟
黄色系	深中浅铬黄、深浅镉黄	绿色系	酞青绿、氧化铬绿
蓝色系	铁蓝、酞青蓝	橙色系	铅铬橙

2. 调色程序

手工调配色漆主要凭实际经验,根据调配色漆的样板来识别其中由哪几种单色组成,以及各单色约占的比例,并据此将色漆调配出来。

手工调配漆色时的操作要点为:根据颜色形成的机理仔细分析样板的颜色,待基本估计出参配色漆种类、比例、分量后,再着手试配漆色的小样,并以其实际比例作为调配大样时的参考依据;调配时应先加入主色(指用量大、着色力小的色漆),再慢慢地、有间断性的加入副色(用量小、着色力不强的漆色);分析、调配、检查均应在较好的天气下进行,"灯下不观色"、强烈的阳光直射也会造成色差;参配的色漆其基料必须一致,此外,还要考虑到色漆干湿状态下的颜色变化,一般湿时显得浅些,干时会转深些。

根据掌握的主色和其他副色(次色),先用干净木棒将涂料搅拌均匀,将主色倒进容器中,再按先浅后深的次序,将其他颜色边加入、边搅拌、边对照。如果涂料较稠,可用该涂料的稀料调整。当颜色接近样色时,可涂抹在玻璃片或白铁板上与样色比较,按颜色的三属性分析、查看。观看色相是否正确,然后检查明度、纯度,发现误差后继续调对一直到符合样板色为止。

当小样对好后,根据小样主色、复色的比例关系进行较大量配色,当颜色配好后根据作业要求,用喷浸等方法涂在玻璃板上再次对比样板,如有差别继续调整。

在调配涂料颜色时,要在晴天或光线充足的地方进行观察颜色才准确,不能在灯光下或阴暗的地方调对,以免产生颜色误差。

比色时,应将新对涂料颜色滴抹在干样板上,或将调对新涂颜色样板与干样相交查看。

查看时,待湿涂料颜色干后与干样板对比,或将干样板用水洒湿查看较为准确,否则会发生涂料颜色过浅或过深。

使用配色的工具容器一定要干净,如使用喷枪特别是喷涂浅色涂料时,一定要洗净防止其他颜色混入。

调对同一种涂料颜色时,要注意颜色的上浮与下沉,稠度应调到施工时的要求,以免发生涂装后颜色差别。

调色时应考虑色漆中有清漆和其他辅料成分防止涂料干后变色较快。

3. 几种颜料色漆的色相分析

涂料使用的颜料颜色中,由于化学成分、研磨细度、颗粒状态、加工提炼程度等不同,所呈现的色相(色头)也不一样,几种颜料色相见表9.4.2。

表9.4.2 几种颜料的色相

颜料名称	色 相	颜料名称	色 相
硬质炭黑	呈黄、红	钴绿	白、黄
软质炭黑	呈蓝	钛青蓝	蓝、黄
钛白	呈黄、蓝、灰	铁红	黑、红、灰
铁蓝	呈红、青		

由于涂料中含各种不同基料,因此各种色漆都有基料的颜色,使涂料颜色受到一定的影响。深蓝色涂料中都带有黑的色相,如加白可以调对出不同程度的浅蓝,但这种浅蓝都带有灰色有如原桶浅蓝鲜艳,如果用这两种浅蓝加黄配成浅绿,其色相一个发灰,另一个较翠。

中黄色涂料加白色对成浅黄和原桶的浅黄相比其色相前者显红,后者发青。

大红中加入少量的黑或加入少量的蓝,配出的紫红不如原桶的紫红夺目,如果将这两种颜色加入中黄,其色相更为明显。

白色涂料由于色漆的品种不同,几种白色涂料放在一起比较有不同的色相,有的呈蓝色相,有的呈黄或灰色相等。

黑色涂料由于炭黑的颜料色相不同再加上基料颜色有的呈蓝色相,有的呈黄红色相或灰色相等。

初学配色者可将每个单色漆分别混入不同的色漆,然后通过对比查清其色相。如:铁蓝 + 白 = 中蓝、浅蓝、天蓝等;酞菁蓝 + 白 = 酞菁中蓝、酞菁浅蓝等;红 + 白 = 浅红、粉红等;黄 + 白 = 浅黄、米白、奶白等。

另外以红逐渐加黄、加黑、加蓝等可分别出现很多种色相,通过调对增加调色知识,也可以做些色样,供以后配色时作参考。

9.4.3 涂料颜色的调配比例

涂料调色比例,应以颜料比例调色较为准确。由于涂料中含有不同比例的基料,基料带有不同程度的颜色,又由于涂料在包装中搅拌得不十分均匀,从而产生颜色和轻重,造成质量的差别,因此涂料按质量配比误差较大。

各种颜色涂料配成其他颜色涂料的配比见表9.4.3。

采用单色硝基漆配制复色漆的配比见表9.4.4。

表9.4.3　用各种颜色涂料配成其他颜色涂料的配比（参考）

需配制的色漆 ＼ 数量	用漆品种						
	绿漆	白漆	黄漆	浅黄漆	蓝漆	铁红漆	黑漆
豆绿色漆	38	25	12	25			
草绿色漆		11	50		4	15	20
深绿色漆	80				20		
海蓝色漆		63		9	23		
天蓝色漆		94			6		
钢灰色漆		88			1		11
中灰色漆		92			0.5		7.5
橘黄色漆			18			80	2
军黄色漆			73			20	3
奶油色漆		97			4		
电机色漆		95	2		0.3		2.7

表9.4.4　硝基漆配制复色漆的配比

配复色漆 ＼ 数量	配入单色漆								
	白	蓝	黄	黑	浅黄	绿	铁红	红	紫红
橙　色			52.7					47.3	
紫　色									100
红　色								100	
浅肉红	96.17		3.28					0.55	
铁　红							100		
蔷薇红	92.02		4.59					3.39	
浅玫瑰	69.06		5.53					18.03	7.38
浅腥红	43.3		26.7					30.0	
玫瑰红	46.25							29.58	24.17
浅杏红	76.78		20.8					2.42	
浅　棕			28.5				71.5		

9.5　涂料的选择及常见品种

随着国产轿车和进口轿车保有量的剧增，进口涂料在汽车车身涂装中的应用也越来越广泛。但是，由于进口涂料的品种繁多并且性能、价格等也有很大区别，合理选择涂料对品质和经济都有一定影响。

为使涂层能够充分发挥其防护与装饰作用,从而获得更加令人满意的涂漆效果,必须从多方面考虑选择更适合的进口涂料。

1. 从使用条件和工艺性出发

根据涂层的使用环境与条件角度出发选择涂料是非常必要的。因为:涂料的耐候性好,喷涂后形成的漆膜就不易粉化、起泡、脱落、褪色;涂料的机械性能好,可使表面涂层牢固、坚韧和耐磨、耐冲击能力提高;优良的三防性能,使涂层耐湿热、耐酶菌、耐盐雾等。

每一种涂料都有各自的特性、优缺点和应用的局限性,要在熟悉掌握的基础上加以分析并有针对性地选用。如:醇酸系列漆的耐候性好、附着力强,但漆层软、耐水性差;硝基系列干燥快、坚韧耐磨,但其固体成分少、耐酸碱性差;有机硅系列漆具有良好的耐高温性能,但需要高温烘烤且附着能力差。

进口涂料中的双组分低温烤漆,以其干燥快、施工简便、设备要求条件低等优点,在汽车车身维修行业中较为盛行。并且这种双组分烤漆喷涂后涂膜较厚,遮盖力强,流平性好,光泽饱满,漆膜坚固耐用,施工时不受相对温度影响,是高级轿车车身涂装的优良涂料。

2. 从涂料的配套性出发

在前面关于腻子的选择中,已经提到过了涂料的配套性原则。车身表层涂料的选择同样应兼顾其配套性。

在选择时即应考虑到涂料与被涂层材料的配套,还要考虑到各涂层之间的材料配套性问题。例如:底漆、面漆、罩光漆三者之间,既要具备相互间的结合能力,又能彼此相互适应即彼此间存在的容让性。一般硬度高的面漆不应与较软的底漆相配套,否则易发生龟裂;耐油性差的油性底漆不宜与溶解力很强的硝基或过氯乙烯等面漆相配套,将会发生"咬底"现象。

在不违背涂料配套原则的基础上,灵活选用涂料以获得比较理想的涂层。车身涂装中,把选用几种涂料共同制成复合涂层的方法,称之为"多层异类原则"。它可以根据使用环境与条件,选择各有长处的涂料以发挥其各自的优点,使不同的涂料能相互取长补短。例如:使用硝基轿车面漆,其装饰性虽好但保护性较差。如果采用防锈性能很好的环氧底漆,又存在与硝基面漆结合不良的缺点。对此,可在底漆与面漆之间加一层硝基二道底漆来弥补。

汽车车身涂层中底漆、腻子、面漆的配套,可参阅本书附表所推荐的方案。

复习思考题

1. 涂层如何进行划分?
2. 如何正确进行涂料的选择?
3. 底漆选择的依据是什么?
4. 如何进行腻子的选用?
5. 色的三属性是什么?
6. 如何进行颜色的调配?

第 *10* 章
汽车车身喷涂工艺

车身维修中的涂漆方法主要以空气喷涂为主。该方法可以获得漆层厚薄均匀、光滑平整的漆膜,且对缝隙、小孔、倾斜、弯曲等复杂的部位,均可将涂料喷涂到位。喷涂法的适应性极强,大多数漆料都可用此法完成,尤其是硝基系列快干漆更加适宜用喷涂法。这里以喷涂法为主,简述车身整体喷漆和局部补漆的基本工艺及其操作要领。

10.1 轿车车身涂装工艺

随着汽车工业的发展,轿车的保有量在不断增加,并且部分进口轿车也随着增多,因此对轿车车身的涂装同样是不可缺少的,并且由于轿车车身对装饰性的特殊要求,涂装品质便成了车身维修中追求的目标。

10.1.1 普通轿车喷涂硝基漆工艺

轿车车身维修时其外表涂装属于一级涂层标准,从高保护和高装饰的角度分析,应把高装饰放在首位。因此,不仅有优良的底漆层、中间涂层,还要求有高品质的外观。

适用轿车较好的面漆有丙烯酸烘漆和氨基烘漆。这两种漆均优于硝基外用磁漆、过氯乙烯磁漆、醇酸磁漆,但是对干燥条件的要求高,不适合维修时涂装使用。

轿车用硝基漆是一个比较传统的工艺方法,近几年来由于中间涂层品种的增加,使涂漆工艺有了较大改进,其具体涂装工艺程序如下:

1.旧涂层的处理

(1)脱漆

用碱液脱漆法、溶剂脱漆法、打砂除漆除锈法、火焰除漆法等,将旧漆层除掉;用砂轮钢丝刷将氧化皮、焊渣除掉;将焊口磨光、修平,用 1.5 号砂布将锈斑彻底打磨干净;用汽油擦净油污并用压缩空气除净粉尘。喷 C06—1 铁红底漆一遍,要求喷涂均匀,自然干燥 24 h。

(2)涂敷前对金属表面的处理

在涂敷填充剂的过程中,对金属表面的处理是一个很重要的步骤。先清洗掉待修理部位的泥土和灰尘。打磨修理部位,清除旧的清漆。待填充部位周围 3～4 in 范围内的油漆都应清除掉。如果在原来的油漆表面加上填充剂,原有的油漆层将从新涂的底漆和油漆中吸收溶剂,破坏填充剂的黏合力,填充剂将会隆起,使油漆层开裂并让水分渗透到填充剂的下面,这时,金属便开始生锈。

使用粒度为 24 号或 36 号的砂轮清除油漆,这样可以迅速清除掉油漆和表面锈斑,同时还可以磨光金属表面,得到更大的结合力。

在金属上修补过的地方涂敷填充剂时,不能将过高的焊缝向下敲。应将焊缝打磨到与表面同样的高度。如图 10.1.1 所示,敲击焊缝将使金属变形,在金属内部产生应力并增加需要涂敷的面积。

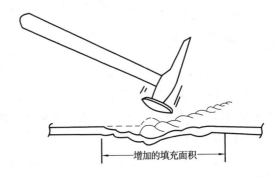

图 10.1.1　将焊缝向下敲将会扩大需要涂敷的面积

用砂轮磨掉修理部位的油漆以后,用压缩空气吹除打磨时产生的灰尘,并用一块黏性的布擦拭表面,清除所有剩余的灰尘。

(3)填充剂的混合

将罐内的填充剂搅拌均匀,使它光滑紧密、无结块。对于重型填充剂,最好使用油漆搅拌器搅拌几分钟。

如果在使用前没有将容器内的重型车身填充剂充分搅拌到光滑均匀的状态,将使容器上部的填充剂太稀薄,这将造成涂敷时填充的流动和下沉、硬化迟缓且质量差。用砂轮打磨时出现发黏、薄边状态差、表面非常发黏,而且在这种表面上涂底漆或重新喷漆时,会出现气孔和隆起。而容器下部的就太稠,且粗糙、颗粒多。在这样的涂敷过的表面上涂底漆或重新喷漆时,将出现黏接强度低、针孔多、薄边不整齐以及颜色不耐久等。

(4)硬化剂的捏合

松开膏状硬化剂软管的盖子(排出空气),以免硬化剂受到空气的约束。充分捏合软管,确保在挤出时,硬化剂呈现出均匀一致的膏状。

如果不对膏状硬化剂进行充分捏合,使它在挤出时成为均匀一致的膏状(看上去像一条带子),将造成硬化迟缓而且效果差、表面发黏、黏合力小、薄边不整齐,在它的上面涂敷其他涂料时,将会出现气孔和剥落。如果膏状的硬化剂经过充分捏合以后,仍然很稀薄,或者像水一样,说明它已经失效,不能再使用。

(5)填充剂和硬化剂的混合

缓慢打开罐子的盖,按照需要的数量取出填充剂。用一把干净的油灰刀或刮板,将填充剂放在光滑、清洁、没有气孔的表面上,例如金属板或玻璃板。按照罐上说明规定的比例加入硬化剂。

加入的硬化剂太少将使填充剂柔软发黏,不能很好地与金属黏合,不能磨光而且薄边不整齐(图 10.1.2)。加入的硬化剂太多将会出现过量的气体,产生大量的气泡(图 10.1.3)。

使用干净的油灰刀或刮板在混合板上来回刮,将填充剂和硬化剂完全混合在一起,得到均匀的颜色。

如果没有将填充剂和硬化剂充分混合均匀,硬化后的填充剂中将出现局部的松软,结果造成硬化不均匀、黏接强度低、隆起、气孔等。

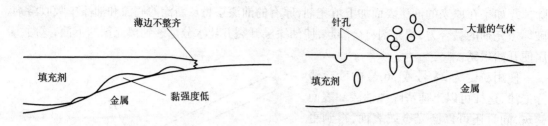

图 10.1.2　硬化剂太少　　　　　　　　　图 10.1.3　硬化剂太多

　　从容器内取出填充剂和将填充剂、硬化剂混合在一起时,都必须使用干净的工具。否则,在金属罐内以及涂敷的表面上都可能出现填充剂硬块,这将降低黏接强度并使硬化不均匀。

　　(6)涂敷填充剂

　　将经过混合的填充剂迅速涂敷在经过彻底清洁和磨光的表面上,第一层应涂敷得紧密,厚度较薄。压紧填充剂,迫使它进入砂轮打磨时产生的划痕中,以便使结合力达到最大值。第一层填充剂硬化后,再根据需要进行较厚的涂敷,使修理的部位得到合适的形状(图 10.1.4)。一层填充剂硬化以后,才可以涂敷下一层。对于传统的车身填充剂,应涂敷得稍微高一点,使硬化过程中填充剂表面形成的一层蜡膜可被磨光机清除掉。

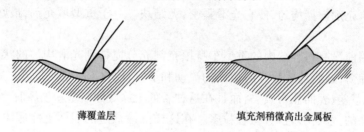

薄覆盖层　　　　　　　　　　　　　填充剂稍微高出金属板

图 10.1.4　经过几层涂敷,达到了需要的填充剂厚度

　　如果不先涂一层薄的、紧密的填充剂,而是一次将填充剂涂得很厚,将降低结合强度,并出现大量的针孔。在涂敷经过混合的填充剂以前,如果先用溶剂擦拭修理部位,也会造成针孔并降低结合强度。

　　应避免在低温下使用填充剂。如果填充剂、周围环境或车身金属的温度较低,车身填充剂将得不到适当的硬化。这将造成填充剂太软,表面发黏并降低打磨性能,还会形成大量的针孔。填充剂应在室温下(18～21 ℃)保存,并用一个加热灯对低温表面加热。

　　在修理厂的高湿度环境中,应避免修理部位受水分的影响。在冬季,当一辆温度较低的汽车被送进修理厂以后,汽车上的金属表面将会出现水珠。而在夏季,由于地上水分的蒸发,金属表面将会出现冷凝水珠。涂敷填充剂以前,可以使用一个加热灯使温度升高,并擦干潮湿的表面。如果没有先对修理部位进行加热并清除掉积聚在表面上的水分便开始涂敷,将在下一层涂敷后,出现结合强度降低、薄边不整齐等情况,并产生隆起和大量的针孔。

　　(7)修平填充剂表面

　　让填充剂硬化到半硬状态。这个过程一般需要 15～20 min。然后用手指甲在涂层上面抓一下,如果出现坚硬的白色痕迹,便可以开始锉平。锉平可以说是得到高质量表面并控制原材料消耗和劳动强度的最重要环节。使用粗齿油脂锉可以迅速锉平多余的填充剂。用这种长锉可以锉成均匀、平滑的表面。这种锉的齿很粗,完全避免了堵塞。砂轮机和气动锉都不能很好地修平,因为它们将会很快地被堵塞,并会产生过多的灰尘,还要浪费大量的砂纸。

使用这种锉时,应使锉与前进方向成30°,并将它轻轻拉过填充剂表面(图10.1.5)。沿着几个方向锉平填充剂。当填充剂稍微高出需要的表面时,就停止锉平,以便为打磨锉纹和形成薄边留下足够的余量。如果填充剂已经低于所需的表面,必须再涂敷一层填充剂。

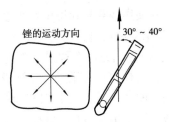

图 10.1.5　将锉以30°角锉平填充剂

锉平以后,磨掉所有的锉纹。可以采用垫块或气动锉来打磨。气动锉也可以用于较大的平坦部位。然后,再用80号砂纸打磨,直到清除掉所有的锉纹。

最后,还要用180号砂纸清除所有80号砂纸留下的划痕。可以再次使用气动锉或慢速锉。注意不可过量锉平,以免造成填充部位低于需要的高度,需要再次涂敷的麻烦。

最终的打磨结束以后,用高压喷枪吹除表面的灰尘,然后再用黏性的布擦拭。这样可以清除掉所有隐藏在表面针孔和恰好位于表面以下的明孔中的细砂粒,如图10.1.6所示。必须用油灰填满这些孔和砂磨划痕。

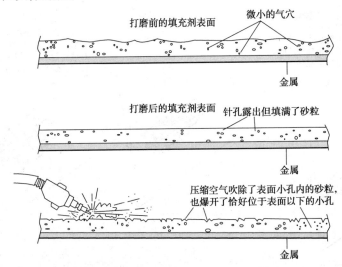

图 10.1.6　将填充剂灰尘吹出针孔

经常用手在表面上摸一摸,以检验表面是否平坦。不可只凭眼睛来判断。应该记住:喷漆并不能掩盖缺陷,而只能使缺陷更加明显。所以,只有当修理表面非常平滑时,才应该感到满意。

对填充剂表面的光滑程度感到满意以后,用一块黏性的布清洁修理部位。黏性的布可以清除填充剂上的所有砂粒,以免这些砂粒损坏光滑的表面。采用一般的清洁方法很难清除这些砂粒。然后,再给修理部位涂上底漆。

(8)涂敷抛光油灰

底漆干燥以后,再用抛光油灰填充微小的针孔和划痕。如果使用聚酯型油灰。可以按照制造厂的规定,将油灰和硬化剂混合在一起。将少量的油灰放在干净的橡皮刮板上,在填充剂上面刮上很薄一层。刮的动作应迅速,而且应是单行程。使用硝基油灰时,行程数量应该最少。硝基油灰掠过表面时,干燥很快,所以刮板如在表面上反复刮过,会造成油灰从填充剂上面剥离。

在使用 240 号粒度的砂纸磨光以前,应当让油灰完全干燥。在油灰内的溶剂完全挥发以前,如果对油灰进行磨光将造成表面上的磨光划痕。接下来便可进行涂底漆和喷漆操作。

(9)将填充剂涂敷到车身棱边上

目前许多轿车在门、后侧板、发动机室盖等部位都有许多明显的棱边线。图 10.1.7 所示为两种常见的带角度的棱边线。涂敷填充剂时,很难将这些棱边线清晰地保留下来,特别是在凹进部分的棱边线更难保留。获得整齐、规则的棱边的最好办法是对各个平面、角或角落分别填充。

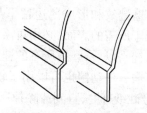

图 10.1.7　带角度的车身棱边

沿着一个边缘贴上防护带,如图 10.1.8 所示。然后将填充剂涂在邻近的表面上。在填充剂硬化以前,拉掉防护带,并清除掉折缝(或棱边)上多余的填充剂。等第一层填充剂干燥并经过打磨以后,再将另一个边缘贴上防护。应该在填充剂上面沿着棱边粘贴防护带。然后将邻近的表面涂上填充剂。取下防护带以后,再经过打磨,便可得到整齐、规则的线条或棱角。

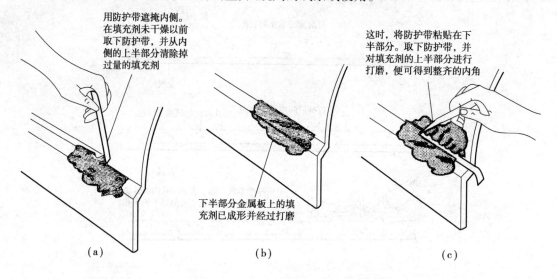

用防护带遮掩内侧。在填充剂未干燥以前取下防护带,并从内侧的上半部分清除掉过量的填充剂

这时,将防护带粘贴在下半部分。取下防护带,并对填充剂的上半部分进行打磨,便可得到整齐的内角

下半部分金属板上的填充剂已成形并经过打磨

(a)　　　　　(b)　　　　　(c)

图 10.1.8　填充带角度的车身棱边

(10)在金属板的接缝处涂敷填充剂

无架式整体车身的许多金属板都有接缝。这些接缝在汽车制造厂都经过能变形的涂料修饰,使相应的金属板能够进行弯曲和伸缩。接缝的两边受到损坏后需要涂敷填充剂。但是许多车身修理技师都不能正确地用车身填充剂覆盖受到损坏的接缝。图 10.1.9 是在正常的道路上行驶时,刚性的填充剂受到金属板扭转作用时的情形。这时会形成一条裂缝,使水分能够渗透到填充剂的下面,引起金属表面生锈,因而最终影响填充剂与金属之间的结合强度,降低接缝的强度。

在接缝的任意一边粘贴防护条可以保持接缝原有的弹性。如图 10.1.10,在一块金属板上粘贴防护条,然后在另一块金属板上涂敷填充剂并取下防护条,清除多余的填充剂。对于另一块金属板,也采用同样的方法填充。等到两边金属板上的填充剂都硬化并成形以后,再将密封剂填入接缝。

(11)刮腻子

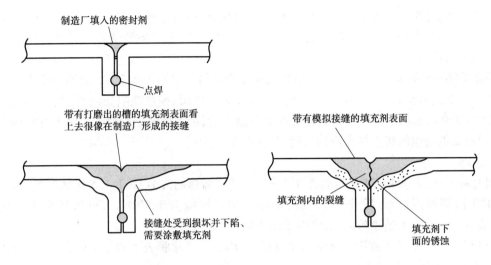

图 10.1.9　覆盖了填充剂的车身接缝开裂

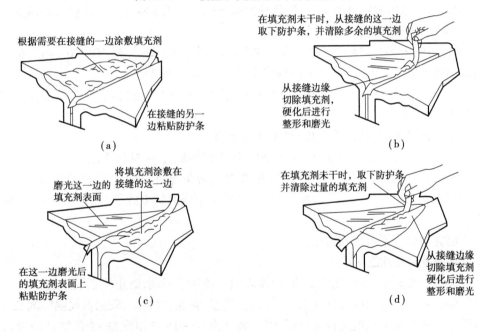

图 10.1.10　在涂敷了填充剂的金属板上形成的可变形接缝

　　刮第一道腻子。将不饱和聚脂腻子加固化剂 100∶2 或 100∶4（根据季节温度掌握）调配均匀,刮涂到较大的坑凹处。应造形的地方,可一次填平补齐,待 1 h 左右干燥（20 ℃）。

　　用 1.5～2 号砂布打磨,将多涂腻子去掉、找平,除净覆盖件上的粉尘。刮二道腻子,刮涂腻子时应将车身表面上需喷涂的部位全部刮平、找齐。自然干燥 1 h 后用 1.5 砂布打磨。再刮第三道腻子,这次应将砂布道痕、微小缺陷、造形线条、棱角边线全部刮细、补齐,自然干燥 1 h 后用 240～280 号水砂纸垫木块打磨。圆角和弧形处应用手掌垫砂纸打磨光滑、齐整,然后用水将腻子浆冲净并晾干。

喷涂 Q06—5 灰硝基二道底漆,二道底漆应喷涂均匀并自然干燥 2 h。刮第四道不饱和聚脂腻子。按上述方法将腻子调制均匀,将全车细小腻子砂眼、棱角缺陷处刮平、找齐,干燥 1 h 后用 280～320 号水砂纸将全车应涂漆的部分打磨光滑,用水擦洗干净晾干。用风管吹净全车尘渣,用胶带纸及报纸将不该涂漆部分遮严,待喷漆。

2. 喷漆

用 Q04—31 或 Q04—34 硝基磁漆和 X—1 硝基漆稀释剂按 1∶1～1∶1.5 比例调配均匀,用 120～180 目绸丝网过滤,喷涂 2～3 道,如环境相对湿度大于 70% 时,可按稀释剂比例的 15%～25% 加入 F—1 硝漆防潮剂,常温干燥 4 h。

用 Q07—5 硝基腻子或用硝基漆加化石粉,自调腻子将涂膜表面的细微砂眼打平,要求刮涂很薄并常温干燥 0.5～1 h。

用 320～400 号水砂纸打磨全车,注意黏糊报纸处不要用水浸坏。将涂膜表面橘皮纹等打磨光滑,擦净表面脏物,常温干燥 1 h。

用 Q40—31 或 Q04—34 硝基磁漆按上述方法调制后(硝基漆间隔 10～20 min),最后两道可在磁漆中加入 20%～30% Q01—1 硝基清漆,最后常温干燥 24 h。

将粘贴胶带、报纸部分揭掉,用稀料擦净不涂漆部分,装灯光和其他装饰零部件。如果表面品质要求较高,可进行全车抛光打蜡。

3. 刮涂不饱和聚脂(通称原子灰)腻子注意事项

1)原子灰腻子,因固化干燥较快,调配时一次不得调配过多,随用随配。

2)调配固化剂比例时可参照产品说明书,根据气温情况,在使用范围内酌情调配。

3)调配时主剂与固化剂一定调配均匀,不能用不干净的铲刀或带有固化剂的工具搅拌桶内主剂。

4)未用完的腻子不可回收再用。

4. 喷涂硝基磁漆注意事项

1)喷涂第一道硝基漆时,喷涂要薄,涂膜表面不能过于湿润,防止将底层抓起。

2)每喷一道间隔时间应根据气温情况而定,气温高间隔时间短,气温低间隔时间长。

3)喷涂方法可采取纵横交替法进行,喷涂黏度为 16～18 s(用涂 Q—4 黏度计测量),最后一、两道黏度应更低些。

4)根据喷枪口径大小,每道均应掌握枪与工作面的距离和运行速度。一般气压为 392～490 kPa。

5)环境湿度在 70% 时,可根据天气情况加入基漆防潮剂或环乙酮,一般不超过稀料的 25%。

10.1.2 高级轿车车身喷涂工艺

高级轿车喷涂属于一级涂层,表面要求更高,外观美丽、膜层光亮,耐候性强,机械强度高。外表看不到细小的缺陷及砂纸道痕和坠流现象。因此在操作中,除要有较高档次的涂料外,还需具备良好的作业环境和合理的工艺流程,以及熟练的操作技能。

高级轿车全车喷涂从程序上要比普通轿车多几道工序，要从操作上更细致一些。按德国"施必快"涂料施工方法列举如下：

1. 底层处理至喷涂底漆

（1）底层处理

要求把全车的旧涂层处理掉，全车露白，根据汽车外皮的材质，如铁板、铝板、玻璃钢硬塑料等，采取不同的处理方法，如喷砂、脱漆、火焰喷射等方法，清除掉表面旧涂层。

用砂布打磨表面锈迹氧化层，用砂轮、钢丝刷等对钣金焊接部分进行打磨、抛光。用溶剂汽油擦净表面油污，清理覆盖件表面积尘。

（2）喷涂底漆

用保丽光红底漆 8583 与 3060 快干硬化剂按 4∶1 比例混合后，喷涂 1～2 道。要求喷涂均匀，并在 20 ℃环境温度下 4 h 用完。喷涂黏度为 15～18 s（Q—4 黏度计量），用 3363 保丽光稀释剂调节稠度。喷涂后 20 ℃环境温度下经 30～40 min，可刮涂立得柔原子灰腻子。

2. 刮腻子

刮 1～4 道原子灰腻子。可选用立得柔原子灰 0920 聚酯腻子或其他进口、国产原子灰腻子刮涂。

第一道腻子填刮将全车较大的坑凹处全部填平，棱角造型处填补好，待 20 min 干燥后用 1～2 号砂布粗磨。吹净腻子灰尘，刮第二道腻子。并把全车大小坑凹处、棱角造形部位刮齐补平，待 20 ℃环境温度下 30～40 min 后，用 1～2 号砂布垫硬橡胶块打磨。打磨时以局部高点为准，棱角造形处注意磨顺。

磨光后吹净尘灰，刮第三道腻子。要把前两道腻子的缺陷处理顺、刮齐、刮平，根据表面的平整度，适当掌握腻子的厚度，可在刮涂前用手掌触摸检查一下全车平整情况，然后进行涂刮。在 20 ℃环境温度下经过 30～40 min 后，用 1 号砂布或用 240～260 号水砂纸垫硬胶块打磨。边打磨边检查，注意造形的边线处打磨过程。

磨光后擦净灰尘和腻子浆后晾干，刮第四道腻子，把前几道腻子的细小缺陷、砂纸道痕刮平刮细，在 20 ℃环境温度下经 30～40 min 后，用 300～400 号水砂纸打磨，要求磨平、磨到、磨细，待干后可喷涂保美耐快干中间漆 7460（单组分），或多功能中间漆 8590（双组分）。

使用中间漆时，应添加保丽光特殊快干硬化剂 MS3060。方法是按 2∶1 混合后，使用保丽光稀释剂 3363 调整稠度，喷涂黏度约 20 s（4 号黏度计），喷涂气压 392～490 kPa，干膜厚度喷两道约 50 μm，在 60 ℃环境温度下烘烤 20～30 min，空气干燥约 12 h（20 ℃）。

找补腻子时可用保美耐硝基合成填眼灰 7700 单组分幼灰，填补细小砂眼和微小缺陷，自然干燥 30～60 min 后，用 400～500 号水砂纸全车通磨一遍。磨光后再用水清洗晾干，用胶带纸、报纸覆盖好不喷涂部分，待喷涂面漆。

3. 喷涂 257 系列面漆

保丽光面漆 257 系列是一种双组分丙烯氨基异氰酸酯系列面漆。使用时要与硬化剂按规定比例混合，喷涂后既可常温干燥，也可在 70 ℃环境温度以下烘烤。烘烤后的涂膜性能优于常温干燥。

面漆的调配比例：257 系列面漆∶保丽光特殊硬化剂 MS3368∶保丽光稀释剂3363＝2∶1∶（0.05～1）。

使用时限：约 6 h 于 20 ℃环境温度下。

喷涂黏度:约 17S/DIN4 mm/20 ℃或 19 S/福特 4 号杯/20 ℃。

喷嘴规格:重力式为 0.14 mm;吸上式为 1.7 mm。

喷涂压力:不少于 490 kPa,喷枪嘴与物面垂直距离为 250～300 mm。以中等厚度均匀地喷上第一层,相隔 5～10 min(按硬化剂种类而定),以略厚于第一层再均匀喷涂第二层。

干燥时间:于 60 ℃环境温度下烘烤 30 min,70 ℃环境温度下烘烤 20 min。空气干燥时间为 30～40 min(20 ℃)。

4. 喷 293 系列银粉漆

保丽光 293 系列银粉漆是以高品质丙烯树脂组成。遮盖力强,容易喷涂,喷上清漆后便可得到光泽及护候性极佳的漆层。

操作方法:293 系列银粉漆喷涂时,应与 3054 保丽光特殊稀释剂按 40%～50% 稀释后,以 0.35～0.4 MPa 压力为宜,以中等湿润程度均匀地喷涂第一层,间隔片刻后再喷第二层。此道要求喷涂均匀,避免产生任何聚银现象。

银粉漆喷完后,当确认色彩均匀、厚度一致后可喷罩光漆。方法是,待干燥后喷涂保丽光清漆 T308080 或 MS8010。

5. 喷涂 T308080 保丽光清漆操作方法

T308080 保丽光丙烯氨基快干清漆,是双组分高光泽丙烯异氰酸酯系列清漆,特别适合快速及高品质的银粉漆或多工序面漆系统的喷涂工作。有良好的流平性及填充性,有极佳的抗天气性能,并不受相对湿度影响,更可使用低溶剂含量、高固成分喷涂方法。

混合比例为:保丽光 T308080 清漆: 保丽光特殊硬化剂 MS3368: 保丽光稀释剂 3363 = 2:1: 0.1。

使用时限:20 ℃环境温度下约 6 h 用完。

喷涂压力:以 0.4～0.5 MPa 为宜。

喷枪移动速度稍快于喷涂硝基漆的喷枪移动速度,漆雾喷涂物面不能过于湿润,以免产生流坠。

由于 T308080 清漆高密度极佳,涂膜喷涂两层厚度较高,不经抛光就能得到较高的高密度。大面积喷涂或全车喷涂时,两层厚度为 50～60 μm。第一层喷完后,相隔 5 min,可喷涂第二层。局部修补时,第一层喷完后,无须相隔时间即可喷涂第二层。

如烘烤干燥,喷完后应经过 5～10 min(20 ℃)后再进行烘干。烘烤于 60 ℃环境温度下(金属温度)需 30～40 min;空气干燥于 20 ℃环境温度下,不沾尘时间 50～60 min,组装配件应经过 5～6 h,过夜可完全干燥。

MS8010 保丽光丙烯氨基清漆是双组分,适用于多工序系统。例如 923 系列两道工序素色漆、银粉漆及 295 系列珍珠漆等。漆面平滑、覆盖性强、光亮度高及抗候性好等。可以添加保丽光 MS 系列硬化剂,按 2:1 混合,操作方法与 T308080 清漆相同。

10.2 车身局部修补喷涂

汽车在运行中,受各种环境的影响或因事故造成破损等,使涂层表面发生色裂、粉化、变色、脱落等,均需要进行修补或在新表面上喷涂。

车身修补喷涂要求外观完美、颜色一致,这需要操作人员有丰富的经验和高超的技术水平。

10.2.1　局部喷涂的作业

1. 刮磨腻子

用铲刀钢丝刷等清除表面涂层、铁锈、焊渣,焊口较大处用砂轮打磨平整,用 1.5 ~ 2.5 号砂布打磨使底层表面无锈及杂物。然后擦净表面油污并吹净灰尘。

刮 1 ~ 4 道腻子。可根据覆盖件修整情况,采用原子灰速干腻子需刮涂 3 ~ 4 道,随着次数的增加,越刮腻子越薄应更细致。一些大小凹坑处都应刮平,棱线造形需按本车形体修正、补齐。

打磨腻子时,可采用砂布干打磨或水砂纸湿打磨方法。一、二道腻子可用 1 ~ 2 号砂布或 150 ~ 180 号水砂纸打磨;三、四道腻子用 1/2 ~ 1 号砂布或用 280 ~ 320 号水砂纸打磨。打磨时应选用硬胶块或木块垫砂纸找平并用手掌磨光,干后将不喷漆处盖好、遮严。

2. 喷涂中间层

一般修补喷涂要求时间短、速度快,所以中间涂层一般采用干燥快的底漆或二道底漆,如:Q06—5 硝基漆、二道底漆 C06—1 铁红醇酸底漆、C06—17 铁红醇酸底漆、C06—10 醇酸二道底漆等,喷涂 2 ~ 3 道常温干燥或低温烘干。检查涂层表面是否有细小缺陷和砂眼,应用速干腻子进行找补,再用 320 ~ 400 号水砂纸将修补处磨光,擦净腻子浆后待干。

3. 喷涂面漆

喷涂面漆时先将不涂漆的部位或装饰件用胶带纸报纸等粘贴、遮盖好,用风管吹净表面灰尘脏物。

调配色漆按原车颜色,注意选用与原车色漆配套的面漆调配颜色。按配色方法进行调色,根据修补的面积大小决定调量的多少。

选用合成树脂磁漆或硝基磁漆喷涂时,可连续喷涂 2 ~ 3 遍。硝基过氯乙烯磁漆喷涂 4 ~ 6 遍,操作时可采取湿喷湿方法喷涂,喷完后常温干燥或低温烘干即可。如果具备抛光条件的面漆,可抛光、打蜡。最后组装装饰件如电镀条、封闭胶条等。

4. 后期作业

根据检查喷漆的缺陷决定是否需要补漆并注意的问题:

1)局部补漆为了达到理想效果,应根据补漆面积,在喷涂时最好以一个局部界面为准作为分界线,如:车门、翼子板、发动机盖、行李舱盖等。

2)调色时湿色应比原车色稍浅些,可配少量待干后与原色对照,防止过浅或过深。

3)局部补漆达到一个界面时,接口处应用 600 ~ 800 号水砂纸磨光,补漆时喷涂面积稍大些。挥发性涂料的接口处应在末道漆喷完后未干时,用高沸点溶剂(如环乙酮)或其他混合溶剂将接口处喷涂湿润,这样使新老涂膜融为一体,干后不易看出补漆痕迹。

10.2.2　整车修补喷涂

整车修补喷涂主要根据车身外观情况,做全车修补腻子和整车外表涂漆。整个车身修补涂装操作要点如下所述。

1)汽车外观涂膜锈蚀严重,外皮局部锈坏致使全车钣金覆盖件需修补焊接。先将钣金修补处的旧涂层除净,焊口处用砂轮磨平用 1.5 ~ 2.5 砂布打磨表面锈迹、污物,擦净油污。

根据涂漆要求或环境条件,可选用油基腻子(油基腻子底层须涂底漆)或速干腻子(原子灰)刮涂于经底层处理的物件表面,将钣金焊修处和涂膜脱落处刮涂速干腻子 1 ~ 3 道。刮涂第一道腻子时,将全车焊口处坑凹处填平,待半干后无需打磨,用铲刀铲掉腻子凸棱,可继续刮第二道腻子。待干后用 180 ~ 240 水砂纸垫硬木块打磨或用 1.5 ~ 2.5 砂布手工(机械)打磨。

打磨时应将腻子棱线造形处打磨完整,擦干后再刮第三道腻子。注意将全车涂漆部分和边线处刮细打齐,待自然干后用 280 ~ 300 水砂纸打磨平整、光滑。擦净晾干后,有腻子处喷涂 1 ~ 2 道 C06—10 醇酸二道底漆一遍(也可根据底层情况选择其他型号配套二道底漆)。经干燥后再找补第四道腻子。将全车各部位细小砂眼以及缺陷全部刮平,腻子应刮得越薄越好,干后用 280 ~ 320 水砂纸将全车打磨,要求光滑平整并用水洗净待干燥。

喷涂面漆可选择树脂漆或快干漆类喷涂树脂漆类,2 ~ 3 道可采取湿喷湿方法。快干漆类应根据品质要求多喷数次,干燥后采取抛光打蜡方法。以提高面层的光洁度。

2)全车涂膜无光,粉化须整车涂漆。用 280 ~ 320 号水砂纸打磨光滑,干燥后用腻子找全车细微缺陷处,待腻子干燥后将腻子磨光,晾干后用胶带纸、报纸或黄油保护好不涂漆部分,吹净表面灰尘。

3)全车涂膜轻度裂纹、附着力差、漆膜局部脱落须大面积刮补腻子。先将龟裂处用铲刀铲除露底,用 1.5 ~ 2 号砂布打磨,用汽油将露底处擦净表面浮锈,除刷底漆外,刮涂 1 ~ 2 道腻子待干。

用 180 ~ 260 号砂纸将龟纹处腻子用力打磨,最好将龟纹磨平、擦净、晾干,选用二道底漆喷涂,龟纹处应喷涂得较厚些。

干燥后根据龟纹暴露情况,可满刮腻子一道,用 280 ~ 320 号水砂纸全车打磨光滑。也可以先将龟纹和腻子处用 180 ~ 260 号砂纸打磨,干燥后满刮细腻子一道,用 240 ~ 280 号水砂纸打磨,干燥后喷涂一道底漆,再用 280 ~ 320 水砂纸打磨光滑。

4)表面颜色变色、老化,或要求改变原车漆色如:深改浅、浅改深等。改变原来颜色时,应注意如果底颜色是浅色改变深颜色,经打磨后可直接选配深颜色喷涂。

5)外表涂膜完好,但由于面漆档次不佳,要求改变面漆的品种、提高车身涂装档次。

如果底漆层是醇酸磁漆,改漆为挥发性漆(如硝基漆等),先用 320 ~ 360 号水砂纸磨光,干后喷涂一道隔离底漆(如醇酸底漆等)。喷涂应稍厚些充分干燥,再喷涂硝基面漆,喷涂硝基面漆时第一道应薄,逐渐加厚,待喷涂 2 ~ 3 道后干燥,时间应长些,然后按硝基漆喷涂方法喷涂。

10.2.3　高级轿车车身的修补喷涂工艺

高级轿车车身在维修汽车作业也是很常见的,与普通汽车车身不同的是原涂料的构成比较复杂和品质要求更高。修补喷涂的技术关键是平整度和使颜色与原车基本一致,竣工后使之难以辨认修补的部位。

1. 底层处理

首先清除损坏部位的旧涂层。用 1 ~ 2 号砂布打磨除净锈污,接口处的旧涂层有腻子时,应用铲刀铲出一定角度的坡口,然后用砂布磨掉残渣,用专用清洁剂清洁干净底层表面。

腻子的刮磨:刮磨原子灰腻子 4 ~ 5 道,应将不平不足处充分刮平磨光,需造形处应与原车形体一致。每道腻子打磨时应正确选用砂布、砂纸。最后一道腻子应使用 400 号以上水砂纸进行磨光。接口处打磨时面积应比原补漆部位稍大一些。打磨完后,应充分干燥。

2. 喷涂中间涂层

中间涂层采用进口涂料,各类配套中间漆喷涂 1~2 道,可用湿喷湿的方法,如德国施必快。

保丽光快干中间漆 7460 是一种硝基及合成树脂组合的单组分中间底漆,其特点是干燥快,使用方便,表面光滑,容易打磨,适合任何系列面漆和修补用。使用时需用保丽光稀释剂3363 添加 60%~70%,喷涂 1~2 道,于 20 ℃环境温度下干燥 30 min 后,选用 600~800 号水砂纸打磨光滑,接口处打磨面积稍大一些,也可用抛光膏在接口处抛光。

3. 喷涂修补面漆

首先吹净表面尘灰,用胶带纸或报纸将不喷涂处遮盖,准备补漆。

将调对好的金属漆或素色磁漆先喷涂在试板上,待干燥后与原车颜色对比,在光线较充足的地方。将喷好的试样贴在原车某一部位,对比颜色是否一致,如有差别应及时调对。

然后根据漆的品种按比例调对好硬化剂、稀释剂等,调好喷涂系统气压,在补漆部位先喷涂一遍,稍待片刻后再喷涂一遍。第二遍喷涂时其面积应稍大于头遍。

喷金属漆时,要按进口漆的种类调对稀释剂,一般喷涂 2~3 道。喷完后应间隔一段时间,不需打磨可直接喷涂清漆。

接口处应根据漆的品种用该漆的接口稀料(俗称接口水),在漆未干时再喷涂一道,面积应大些。待片刻,双组分漆可在 80 ℃以下烘烤 20~30 min。

4. 计量分色法配漆

进口汽车车身由于漆色种类繁多,特别是金属漆、珍珠系列漆色比较复杂,用肉眼观察很困难,因此一般采用电脑调色方法。

用计量调色机同样可以收到准确、快捷的调配效果。色漆生产厂家将数百乃至数千种色漆配比,预先印制在若干微缩胶片上并提供相应数量的色卡。用户只要选中其中的一种漆色,就可以按色卡上的漆号找到相应的微缩胶片,再通过微缩胶片阅读器将所需色漆读出。按配比从生产厂家提供的原漆中称量后,用调配机将其搅拌均匀即可。

调色方法是将微缩胶片储存的某种系列涂料色母数根据比例在屏幕上显示出来,经过电子秤称出某种色母的精确数据,调出各种颜色。具体步骤是:

1)查看汽车原厂颜色编号。大部分汽车车身上都有一个印有颜色编号,汽车资料身份证。而该身份证根据不同的车型和不同的厂家其位置也有差异。

2)根据轿车身份证的颜色编号查找微缩胶片,将微缩胶片放在放大机中,打开开关,屏幕上立即显示出各种色母的种数比例。

3)按照胶片中提供的数据,即调漆比例,用电子秤称出各色母的精确数量,调在一起便成为该颜色。

4)利用色卡调对颜色。有些轿车车身由于某些原因没有原厂颜色编号,只能用色卡对着查色。当色卡的颜色与车身颜色相符时,按色卡上的颜色编号在微缩胶片上查找配比表,然后再按表中推荐的比例调配漆的颜色。

10.2.4　塑料件的喷涂

鉴于车身塑料件与金属构件的喷漆方法基本相同,这里仅对涂料的选择和塑料件的涂漆前处理方法作简要介绍。

1. 塑料件涂料的选择

由于车身塑料件的材料品种较复杂,加之合成树脂中化学成分不同所带来的影响,使塑料件的涂装对漆料有很强的选择性。但如果掌握了选择塑料件涂料的基本原则,可以在众多涂料中,选出满足装饰性要求的漆料。现将车身常用塑料件所适用的配套性涂料类型推荐如下(表10.2.1):

表10.2.1　塑料表面涂料选择

塑料种类	涂料品种	塑料种类	涂料品种
玻璃纤维增强聚酯	醇酸、硝基、乙烯及缩醛涂料	聚丙烯塑料	大部分涂料均可用
酚醛塑料	醇酸、硝基及缩醛涂料	尼龙塑料	聚酯、聚氨酯涂料
环氧塑料	大部分涂料均可使用	涤纶塑料	聚酯、聚氨酯涂料
氨基塑料 聚氨酯塑料	醇酸氨基、乙烯、环氧聚氨酯涂料	缩丁醛塑料	乙烯涂料
醇酸塑料	醇酸、聚氨酯、硝基涂料	氯丁橡胶	聚氨酯、丙烯酸涂料
聚氯乙烯塑料	过氯乙烯、醋酸乙烯涂料	醋酸纤维	醋酸纤维、醋酸丁酸纤维涂料
聚醋酸乙烯及其共聚塑料、丙烯酸塑料	乙烯涂料、硝基、醋酸丁酸纤维涂料	乙基纤维	硝基、乙基纤维涂料
聚苯乙烯塑料	乙基纤维、缩丁醛、乙烯涂料	硝基纤维	硝基、其他纤维涂料
聚乙烯塑料	大部分涂料均可用		

2. 塑料件的表面处理

塑料件的表面处理与车身金属构件一样,塑料件在涂漆前也要进行认真的表面处理。才能获得可靠的涂料附着力和满意的覆盖层。

车身塑料件的表面处理应在修补或矫正作业完成之后进行。对于塑料件上存在的表面缺陷,一定要先修补完善,并将修补的部位打磨平整。

表面处理在使车身塑料件涂漆部位清洁、无污;有些塑料件的表面光滑,涂漆前还要将表面打毛以增加涂料的附着力。对于塑料件表面上存在的灰尘、油污、塑料润滑脂及上光蜡等,可用适当的溶剂或乳液(煤油、洗涤剂、清水)加以清洁;需要得到粗糙表面时,可用砂布、砂纸打磨或用喷砂的方法解决;软质或硬质聚氯乙烯塑料,可放入三氯乙烯溶剂中浸几分钟取出擦净;聚丙烯塑料可用加温三氯乙烯或甲苯、丙酮液处理;对耐溶剂能力差的塑料件,还可以充分利用其这一弱点,于涂前喷施一层溶剂使其表面软化。

10.2.5　关于车身修补喷涂的补充说明

1)汽车修补用漆与大修汽车喷涂或新车喷涂有所区别,大修汽车喷涂可以拆散单件喷涂或总成喷涂。新车喷涂是流水线进行,用漆一般由厂家直接供应,其型号、喷涂条件及性能等对外保密。

2)汽车修补用漆一般情况不能经高温烘烤。又因多数修理厂家喷涂设备不完善,条件较差,因此喷涂时多采用自干型底漆,中间涂层面漆,如:硝基漆、过氯乙烯漆、醇酸磁漆等。

3)挥发性漆干燥快、易抛光,但耐候性较差,固体含量低,经多层次喷涂耗费溶剂量大、费工时,有的品种价格较高,因而喷涂成本过大。

4)醇酸磁漆耐候性优良,一次涂膜较厚,涂层光亮度较好,但干燥较慢,容易粘尘,天气过于湿热易起皱,喷涂稍厚易起橘皮,耐水性和装饰性较差,不适合轿车喷涂。

10.3　常见涂膜病态分析及对策

车身构件涂层品质的优劣主要取决于车身喷涂的工艺水平。因为喷涂对象的状态、喷涂的前期处理、涂喷的操作方法、喷涂的环境以及喷涂的干燥条件等,均与汽车车身的喷涂质量密切相关。

车身喷涂的质量缺陷可分为两种情况。一种质量缺陷在喷涂过程中或者是干燥后出现,另一种质量缺陷则于喷涂后的使用过程中发生。这两种类型的质量缺陷,各有其不同的现象、原因及解决方法。

10.3.1　涂料在运输和贮存过程中易出现的病态及其防治补救办法

涂料在运输、贮存中易出现沉淀、变稠、结皮、浑浊等缺陷。

1. 沉淀

涂料在运输、贮存过程中常发生沉淀现象,如颜料和填充料下沉,经摇动后仍不见效。

产生原因:颜料或体质颜料颗粒研磨不细、分散不良,填充料较多,颜料与漆层间发生反应或相应吸附,或贮存静放时间较长,导致沉淀。

防治办法:在存放时经常将涂料移动,倒置放桶,如横放、倒放。不能贮存过久,在使用前反复流动、摇晃,或将全部涂料倒出,充分搅拌均匀。也可加入一些防沉淀剂,如硬脂酸铝、氢氧蓖麻油、改性膨润土等。

2. 浑浊

清漆、清油等出现不透明的乳浊状,透明度较差。

产生原因:在运输和存放时,由于保存不佳,从桶口渗进水分,或贮存时温度过低,油中含有的蜡质析出。

另外,稀释剂溶解力不足,或里面含有水分也易造成清漆浑浊。

解决办法:库房存放温度应在20 ℃左右,发现浑浊时应加入溶解性强的溶剂,或采取安全的加热方法解决。

3. 变稠

色漆或清漆在存放过程中失去出厂时的稠度,变稠、变厚,甚至不能使用。

产生原因:主要是因为颜料与漆基发生反应,如锌白、铝白等盐基性颜料与漆基中的有机酸起反应生成金属皂。如硝基漆变稠主要是涂料中含有水分与铁反应,或因桶盖封闭不严,稀释剂蒸发,会产生变稠。过氯乙烯漆变稠则是由于过氯乙烯树脂含氮量过低,也有可能含有水分。

防治办法:涂料存时间不宜过长,最好在品质保证期限内用完。存放时温度不应过高,更不能在烈日下曝晒或在高温室内存放。打开桶后的涂料应及时用完,用后封闭好桶盖,或加一些溶解力强的稀释剂。

4. 结皮

氧化干燥型的涂料(如油性漆、油基漆等)表面结一层皮膜。

产生原因:涂料桶内漆装不满,桶内存有空气造成结皮。涂料中含有过多的干料(如结干料),或用桐油制的涂料。除此之外,贮存时温度过高也会导致结皮。

解决办法:涂料桶尽量装满,涂料与空气接触越小越好。用后应封闭好桶盖或在涂料上加一些同类型稀释剂或抗结皮剂,如常用的有邻甲基酚、苯酚、邻苯二醛、松节油、丁醇、丁基乙醇酸、环己酮等。

虽然以上化合物可以显著地阻止结皮,但是不容易完全消除结皮。如已结皮,应在使用前进行处理。

10.3.2 涂料在涂装中产生的病态及解决办法

涂料在施工中由于各种原因使漆膜产生流挂、泛白、渗色、起泡、咬起等病态现象。

1. 流挂或滴流

垂直或倾斜,表面喷涂过量涂料,造成涂料干燥过慢而向下流挂或滴流。

(1)产生原因

1)喷涂时喷枪距离物面太近,移动速度慢。

2)各层之间静置时间不足,涂料没有按规定稠度调对稀释剂。

3)喷涂气压过低或喷涂图样太窄(圆形)。

4)使用化白水(延干稀料)过量。

(2)预防办法

1)喷涂时控制喷枪嘴与物面的距离在 $250 \sim 300$ mm,保持均匀的移动速度。

2)控制各层之间的静置时间,烤漆在 20 ℃ 环境温度下 $5 \sim 15$ min。普通漆如采用湿喷湿方法,喷涂时应根据涂料品种和涂装时的温度,合理掌握并按规定调对稀释剂。

3)按产品说明书和喷枪嘴的口径,一般喷涂气压控制在 $0.45 \sim 0.5$ MPa 为宜,以气压到达喷枪的压力表指示为准。

4)使用化白水或慢干稀释剂时应不超过稀释剂的 25% 为宜。

2. 泛白

涂料喷涂物面以后产生的白色雾状,严重无光或光亮不均。

(1)产生原因

1)空气中湿度过大。当空气中相对湿度高于 70% 时,或者在干燥过程中由于溶剂挥发过快,涂膜表面温度急剧下降,使水汽凝聚在涂膜表面上产生发白。这种现象常发生在挥发性涂料中。

2)涂料或稀释剂中含有水分,或使用低沸点、挥发快的稀释剂。

3)施工环境差,喷涂气压太高,油水分离器失效,水分的进入使漆膜喷涂后变白。

(2)防治办法

1)施工环境相对湿度不能过高。如高于 70% 时应采取措施提高物件温度,如烘烤或在漆中加入 10% ~ 20% 的防潮剂或化白水。

2)使用空气压缩机前应检查放水,安装油水分离器,不让水分进入涂料中。

3)合理使用稀释剂。在稀释剂中加入一些高沸点溶剂,以减慢漆膜干燥速度。

(3)处理办法

1)已发白的涂膜可待涂膜干燥后进行打蜡工序,削除白雾。如发白严重,可在稀料中加入 10% ~ 20% 的防潮剂,加入少许涂料再喷 1 ~ 2 道。

2)用红外线喷灯边烤边喷,或将涂料隔离加热后喷涂。

3. **起泡**

涂料喷涂后片刻,表面有不规则的小泡,可分为水泡和气泡两种。

(1)产生原因

1)空气压缩机排除的水分太多,或供气系统中的油水分离器失效,造成喷涂中水分通过喉管及喷枪出现在物件上。

2)喷涂的底材表面粗糙或有砂洞,使空气能藏于空隙中,当喷涂完成后,漆膜下的空气受温度影响产生膨胀,漆面出现气泡,情况严重时表面会出现针孔现象。

(2)解决方法

1)空气压缩机应于每天下班时,将汽缸内的水分排放,空气压缩机进气口过滤器如有损坏应立即更换。

2)空气压缩机输气口处安置油水分离器,在喷漆房内还应设有气压调节功能的油水分离器。

3)空气压缩机应放在较干燥的地方,并经常排放油水分离器内的水分和油污。

4)确保各层间有足够的静置时间,温度略低时约 10 min,温度稍高时可间隔 5 min。

5)使用适当的喷涂气压,为 0.45 ~ 0.5 MPa。挥发性涂料应避免在温度较高、太阳直射的条件下喷涂。

(3)补救办法

1)轻微起泡可待涂膜干燥后用 1200 ~ 1500 号水砂纸轻轻打磨,然后抛光、打蜡,如轻磨后漆膜太薄不适合抛光,必须重新喷涂面漆。

2)打磨后漆面如有砂洞存在,可喷涂中间漆。严重情况需补上填眼灰,干燥后再打磨,重新喷面漆。

4. **痱子**

涂面呈现许多像“痱子”一样的小凸点。

(1)产生原因

1)涂料本身含有机械杂质或粗料,这是由于在制造涂料过程中,过滤设备不完备或研磨不细所造成的。

2)喷涂环境不清洁,漆室没有及时清理,涂料表面干燥时间过短造成涂膜表面呈“痱子”状。

3)各层之间相隔时间不足。第一道喷完后溶剂没能有足够时间挥发便喷上了第二道。

4)由于涂料喷涂过厚,漆膜底层的烯料需较长时间才能完全挥发,或涂料表层结膜前,稀料未能完全挥发。

5)喷涂完成后静置时间过久(双组分烘漆)才进入烘烤,漆膜在常温下表层干燥较快,但加温后,大量稀释剂在极短时间内同时挥发,使得已开始结膜表层发生“痱子”。

（2）解决办法

1）涂料喷涂前应用 120～180 目纱网过滤后再使用。

2）彻底清洁喷枪内干固的涂料，同时也要清洁盛涂料的容器。

3）车辆进入喷涂房前应冲洗泥尘，然后用风管吹净各部灰尘。

4）每次喷涂完工后，对喷涂房进行清理，表面脏物洗刷干净。喷涂房内不可进行大量打磨或任何抛光工作。

5）喷涂各层之间的间隔时间，应根据产品使用技术条件执行，既不能过长，又不能过短。

6）喷涂气压应调整在 0.4～0.5 MPa，黏度应根据不同涂料的技术要求用黏度计调整到正确值。喷涂第一道时，注意不宜过厚。

7）使用双组分烘烤干燥涂料，喷完后静置时间应不大于 10～15 min 便可进行升温干燥。

（3）补救办法

1）对于粗料不严重或局部出现粗料的涂膜可用 1200～1500 号水砂纸轻磨，然后用砂蜡抛光。

2）粗料严重，待完全干燥后，用细砂纸磨光，重新喷涂。

5. 结皮

膜层表面出现明显的凹凸不平。

（1）产生原因

1）涂装环境温度过高，稀释剂挥发过快造成涂膜干燥过早，使涂膜不能流平，显橘皮状。

2）喷枪喷嘴不合格或涂料黏度大，当涂料喷涂物成上时，涂膜较粗难以流平。

3）混合及稀释比例不当。气温达 30 ℃以上时，用快干稀释剂；喷枪进行较快，当涂料喷涂后没有流平时间；干燥过快，也易出现橘皮。

（2）解决办法

1）调整涂料黏度，使用涂料配套稀释剂。

2）选用雾化好的喷枪，正确掌握空气压力、喷枪与物面距离及运行速度。

3）双组分烘漆一定按比例调配稀释剂，并根据温度的变化选用快干、慢干、特慢干的稀释剂。

（3）补救办法

1）橘皮不严重的涂膜，待干后抛光打蜡解决。

2）严重橘皮时，待干后用细砂纸磨光，重新喷涂。

6. 高光泽涂料喷涂后光泽不佳（低光泽）

（1）产生原因

1）双组分烘漆加温前静置时间太短，或低温烘干漆烘烤时温度超过 80 ℃。

2）喷涂金属漆时，银粉漆喷后，未能有足够静置时间便喷上清漆。

3）添加过量的稀释剂。

4）涂料在干燥过程中缺乏足够的新鲜空气。

5）于单组分旧漆层表面喷上单组分中间漆，但面漆是双组分烤漆。

（2）解决方法

1）双组分烤漆喷涂后必须有足够的置干时间，一般在 20 ℃环境温度下经过 5～15 min 才能加温干燥。

2)经常检查烤漆房的恒温器,确保烤漆温度正常。

3)喷涂两道工序金属漆时,应有足够的置干时间,才能喷涂清漆。

4)必须按涂料技术要求的配合比例添加稀释剂。

5)涂料在干燥过程中,应有良好的空气流通环境。

(3)补救办法

1)一般情况可通过抛光打蜡实现理想的光泽。

2)失光严重时,应待干后用细砂纸打磨,然后重喷面漆。

7. 灰印

面漆喷涂后,底灰填补范围显现表面。

(1)产生原因

1)旧涂层未完全干燥便刮涂原子灰腻子,或原子灰腻子未完全干燥便喷涂底漆或面漆。

2)原子灰腻子填补于单组分涂料上。

3)稀释剂过多,喷涂黏度过低,或高温沸点溶剂用量大。

4)在同一表层上,如有两种或两种以上的不同类型产品,它们的膨胀和收缩系数不同,漆面便出现不规则的收缩情形。

5)当单组分漆膜受到溶剂、稀释剂溶解或渗入后发生膨胀,当溶剂挥发后,漆膜表面便出现收缩现象。表面未喷涂二道底漆或中间漆,也会造成印灰现象。

(2)解决办法

1)任何修补工作必须待漆层完全干燥后才能进行。

2)原子灰腻子需完全干燥后才能进行打磨、喷涂底漆或面漆。

3)原子灰腻子不可填补(可溶性)单组分漆膜表面,如需填补,则应在喷涂面漆前喷涂二道底漆或隔离底漆。

4)涂料喷涂时,应按技术要求混合稀释剂,不能过多地使用高沸点溶剂类(如环己酮)。

(3)补救办法

1)待涂膜完全干燥后,用细水砂纸打磨平滑,喷涂中间漆或面漆。

2)在原子灰低凹处刮涂硝基腻子,待干燥后用细水砂纸磨平,喷涂面漆。

8. 水印

水在涂膜表面经蒸发后留下水点痕迹,常表面于平面位置。

(1)产生原因

1)涂层未彻底干燥便接触水分(例如雨淋、露水等)。

2)混合双组分涂料时,加入不适量的硬化剂或硬化剂不配套。

3)烘干涂料加温干燥时,烘烤温度或时间不足。

(2)补救办法

1)轻微情况可使用 1200～1500 号水砂纸打磨后抛光打蜡。

2)情况严重时,经打磨后重新喷涂面漆。

9. 砂纸道痕

(1)产生原因

1)选用砂纸粗糙,没能按先粗磨后细磨工序施工。涂料过稀,喷涂太薄,砂纸道痕遮盖不彻底。

2）喷涂挥发性涂料时,加入高沸点溶剂较多,使溶剂渗入底层打磨条纹受到影响膨胀。

3）底漆未完全干燥便进行打磨及喷面漆。

（2）解决办法

1）在打磨底层时应选用较粗砂纸打磨,然后再用细砂纸打磨。

2）添加稀释剂比例应根据涂料品种而定,配套使用,最好少用高沸点溶剂。

3）底层打磨时应待底漆干燥后方能进行。

（3）补救办法

1）情况不严重时,可通过抛光打蜡工序补救。

2）情况严重时,待涂层完全干燥后,经水砂纸细磨,重新喷涂面漆。

10. 针孔

涂膜表面因受热太快,漆层内溶剂未能完全挥发表面已开始干燥结膜,当溶剂强制挥发时,穿越结膜的面层,使涂膜表面出现细微小孔（针孔）,其原因与气泡相似。

（1）产生原因

1）涂膜黏度高,喷涂过厚,第一道喷完后未待溶剂挥发便喷第二道。

2）底漆或底灰表面有针孔未能解决。

（2）解决办法

1）必须按技术要求调整涂料稠度。

2）烘干漆加温前应让涂层有足够的置干时间。

3）底漆完全干燥后再进行下道工序。

4）底层或中间层经打磨后仍有针孔时,必须用幼灰填平,待干燥经打磨后再喷涂面漆。

（3）补救办法

1）情况较轻时,可采取抛光打蜡工序解决。

2）情况严重时,应填补腻子,重新磨光后喷涂面漆。

11. 起皱

涂膜在干燥过程中产生皱纹现象。

（1）产生原因

1）温度较高,涂层一次喷涂过厚,或使用大量桐油制得的涂料便容易起皱。

2）在涂料中过多使用钴、锰催干剂,由于表面干燥过快容易起皱。

3）溶剂使用不合理,在涂料中使用易挥发的溶剂。

4）烘烤温度升温过急过快,造成涂膜表面干燥过快也容易起皱。

（2）解决办法

1）适量控制桐油的用量,少用钴、锰催干剂,多用铅、锌催干剂,对于烘烤型涂料加催干剂,可有效防止起皱。

2）控制涂层一次喷涂厚度,或避开高温时间喷涂。

3）在涂料中使用配套的稀释剂或少量加一些防起皱剂。如:在醇酸磁漆中加入少量（5%）的氨基树脂可防止起皱,一次喷涂达 40 μm 以上也不会起皱。

（3）补救办法

1）对已起皱的涂层,待漆层干透后用水砂纸打磨平滑,重新喷涂。

2）如漆层起皱较严重,应将起皱表面铲除后,刮一层腻子,干后打磨重新喷涂。

12. 缩膜(鱼眼孔光珠)

局部涂层表面出现许多像鱼眼状凹孔。

(1)产生原因

1)喷涂表面有油脂或油污,喷涂环境受污染,在喷漆房进气处进行抛光打蜡工作。

2)空气压缩机内的油污经气管及喷枪跑到喷涂表面。

(2)预防方法

1)喷涂前必须彻底清洁喷涂表面,所有喷涂物件应先打磨清洁,再进行喷涂。

2)经常排放空气压缩机汽缸内的水分及油水分离器的水分、油污。

3)喷涂前留意附近有否污染,如有污染来源立即排除。

(3)补救办法

1)将受影响的漆膜用 280 ~ 320 号水砂纸打磨,然后喷涂 2 ~ 3 道中间漆。

2)待中间层彻底干燥后,经打磨重新喷涂面漆。

3)如再发生光珠现象,可在喷涂最后一道漆时加一些抗光珠剂,经搅拌后喷涂在受影响的范围表面(注:使用抗光珠剂前应详细查阅产品技术资料)。

13. 渗色

当表面面漆喷涂后下层漆的颜色透过表面,使面漆的颜色发生被污染现象。

(1)产生原因

1)面漆是强溶剂的涂料,如硝基漆、过氯乙烯漆等,当面漆与底漆颜色不相同时,容易发生渗色现象。

2)在红色底色漆上涂装白色(或其他浅色)漆时,红色易渗透出来。

3)喷枪或贮漆罐内残余可溶解的颜料,将涂料玷污。

(2)解决办法

1)可在底层之上先喷涂 1 ~ 2 道底漆,待干后经打磨(不要露底)再喷涂面漆。

2)如在喷涂时发生渗色现象,应立即停工。可在底漆上喷涂相适应的银粉漆或金属粉漆,待干后再喷涂浅色漆。

(3)补救办法

1)可待漆膜干后打磨,喷涂隔离底漆,待底漆干后再喷涂面漆。

2)可待漆干后经打磨喷 1 ~ 2 层面漆(如醇酸漆)。

10.3.3　喷涂后涂膜出现病态及防治方法

涂料在施工后由于各种原因使漆膜产生粉化、裂纹、生锈起泡等病态现象。

1. 粉化

漆膜喷涂后不久经阳光直射和风吹雨淋,涂膜表面发生分解变化,呈粉面状,经擦洗脱落掉色。

(1)产生原因

1)涂料耐候性差,在大气中紫外线、水分、氧气等作用下,涂膜提前老化,树脂失去作用,颜料被游离出来而掉面。

2)涂料在喷涂时未搅拌均匀,大量清油被甩掉,剩少量清油留在桶上部,底部颜料过多,喷涂后不久,涂膜经不住大气变化而提前粉化。

3）涂层喷涂过薄,在喷涂时温度较低,或喷涂时层次少,涂膜达不到一定的厚度,造成漆膜早期粉化。

（2）预防办法

1）选用耐候性好的涂料,注意涂料的使用范围,如户内涂料不能用于户外。

2）在涂装时将涂料桶搅拌均匀,如发现颜料过多喷涂在最后一层涂膜时,可加入30% ~ 40%同类产品清漆。

3）涂装时应增加涂装层次,按比例添加稀释剂,涂膜厚度应达50 μm以上。

（3）处理办法

根据粉化的等级不同采取相应的处理办法,见表10.3.1 。

表10.3.1　粉化等级及处理办法

等　级	粉化程度	处理方法
优、无粉化	用手指压擦无颜色	应正常维护涂膜
良、轻微粉化	擦后手指沾有一些颜料,擦痕处颜色无光泽或有一定差异	根据涂膜情况进行打蜡处理
差、较强粉化	擦后手指有很多颜料,擦痕处颜色无光泽或有很大差异	应用细砂纸打磨,喷涂1~2道色漆、混合清漆
劣、严重粉化	擦后手指满带颜色,涂膜颜料没有黏结力	应彻底打磨、重新涂漆

2. 裂纹

涂装不久漆膜外观产生大小不规则的裂纹,外形各有差异。像龟甲状称为龟裂;像鳄鱼皮裂纹;像松针状称松针状裂纹;用肉眼能见到裂缝到底,而呈玻璃开裂那样称玻璃裂纹（图10.3.1）。

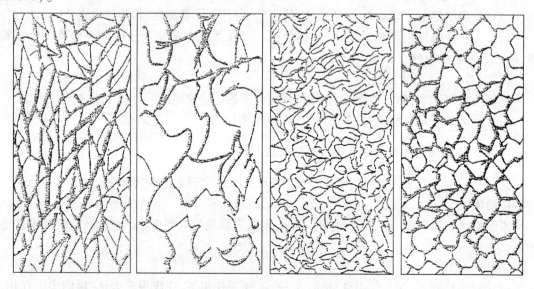

图10.3.1　几种常见的裂纹形状

（1）产生原因

1）涂层不配套。在长油度底漆或腻子上涂短油度的面漆,使面漆弹性不够易开裂。

2）面漆品质不良,如涂料中含有过多松香或催干剂混入过量,漆膜失去弹性也易裂纹。

3）底层过厚,干燥不彻底又涂面漆,造成底、面层收缩不均,形成早期裂纹。

4）涂料耐候性差,对热带和寒带气候变化不适应产生裂纹。

（2）预防办法

1）涂装时应选用配套涂料,底层、中间层应配套,涂层不宜过厚,一定要待底层干燥后再涂面漆。

2）不能随意使用催干剂和稀释剂。

3）选用耐候性优良的涂料产品。

（3）处理办法

根据涂层裂纹情况的不同采用不同处理办法,如表 10.3.2 所示。

3. 生锈起泡

涂层经一段时间使用后,表面出现不规则的锈迹凸泡。

表 10.3.2　涂层早期裂纹及处理办法

涂层损坏程度	裂纹形态	产生原因	处理办法
轻度裂纹	涂膜虽有裂纹,但裂纹细小不深,经附着力检验状况良好	底层基础很好,由于面层油漆不配套所造成	用砂布或砂纸磨平磨光,喷涂二道底漆,找补细腻子,磨好后喷涂
局部裂纹	局部涂膜裂纹深,稀疏,细而长,个别裂纹翘起,用铲刀铲除时,裂纹周围附着牢固	腻子刮涂较厚或局部厚薄不均,腻子层次间使用不合理,头道腻子软,二道腻子较硬,底部腾修不牢固,铁皮振动	用铲刀顺裂纹方向铲开,不牢固处铲掉,露底,上下大小形成斜坡,沟状底部,也可重新腾修或垫平,补腻子,涂漆
严重龟裂纹	涂膜裂痕细深,有清角,涂膜底部有腻子,裂纹细深,很杂乱	涂膜老化失修,腻子调制成分不稳定,底层有油污,处理不干净	全部除掉,重新涂装

（1）产生原因

1）底材表面品质较差,有锈未除净就涂装,或涂层过薄,不是复合涂层,如底漆、中间层、面层。

2）漆前底层磷化处理不当,或底漆选择不当。

3）涂料品种选择不合理,不适应湿热带气候或盐碱环境。

（2）防治办法

1）涂装前底层处理和进行磷化处理配套施工应有较厚的复合涂层,确保涂层的完整性。

2）选择耐水、耐候、耐盐碱性较好的面漆。

（3）处理办法

根据锈蚀起泡程度分别进行处理。

1）小泡面积很大,带有锈迹,这是由于涂层过薄,没有配套涂装的原因,应全部砂磨,重新涂装。

2）小泡、大泡不均,泡心锈蚀很严重,这是由于底层没有彻底除锈,或直接喷涂面漆造成。

务必全部清除,合理涂装。

3)局部起泡,泡的体积较大,连成一片,这是由于腻子中油料过小,填料里有水分,没有彻底干燥造成。应将所有起泡部分清除彻底,重新涂装。

复习思考题

1.旧涂层如何进行处理?

2.用填充剂处理车身棱角的方法是什么?

3.如何对涂膜的病态进行分析?

4.涂料在存放中易出现的病态如何进行补救?

5.如何解决涂装中产生的病态?

6.如何进行车辆的补漆?

参考文献

［1］顾建国.汽车车身维修［M］.北京：人民交通出版社，1999.

［2］张洪源.汽车钣金［M］.北京：人民交通出版社，1997.

［3］［美］A. G. DEROCHE.汽车车身修理与漆面修复［M］.北京：理工大学出版社，2000.

［4］［美］罗伯特·斯卡福.汽车车身修复［M］.北京：机械工业出版社.

［5］广州市喜越汽车设备有限公司.推荐整厂设备资料手册［M］.

［6］刘廷振.汽车油漆喷涂［M］.哈尔滨：黑龙江科学技术出版社，1991.

［7］吴兴敏.汽车车身修复与美容［M］.北京：机械工业出版社，2002.

［8］李春渠.涂装工艺学［M］.北京：理工大学出版社，1993.